歴史をひらく

女性史・ジェンダー史からみる東アジア世界

早川紀代・秋山洋子・伊集院葉子
井上和枝・金子幸子・宋連玉　編

御茶の水書房

刊行によせて

　この本は，2013年11月16，17日に開催した日中韓女性史国際シンポジウム「女性史・ジェンダー史からみる東アジアの歴史像」の諸報告と，2014年3月22日開催の総合女性史学会大会「女性史・ジェンダー史からみる東アジアの歴史像―女性史の新たな可能性を求めて」における諸報告を再構成し，1冊にまとめたものです。

　前者の国際シンポジウムは，2011年8月に韓国女性史学会が梨花女子大学で韓国，中国，日本の研究者を招いて開催したシンポジウムがきっかけになり，2年後に総合女性史学会が日本の中国女性史研究会の協力とジェンダー史学会の協賛をえて，主催したものです。このシンポジウムは5世紀から9世紀（古代），10世紀から18世紀（中・近世），19・20世紀（近代）に時期区分をして，3国に共通するテーマ，女性統治者・権力者（古代），家と婚姻，相続（中・近世），移動と労働（近代）をとりあげて論じました。韓国2名，中国1名，台湾1名の研究者を招聘し，シンポジウムの参加者は2日間で総計400名をこえ，学生・院生，研究者，市民の皆さんをまじえて活発な討論を展開しました。

　後者の総合女性史学会大会は，シンポジウムの内容をより深め，豊かにするために企画しました。各セッション報告と討論の成果，および今後の課題をシンポジウムの実行委員が行うとともに，女性史・ジェンダー史専攻以外の研究者による他分野からみたシンポジウムにたいする評価とご批判をいただいたものです。

　国際シンポジウムの趣旨と骨格については，主催者挨拶をお読みいただきたいと存じます。このシンポジウムの画期的な点は，古代，中・近世，近代の各時代をそれぞれ3国について論じたこと，および各々のテーマは該当する時代の歴史像を見極めるために3国に共通して必須なものを，一定の研究蓄積に基づいてとりあげたことです。歴史学界にとってはじめての試みと思われます。

この意欲的な試みが成功したかどうかは，総合女性史学会大会諸報告と読者の皆様の厳しいご判断によるでしょう。

　なお，論文集を編むにあたって，シンポジウムの諸報告はシンポジウムの『報告原稿集』（母国語，和訳，英訳掲載）の指定枚数の1.5倍で改稿をお願いしました。そのため，総合女性史学会大会の「成果と課題」報告が言及している原稿と多少の齟齬が生じておりますが，ご寛容ください。また，海外研究者の論稿は翻訳の関係上かなり長文になっております。

　弱小学会である総合女性史学会，中国女性史研究会が国際シンポジウムを開催するにあたって，実にさまざまな，広範な方たちからご協力，ご援助をいただきました。ありがとうございました。

　総合女性学会は1996年3月開催のアジア女性史国際シンポジウム（海外招聘研究者10人，参加者延べ千人）と日中韓女性史国際シンポジウムの二つの国際シンポジウムを通じて，「日本の女性史を東アジアの歴史と女性史のなかに位置付け，比較・検討・評価することを可能にした」として，2014年度の第18回女性文化賞（高良留美子氏創設）を受賞しましたことを記させていただきます。

　　　　　　　編集委員　　早川紀代（編集責任者，日本近現代史，女性史）
　　　　　　　　　　　　　秋山洋子（中国女性史，中国文学）
　　　　　　　　　　　　　伊集院葉子（日本古代史，女性史）
　　　　　　　　　　　　　井上和枝（韓国中世史，近代史，女性史）
　　　　　　　　　　　　　金子幸子（日本近現代史，女性史）
　　　　　　　　　　　　　宋連玉　（韓国近現代史，女性史）

歴史をひらく

目　次

目　次

刊行によせて………………………………………………編集委員……*i*

日中韓女性史国際シンポジウム
 主催者挨拶：シンポジウムの趣旨と骨格………………早川紀代…… 3
 記念講演：日中韓女性史国際シンポ開催にあたって
   ——植民地主義へ批判のまなざしを………………宋連玉…… 7

第Ⅰ部　第1セッション（5〜9世紀）　女帝・女王・女性権力者の存在形態と国家

 1．趣旨説明……………………………………………伊集院葉子…… 19
 2．新羅における善徳女王の即位背景と統治性格
   ………………………………………姜英卿（井上和枝訳）…… 21
 3．女主の世界 ── 6世紀・比丘尼の生涯から──
   ………………………………………李貞徳（須藤瑞代訳）…… 35
 4．日本古代の女帝と社会……………………………義江明子…… 59
 5．第1セッションの成果と課題……………………児島恭子…… 75
 6．古代東アジアの女帝・女王について ──第1セッション・コメント──
   ……………………………………………………李成市…… 85

第Ⅱ部　第2セッション（10〜18世紀）　家と婚姻，相続

 1．趣旨説明……………………………………………井上和枝…… 99
 2．中国「近世」の女性と家…………………………五味知子…… 103
 3．高麗・朝鮮時代の婚姻と相続 ──朝鮮後期の変化を中心に──
   ……………………………………………………豊島悠果…… 115
 4．日本中世後期の婚姻と家…………………………久留島典子…… 129
 5．第2セッションの成果と課題……………………野村育世…… 143

6. 東アジア伝統社会における家と女性 ――第2セッション・コメント――
   ……………………………………………………………… 吉田ゆり子 … 149

第Ⅲ部　第3セッション（19〜20世紀）　移動と労働
 1. 趣旨説明 ……………………………………………………… 江上幸子 … 163
 2. 満洲農業移民におけるジェンダー ――政策・実態・メディア――
   ……………………………………………………………… 池川玲子 … 165
 3. 女性と強制移住 ――中央アジアにおける高麗人女性の暮らしと記憶 1937-1953 ――
   ……………………………………………………… 奇桂亨（李宣定訳）… 181
 4. 南洋の移民 ――中華民国期中国女性の東南アジアへの移動――
   ………………………………………… 金一虹・楊笛（大橋史恵訳）… 205
 5. 第3セッションの成果と課題 ……………………………… 坂井博美 … 227
 6. 東アジア近代における女性移民と労働 ――第3セッション・コメント――
   ………………………………………………………………… 蘭信三 … 235

あとがきにかえて ……………………………… 編集委員代表・早川紀代 … 245
英文目次 …………………………………………………………………… 249
編集・執筆者紹介

歴史をひらく

女性史・ジェンダー史からみる東アジア世界

主催者挨拶
——シンポジウムの趣旨と骨格——

実行委員長　早川紀代

　皆様，本日はご多忙なところ，私どもの日中韓女性史国際シンポジウム"女性史・ジェンダー史からみる東アジアの歴史像"にご参加くださいまして，ありがとうございます。

　私は実行委員長の早川でございます。シンポジウム開催のいきさつやシンポジウムの趣旨などを簡単に申し上げて，ご挨拶に変えさせていただきます。

　私どもは1996年3月に中国女性史研究会との共催によるアジア女性史国際シンポジウムを海外から10人の研究者をお招きして開催しました。このシンポジウムは政治，工業化，家父長制，思想と宗教，性の売買の5つのテーマを取り上げ，イスラム圏をのぞくアジアの諸地域を対象にしました。1990年代は日本，インドをはじめ，中国，韓国などの地域で女性史研究や女性学が，またフィリピンやタイなどで女性学が，蓄積されてきた時期でした。これらの蓄積の背後には「国連女性の10年」を契機に発展したグローバルフェミニズムの各国における運動がありました。

　このシンポジウムでは各地域の女性の歴史や現状について，市場経済や開発政策のあり方，ナショナリズム，政治および社会運動の主体，家父長権・男性支配のあり方，仏教や儒教の受容の仕方，日本，台湾，韓国の公娼制度，戦時性暴力など，実に多面的な角度から分析され，比較研究が深められました。

　今回のシンポジウム開催の直接のきっかけになったのは，2011年8月に韓国女性史学会が開いた国際シンポジウムでした。ここで韓国，中国，日本の女性史研究をさらに発展させること，欧米を含む国際会議での3国の発言を強めることが話し合われました。この討議をうけて今回のシンポジウム開催となりました。

1996年から今年まで17年の間に構造的視野を可能にするジェンダーという方法が女性史研究に定着しはじめ，女性史研究のあたらしい可能性が開けました。その可能性の一つは関係という視野です。さらにこの関係は力関係として形成されるという考え方です。たとえば，女性史は男性史との相補関係にある，この両性関係をさらに発展させて，健常者と障がい者の歴史を把握することによって全体像を描くことができる，植民地宗主国，占領支配国の歴史は被占領地，被植民地国の歴史によってその内実をつかむことが出来る，有力民族の歴史は抑圧され，包摂された少数民族の歴史なしに描くことはできないという歴史の見方が導入されました。また私たちをとりまく現実が私たちに歴史観の転換を迫りました。

　こうした女性史・ジェンダー史研究の蓄積を基礎に，今回のシンポジウムでは，中国，韓国，日本における古代，中世・近世，近代を対象に，それぞれの時期に3国に共通しているテーマをとりあげました。これらのテーマは3国の歴史の比較と同時にそれらを東アジアという地域のなかで総合することが現在求められているテーマでもあります。と同時に過去の出来事，歴史ではなく，今日の課題につながるテーマでもあります。

　時期区分は3国によって区分の仕方が異なるために，このシンポジウムでは，世紀による時期区分をおこないました。セッションの趣旨については各セッションでコーデイネイターから説明がありますが，私からも簡単に紹介し，シンポジウムの趣旨に触れたいと思います。

　第1セッションは5世紀から9世紀までを対象に，この時代に日本，韓国，中国に出現した女帝，女王，女主と称される女性統治者，女性権力者の存在形態と国家構造，あるいは社会構造と社会組織との関係をとりあげました。男女が統治者であった時代が2世紀以上にわたって続いた日本と，帝位や王位の父系継承が比較的早くから行われた中国，韓国で女性統治者をうんだ国家構造をみることによって，3国の国家史の枠をこえた東アジア地域の支配構造に新しい知見が加わることを実行委員会は期しています。ここからさらに両性による共同の政治運営をみとおす何かを得ることができればと思います。

第2セッションは 10世紀から18世紀までの時期を対象にします。この時期は3国において家が変容する時期にあたっています。夫妻が共住する生活共同体であり，かつ所有と経営の単位である家の変化を，婚姻や相続，祭祀，さらに家父長権のあり方の変化から分析し，3国の社会構造や儒教などのイデオロギーが家の構成や夫妻や親子の人間関係に与える影響を考えます。第2セッションにおいても3国の枠をこえた東アジア地域の社会構造になんらかの像を与えることができればと委員会は考えます。今日は多様な結びつきによる家族が3国で営まれています。第2セッションの報告と議論が将来の家族像にヒントを与えるかもしれません。

　第3セッションは19世紀と20世紀を対象に，女性の移動を労働の観点からとりあげました。近代は国境が限定されると同時に国境を越えた往来がさかんになる時代です。強制であれ，自発的であれ，あるいは両者が混合した形であれ，3国の女性が東アジア地域を超えて移動した立体的な姿があります。私は韓国，日本，中国の間の，主として植民地支配や占領地支配から生じた移動を考えていました。けれども韓国と中国の報告原稿はこの枠を超えるもので，日本を中心とした歴史観が大きく揺さぶられました。近代の移動の歴史は女性に着目することによって，ジェンダーやエスニシティ観の変容をはじめ新しい様相がみえてくることを期待します。

　3つのセッションにおける，こうした作業をとおして，韓国，中国，日本という国家の枠を超えた東アジアの地域という視野が広がってきます。現在，こうした視野が研究上だけではなく，日常生活においても求められています。

　現在，韓国と日本，中国と日本の政治上の関係は領土問題，歴史認識の問題をめぐって最悪の状態であります。また，一方的に他国の政府と人びとを誹謗し，精神的に傷めつけ，自己満足する狭隘なナショナリズムが広まっています。現在の歴史認識問題の中心は日本軍「慰安婦」問題です。戦時性暴力の歴史は女性史の研究テーマでもあります。

　史・資料に基づいて，また近現代では当事者の証言を加えて歴史事実を認識することは，歴史研究のイロハです。自国，および他国の歴史事実を率直に認

識し，差異と共通性を比較研究することから，発想や視野が拡大し，また相互理解がうまれます。そしてここから，近代に堅固に形成され，さらに第2次世界大戦後再編された国家の枠組，国家の支配関係とその残滓を止揚する道が開かれると思います。このシンポジウムは，女性史研究による国家の枠組を止揚する試み，東アジアという地域に生きる個人，個人という発想へむかう道を探る試みと考えたいと思います。

しかしながら，そのためには日本軍「慰安婦」制度によって性暴力をうけた女性のみなさんの要求に基づく解決が必要であることはいうまでもありません。また，このシンポジウムでは台湾，サハリン，東アジアに隣接するベトナムなどの地域，マイノリティの人びとの歴史をとりあげておりません。今後の課題としたいと思います。

最後になりましたが，この会場を提供してくださった青山学院大学に厚くお礼申し上げます。また，シンポジウム開催にあたってお志をお寄せ下さった100名を超える皆様，その他さまざまなご支援をくださった皆様，諸団体に心からお礼申し上げます。このシンポジウムは実行委員30名によって，文字通り手作りで準備してまいりました。至らぬ点が処々あるかと存じます。その点はどうぞご寛容くださいませ。

記念講演：日中韓女性史国際シンポ開催にあたって
——植民地主義へ批判のまなざしを——

宋連玉（ソン ヨノク）

はじめに

　日中韓女性史国際シンポジウムを青山学院大学で開催することになり，大変嬉しく存じます。開催校の教員ということもありまして私が記念講演をさせていただくことになりました。1996年のアジア女性史国際シンポジウムで朝鮮史研究者の宮田節子先生が記念講演をなさいましたが，今回のシンポジウムで朝鮮史研究の後輩である私が記念講演を務めるということは感慨深いものがあります。

　1996年の大会にはインド，ベトナム，タイ，フィリピンを含むアジアの広い地域からの参加者の報告があったようですが，残念ながら朝鮮民主主義人民共和国，北朝鮮からの参加はありませんでした。それから17年を経過した本大会は対象地域を東アジアとしていますが，依然として北朝鮮からの参加は得られないままです。東アジアにおける冷戦とポスト冷戦の問題を未だに解決できていない状況がシンポジウムにもこのように影を落としていると言えるでしょう。また対象にしている日本，中国，台湾，韓国の4地域の間にも昨今は領土問題や歴史認識問題など難しい問題が浮上しています[1]。日韓関係を例に取りますと，朴槿恵大統領の就任以来，首脳会談がまだ一度も開かれず，2回目の外相会談も歴史認識問題をめぐる対立から「すきま風」が否めない結果に終わったそうです。（『朝日新聞』2013年9月28日）

　1996年のシンポジウムから17年経った今日，東アジアを巡る政治情勢は複雑に動いております。このような中で日中韓女性史国際シンポジウムを開催し，女性史研究から問題解決の可能性を探ることの意義は決して小さいものではありません。

冷戦崩壊と女性史研究

1996年のシンポジウムには私も当時住んでいた大阪から参加しましたが，この頃のアジア女性史研究を取り巻く環境は比較的恵まれていたと言えるでしょう。冷戦構造が崩壊し，日本の政治レベルでは「55年体制」が終焉し，韓国・台湾の民主化が進み，全世界的規模で構造転換していました。

シンポジウムの報告集『アジア女性史　比較史の試み』(1997年) にも書かれていますように，90年代の女性史研究は学際化・国際化をめざして着実に研究が進展しました。まさにその90年代の幕開けに，女性史は言うまでもなく歴史学全体にパラダイム転換を迫る衝撃的な出来事がありました。それは91年の「慰安婦」にされた金学順さんのカムアウトです。強いられた「忘却」から「記憶」を奪還した金学順さんの告発は，過去の戦争による性暴力被害者のみならず現在進行形の戦時・紛争下の女性に対する暴力もクローズアップさせました。93年の国連世界人権会議（ウィーン会議）では世界から集まった女性たちが戦時性暴力の根絶を訴えました。その声がアジアで初めて開かれた第4回国連世界女性会議（北京女性会議）へと集約され，「女性と武力紛争」は北京女性会議の「北京行動綱領」にも取り上げられました。またこの会議では，男女間のあらゆる関係を社会の全体的構造の中で見直すべきとの認識に立ち，議論の焦点が「女性」から「ジェンダー」へシフトさせる必要性が理解されました。『アジア女性史』の副タイトルである「比較史の試み」からも，そのような潮流の中でアジアと出会うことの学問的感動が伝わってきます。

90年代の韓国を例に挙げると，文民政権の下で民主的諸改革の一環として両性平等を推進する制度改革がなされ，その改革の進展は国連女性地位委員会での模範とされるほどでした。1987年の男女雇用平等法，1995年の女性発展基本法に続き，1999年には男女差別禁止法が制定されました。2001年に創設された「女性部 Ministry of Gender Equality」(2005年から「女性家族部 Ministry of Gender Equality and Family」に改編) を中心に，女性国会議員のクォータ制導入，性暴力・性売買に関する問題への取り組みを支援しました。世界各地で人気を博した韓国ドラマ『チャングムの誓い』は，初の女性法務部

長官を生みだす（2004年）韓国女性パワーの勢いを反映したものであります。この勢いはついに女性たちの長年の悲願であった戸主制廃止を実現し（2005年），家族法における植民地主義を清算することができました。さらに男女の婚姻年齢の統一，再婚禁止期間の削除など日本の家族法に先行するほど，家族の民主化を図りました。

セクシュアリティに関しても，1997年に性暴力関連法，2004年に性売買を生む社会構造に責任を求める性売買関連2法が制定され，性売買に対する社会的認識の変化を促しました。

このように韓国における女性学，女性史研究の目覚ましい発展は韓国社会の民主化と切り離しては考えられません。

9・11以降の女性史研究

韓国は1987年の民主化宣言以降，一定の政治的民主化を達成し，2000年にその延長線上で南北首脳会談を実現することで朝鮮半島の新ミレニアムを迎えました。しかし翌年の9・11アメリカ同時多発テロは南北の和解ムードを冷却させる一要因となりました。

韓国経済は，政治的民主化に相反し，1997年のIMF金融危機以後の構造改革では民主化には至りませんでした。いっそう経済格差が進みましたが，とくにこの傾向は女性において顕著に表れ，女性の59.2％が非正規労働者で，女性の非正規比率が男性のそれよりも20ポイント以上も高いという結果をもたらしました。

また，各大学の女性学科設置ラッシュは韓国の民主化と女性運動の輝かしい成果でしたが，現在では独立した女性学科として残るのは梨花女子大学だけです。李明博政権時には女性部は縮小され，予算も2007年の11,994億ウォンから2012年の4493億ウォンに激減しているということです。

一方，日本経済は周知のようにバブル崩壊以降，成長が鈍化し，長期の低迷から抜け出せずにいます。これが顕在化したのは1995年でしたが，総人口が減少し始めた2005年版の『通商白書』（経済産業省編，2005年）では熟年経

済である日本は若年経済のアジアを生かすべきだと示唆しています。同年には活路をアジア共同体に見出そうとする東アジア共同体構想も生まれました。新興国が経済成長の中心となる新しい世界に日本企業が適応できず、ワーキングプアや小林多喜二が注目された2008年を経て、2011年に東日本大震災が起こりました。震災の打撃は社会的不安を増大し、海外では日本の政治が保守化、右傾化を強めたと見ています。

現在、日本で学ぶ外国人留学生は東日本大震災や領土問題で若干減少していますが、2011年は138,075人、12年は137,756人となっています。内訳は中国が全体の63%、韓国が13%、台湾が3%で、男女比はほぼ同じです[2]。その留学生の約3分の1は東京に集中していますが、東京副都心の新宿近くで、毎週のように韓国・朝鮮へのヘイトスピーチが繰り広げられています。その種の行動は従来は男性中心でしたが、昨今の目新しい現象として若い女性が加わっていることが注目されます。一方、日本人学生の中国・韓国への関心[3]や理解度も後退していると言えます。東アジアの近現代史を担当する教員も授業での学生の反応が変化していることを体感しておられると思います。

このような情況と女性史研究との関連で話しますと、2002年あたりからジェンダーフリー攻撃が加速化した[4]と言われますが、その中でヘイトスピーチのもう一つのターゲットになっているのが「慰安婦」です。

安倍首相は就任（2012年12月）前に「慰安婦」制度が軍・政府の関与と強制性があったことを認めた、いわゆる河野談話[5]の見直しをほのめかしていましたが、海外からの否定的な反応もあって現在では見直しを保留しています[6]。戦後補償問題にも関わってきた国際法学者・大沼保昭氏は「慰安婦」問題が「ことあるごとに日本を悩ませる歴史認識問題」の争点[7]と言っていますが、いつの間にか「慰安婦」問題のはらむ女性への暴力や植民地主義の問題は後景に追いやられ、ヘイトクライムの道具にされています。このようにセカンド・バッシングに晒される「慰安婦」被害者ですが、韓国政府に登録されている234人中、生存者は56人に減っています（『聯合ニュース』2013年8月27日）。

脱植民地主義という方法論

　2013年6月13日にTBSラジオで吉見義明氏と秦郁彦氏の慰安婦問題を巡る討論番組がありましたが，両者の対立点は20年近く大きく変わることはありませんでした[8]。秦氏は合法的存在だった公娼が戦地に移ったのが「慰安婦」であり，彼女たちはハイリスク・ハイリターンを見込んで戦地に金儲けに行ったのだと主張しています。朝鮮に対しても女性たちが慰安所に連れて行かれた時期の朝鮮は平時であり，軍を含む官憲の組織的な強制連行はなかったし，国家は統治行為責任以上を負うことはない，と付け加えています[9]。「女郎の身の上話」と突き放した言い方で「慰安婦」被害者の証言に価値を置かない姿勢を貫いています[10]。

　それに対し，吉見氏は史料に基づく根拠を挙げながら「慰安婦」は公娼ではなかったと反論しています[11]。吉見氏は「慰安婦」問題における日本政府の責任を明らかにする上で歴史家として重要なしごとをしている方で，秦氏とは「慰安婦」と公娼の関連において対極的な見方をしていますが，植民地期の朝鮮を平時と見る点では一致しています。

　公娼制は植民地支配と同時に台湾や朝鮮に導入されますが，日本「内地」と同じ公娼制という用語を使うために，地域や時期にかかわらず公娼制の内容が同じであるかのような誤解を与えています。

　ところが台湾，朝鮮へ導入された公娼制の実態は日本「内地」よりはるかに業者に有利，娼妓に不利なものとなっていました。女性の待遇には明らかに植民地差別，民族差別が認められますし，朝鮮総督府が制定した取締規則は難解な日本文で書かれているために，それを理解できる朝鮮人娼妓は皆無に等しかったと言えます。

　朝鮮ではこの公娼制導入以前にすでに「慰安所」的なものは存在しました。すなわち日露戦争期には朝鮮半島北部で兵站司令部の許可のもとに「芸妓酌婦」営業が行われていたという外務省警察の資料が残っています。

　全面的な公娼制導入となった1916年は，「韓国併合」後の朝鮮半島に常駐する日本陸軍が2個師団体制に編成した時期でありますが，世界的に軍縮が進ん

だ時期でも朝鮮駐屯日本軍の戦力はむしろ強化されていきました[12]。日本と中国との関係で見れば15年戦争ですが，朝鮮との関係で見れば50年戦争であり，台湾との関係で見ればまた別の定義ができるでしょう。この長い軍事占領下で植民地支配が進められた朝鮮で，日本軍の強化とともに性売買は拡大していくのですが，公娼という同じ名称が使われてきたポリティクスを批判的に見る必要があります。「慰安婦」と公娼の違い以上に，地域と時期による公娼の違いは大きいと言えるでしょう。

　私がこの場で脱植民地主義という方法論を提起しますのは，日本の歴史学会で植民地主義への理解が不足したまま「慰安婦」論議が交わされていると判断するからです。15年戦争という名称そのものが，ある意味で植民地主義への批判を欠落した一国主義的な歴史観を物語っています。

　果たして軍事占領・植民地統治期の朝鮮には平時といえる時期があったのでしょうか。歴代の朝鮮総督は天皇に勅任された陸軍・海軍大将が担い，憲兵警察制度下で，朝鮮人の日々の生活は日本軍の統制下にあるに等しかったのです。

　人びとがパニックに陥っていたとはいえ，関東大震災の直後に朝鮮人が6,600人も殺されました。大正デモクラシーとは絵に描いた餅であり，朝鮮人には市民法は適用されませんでした。植民地期の朝鮮人留学生たちの記録によれば，社会活動の許容範囲が日本と朝鮮とで雲泥の差があったと証言しています。

　さらに補助線として現代韓国を例に挙げて考えてみましょう。韓国で夜間通行禁止が解かれたのは1982年1月のことであり，いまだ南北朝鮮は休戦状態にあります。軍事独裁政権のもとで民主的諸権利は抑圧されましたが，民主化された現在でも徴兵制は存在しています。さらに韓国では民間防衛特別訓練が年間8回20分間，外国人も含む全住民に義務づけられており，全公共機関の動きが停止されます。韓国の通行禁止があった時期にもキーセン観光買春客に同伴する女性には通行禁止時間は適用されませんでした。

　このような状況を平時と言うのなら，日本での平時という言葉の意味とは違うことに注意しなければなりません。「ことあるごとに日本を悩ませる歴史認

識問題」である「慰安婦」問題のねじれを解くカギとして脱植民地主義という方法論を提唱するゆえんです。そのためには植民地支配に対する理解，関係史における理解が重要です。

　従来は日本の農業恐慌を世界恐慌と日本の農業問題だけで解釈してきましたが，植民地の農政と関連させた時に初めて農業恐慌の構造的理解が可能となりました。すなわち植民地で生産していた米や麦が日本「内地」に大量に移入されたことがいっそう穀価を下げることになり，山形県下の農村の娘たちが都会の遊廓に売られていく情況を悪化させたのです。

　いまや経済も政治も一国主義で動くのではなく，グローバル化が一層進んでいます。日本経済の見通しはアメリカの経済動向なくして立たない現在，多国籍企業と先進国政府の利権関係が強化され，経済格差の世界化，すなわち世界の階層化が進もうとしています。このような構造を捉えない限り，単純な比較は意味を持ちません。女性を苦しめるいわゆる家父長制も植民地主義的な秩序と無縁でなく，その意味では先進国の方が家父長制文化が緩やかに現れるのは当然の帰結です。

　貧困の女性化，移住労働の女性化が世界化する今日，世界の階層化を進める構造を見据えながら各国・各地域の横の連携を強めていかなければならないでしょう。女性史研究もその例外ではなく，1996年のシンポジウムでの「比較史の試み」を越える協働が求められています。

おわりに

　今回のシンポジウムではそれぞれのセッションで，「女帝・女王・女性権力者の存在形態と国家」(5～9世紀)，「家と婚姻，相続」(10～18世紀)，「移動と労働」(19～20世紀)，すなわち女性リーダーの問題，家族の問題，移住労働の女性化をテーマにしています。どれも時宜にかなった内容で，今まさに私たちを取り巻く情況を理解し，問題の在り処を探り，解決へのヒントが報告，あるいはその後の討議で与えられることを期待したいと思います。

　まだ記憶に新しいですが，今年は韓国で初の女性大統領が誕生しました。ま

た長年ミャンマーの民主化運動を指導してきたアウンサン・スーチーさんが最大野党の党首として2013年4月に日本を訪問しました。前近代的な家父長制の下で女性が抑圧されてきたと言われる東アジアで，女性リーダーが脚光を浴びる昨今です。韓国の大統領，朴槿恵さんは父親である朴正煕元大統領の七光もあるでしょうし，彼女がどのような政治理念をもっているかも重要ですが，女性指導者を選ぶほどに韓国社会の側が変化したには違いありません。朴槿恵さんがたとえアンチ・フェミニストでも，女性リーダーであることの「縛り」は受けるでしょうし，それが韓国の女性政策や女性間格差是正にどのように有効に働かせられるのか今後を注視したいと思います。

　次に家族の民主化を実現するために，家族の歴史的考察は重要な課題です。植民地主義からすると，帝国の言説として朝鮮の強力な家父長制と女性の地位の低さが強調され，植民地支配を合理化するのに活用されました。忍従する無力な女性と粗暴な男性との対比は文学作品の中でも目にするモチーフです。しかし最近は若手研究者たちが脱植民地主義の観点から植民地期の家族法や朝鮮王朝時代の女性の社会的地位の研究を進めています。また日本に即して言えば，夫婦別姓の問題も現在進行形の重要案件です。ジェンダー平等化政策は制度の変革でなく，固定的性別役割意識の是正が優先され，心がけ，あるいはドメスティックな男女関係の問題として看做されてきました。しかし，生活のゆとりがなければ，男女の家事分担は絵にかいた餅に過ぎません。

　三つ目のテーマですが，生産労働だけではなく，ケア労働や日常生活の再生産労働についても有償無償を含めて移住労働の女性化が進んでいます。韓国社会の急速な変化については日本のメディアでもよく伝えられますが，それを最もよくあらわしているのが国際結婚だと言えます。日常生活の再生産に当たる国際結婚は2000年以降急増し，韓国人男性と外国人女性の結婚は76.1%を占めています。とくに農漁村や都市低所得層の結婚難を背景に，業者の仲介によるものが増えていますが，農林業，漁業等の第一次産業に従事する男性の場合，全結婚の41.0%が国際結婚となっていて，1990年代初めには全く予測できなかった事態が進んでいます。外国人の急増の陰には韓国の経済成長と植民地主

義の結果としての出身国の貧困があります。

　このように現実に抱える課題は日本，中国，台湾，韓国がそれぞれ一国で解決するのは不可能な時代に来ています。環境問題や原子力発電の問題などと同じく，オルタナティブを求める広い地域との協働ではじめて変革が可能となるように思えます。

　安倍政権は今後の成長戦略の軸に女性の活用を唱え，2020年までに，社会のあらゆる分野において指導的地位に占める女性の割合を30％程度まで引き上げることを目標に掲げています。このことの意味を探るヒントとして日本の「男女共同参画政策」が「少子化対策」と一体化し，国益として進められたことを想起すればいいでしょう。その結果，日本の「女女格差」を広げ，よって男女共同参画基本法は性差別解消というより労働現場での性差別を深刻化させたと指摘されています。リベラルフェミニズムは実は新自由主義と親和性をもつのだというのはとても重要な指摘です。国益とは関係のない，性差別解消の道筋をそれぞれの経験から学ぶべきでしょう。

　女性史，あるいはジェンダー史という学問的営みは，性差別の歴史的構造を明らかにするためにあるのだと思います。そのためにも，東アジア共同体構想は頓挫していますが，女性史が一国主義を越えて東アジアの関係史として拓かれるよう，日中韓女性史国際シンポジウムがその礎になるよう祈ります。

注
1) 2013年4月，日本と台湾の間では双方が領有権を主張する尖閣諸島周辺での漁業権をめぐり漁業協定が締結され，日本の排他的経済水域の一部で台湾の操業が認められました（『東京新聞』2013年8月11日）。
2) 日本から海外へ留学する学生の数は2004年（82,945人）をピークに減少しています（2011年，38,535人，1位アメリカ，2位中国，男女比1：2）。
3) Kポップへ興味を示すが，政治と結びつかないサブカルチャーへの関心に留まり，韓国のキーワードとして，反日，竹島（独島），慰安婦を挙げる傾向があります。
4) http：//www.jp/idadefiro/nenpyou.html（2013年8月29日アクセス）
5) 「慰安婦関係調査結果発表に関する河野内閣官房長官談話」（1993）を公式見解として発表。

6) 「豪外相，見直し望まず　慰安婦の強制性認めた河野談話」『朝日新聞』2013年1月14日。
7) 『慰安婦問題という問い』（勁草書房，2007）の表紙カバー袖に書かれている文章である。
8) 2013年6月13日　TBSラジオ番組で吉見と秦の討論が行われた。www.youtube.com/watch?v = 3ANBEo8Ju14
9) 同上。
10) 「反貧困ネットワーク」を立ち上げた湯浅誠は『反貧困』（岩波書店，2008）で個々人が貧困状況に至る5つの排除構造，すなわち教育課程，企業福祉，家族福祉，公的福祉，自分自身からの排除が存在すると言うが，「女郎の身の上話」は自分自身から排除された人間の心理的防御としても，あるいはPTSD的表現としても解釈する余地はあり，今後の研究課題だと思われます。
11) 第1は国家自らが政策的に開設・運営・統制・監督したかどうか。第2，軍人・軍属の専用施設であったかどうか。第3，軍法適用下の性暴力か，平時の市民法適用下のそれであったか。第4，山西省盂県のような監禁・レイプをどう位置付けるのか，を挙げています。
12) 辛珠柏「朝鮮軍概史」宋連玉・金栄編『軍隊と性暴力—20世紀の朝鮮半島』現代史料出版，2010。

第Ⅰ部

第1セッション（5～9世紀）

女帝・女王・女性権力者の存在形態と国家

第1セッション趣旨説明

伊集院葉子（文責），児島恭子，前山加奈子，姚毅

　第1セッションは，5世紀から9世紀を対象に，日本，新羅，中国大陸に出現した女性統治者の存在形態と国家の関係をとりあげた。

　朝鮮半島では高句麗，百済，新羅の3国が拮抗していたが，6世紀末から7世紀にかけて中国大陸に隋・唐の統一帝国が出現すると，半島情勢は大きく動き始めた。新羅は唐と同盟する道を選び，まず百済，ついで高句麗を滅ぼし朝鮮半島を統一した。7世紀から9世紀にかけて，新羅では3人の女王が即位した。善徳・真徳・真聖女王である。姜英卿（カンヨンギョン）氏は，その最初の女王である善徳女王について報告する。

　北魏は，南北朝時代に，遊牧民族である鮮卑（せんぴ）族の拓跋（たくばつ）氏が中国大陸北部に建てた王朝である。5世紀前半には中国北部を統一した。中国では，帝位の父系継承が早くから定着したにもかかわらず，しばしば女性による統治が行われた。北魏も例外ではない。李貞徳（リージェンドー）氏は，北魏皇帝一族の王女の生涯を素材にしながら，漢化政策がもたらした北魏社会の矛盾と女性の抵抗について報告する。

　日本では，男も女も大王や天皇になり得た時代が6世紀から8世紀にかけて200年にわたって続いた。ところが，8世紀の孝謙（こうけん）（＝称徳（しょうとく））天皇を最後に，古代の女帝は終焉した。それはなぜか。古代社会の特質との関わりで明らかにするのが義江明子（よしえあきこ）氏の報告である。

　私たちが，女性統治者と国家というテーマを設定したのは，国家形成と女性の地位の関わりが，長く日本の歴史学界で探究されてきた課題だからである。中国大陸では，統一国家が紀元前3世紀末にすでに形成された。一方で，朝鮮半島と日本は，中国の影響を受けながら，統一国家を形成していくという経過をたどった。まさにその時期—朝鮮半島と日本で，統一国家形成と中央集権化

に向かっていた，その時代の転換期に，それぞれの国で女王と女帝があいついで即位したのである。姜氏と義江氏の報告で触れられるが，この時代がそれぞれの地域の国家形成にあたっての転換期になるという点は注目に値する。

『旧唐書』などの中国の史書には，女王が統治する国々が記載されている。新羅や日本（倭国）などの東方諸国はもちろん，西域各地のほか，南方諸国伝にも女王が記されている。むしろ，帝位に登った女性が武則天だけだった中国の統一帝国が例外にみえるほどである。女性をリーダーに戴くこと自体が統一帝国にとっては侮蔑の対象であったことは知られている。しかし，それはあくまで統一帝国側の視点である。中国の史書というフィルターを通してさえ確認できるアジア諸地域の女王の存在は，社会と女性の地位，及び国家形成と女性の関わりを考察するにあたって，看過できないものを私たちに示唆するのである。

報告にあたっては3氏に，4つの論点—第1に，女性の即位や権力行使の理念と正統性の根拠は何だったのか。第2に，女帝・女王即位の社会基盤はいかなるものだったのか。第3に，女性統治者が行使した権力の内容，範囲，施策の特徴は何か。第4に，各国の当時の人々の「女性君主観」はいかなるものだったのか—に言及するよう要請した。報告自体は，3氏のそれぞれの最新の研究成果を盛り込んだものである。もちろん，内容の強弱や長短は異なることになるだろうが，3王朝の女性統治者の存在形態を社会基盤及び社会構造との関わりで比較・検討することによって，個別の国家史の枠をこえた東アジアの政治史と社会史に新しい知見が加わり，歴史理解に深みと飛躍が生まれ，歴史像の見直しに結びつくことを期待したい。

新羅における善徳女王の即位背景と統治性格

姜英卿（カンヨンギョン）
井上和枝訳

はじめに

　善徳女王（在位632－647）の即位は，国家の存亡をかけた熾烈な戦争が展開されていた時期であった。したがって，国内には女王の即位に反対する人々もいた。また，善徳女王の即位に先立ち唐の太宗は蜂や蝶々がいない牡丹の絵を送って，間接的に批判の意を表した。このような国内外の状況の中で，善徳女王は即位したのである。

　この間，善徳女王に対する研究には多くの蓄積がある[1]。こうした先学の研究を土台にして，本稿では，第一に，戦争の危機の中で善徳女王の即位は何故可能であったのか，第二に，女王の統治はどのような性格を持っていたのかという問題に対して検討してみようと思う。

1．即位背景

（1）新羅女性の政治的活動

　新羅には官職に従事する女性官僚がおり，彼女たちは一定の政治的活動をしていた。善徳女王の即位より前，女性による直接の政治活動は，真興王の母である王太后只召夫人の摂政の例に見ることができる。真興王（在位540－576）は7歳という幼い年齢で即位したために，王太后が摂政した。したがって，真興王代初期の政治活動は王太后のそれということができる。真興王即位元年には罪人の大赦を行い，文・武官の官僚たちの官爵を1等級ずつ昇格させた。大赦は疎外された罪人たちを許し，罪を改めさせ善人にして社会にもどし，国王の徳治を広く知らせるためである。そして文武官への礼遇は，かれらの協力を得て，官僚政治の基礎を固めるのが目的であった。

真興王2年3月には異斯夫を兵部令にし，内外の軍事を管掌させた。異斯夫を抜擢し，強力な軍事権を与え，幼い王と王太后の近くに置くことによって王権を強化した。また，百済が使臣を送って和解を求めると，これを許諾した。真興王11歳の5年2月には，興輪寺を落成し，3月には人々が出家して僧と尼になり，仏に仕えることを許した。興輪寺は新羅に建てられた最初の仏教寺院であった。新羅の国家的な仏教政策が本格的に始まったのである。

　同じ5年には兵部令にもう1人任命した。軍隊の統帥権を2人に与え，戦争中に起こりうる有事に動揺なく対備し，両人体制で互いに競争することによってさらに強力な軍隊になるようにしたのである。この処置はその後真興王が新羅最高の征服君主となるのに一定の役割をしたと考えられる。

　真興王6（545）年には，高句麗の領域であった丹陽（忠清北道）の赤城を新羅が占領した。そしてこれに協力した地域民の也尒次等を褒賞し，地域民を慰労する内容の赤城碑を建てた[2]。当時，新羅が高句麗領域を占領することは大胆な冒険であったが，これは新羅が唐と直接通交するためには不可避の選択であった。このような果敢な冒険が王太后の摂政期になされたのである。

　ここを足場にして真興王11年には百済から漢江流域を奪い，中国に通じる道を開き，12年，王が18歳となる年に「開国」という年号を宣布した。これは新しい国を開くという真興王の意志の闡明である。一般的にこの時期を王太后の摂政が終わり，真興王の親政が始まる時期とみている。

(2) 善徳女王の予知能力

　善徳女王は即位前から卓越した予知能力を発揮し，臣下たちから聖知があると評価されていた。女王が即位する11年前の真平王3（621）年7月，唐から牡丹の花の絵と種子を送ってきた。女王はその贈り物の意味を覚った。

　　　徳蔓がこれを見て，「この花は美しいが香りがないでしょう」と言った。
　　王が笑いながら「どうしてわかるのか」と問うと，徳蔓が「絵に蜂と蝶が
　　いないのでわかりました。大体，女性が美しければ男性が従い，花がかぐ
　　わしければ蜂と蝶がいるものです。この花は美しいが，絵に蜂と蝶がいな

いので，きっと香りのない花なのです」と答えた。種子を植えたところ，果たして彼女の言葉通りであった[3]。

この記録からは次のことがわかる。第一に，善徳女王の即位がすでに621年7月前に決まっていて，唐にも伝えたところ唐帝はその事実を知って遠回しに批判したことである。第二に，徳蔓はこのような唐帝の意中を看破しており，父の真平王よりも国際的な眼目と分析能力があったことである。第三に，徳蔓は自身の叡智に確固とした自信を持っていることである。確固とした自信を持つことはそれに対する備えも意味する。予知能力は過去と現在そして未来を正確に見通すことができる時発揮される。徳蔓は正確な洞察力と確固とした自信をもっており，したがってそれに対する問題解決能力もあった。そのことは後に検討する芬皇寺の創建がよく示している。

真平王が息子をもたないままなくなり，聖骨（新羅時代最高の身分階級）の男子がいない状況で，聖骨女性として善徳女王が即位することになった。骨品制度が女王即位の合理性と正統性を保証したのである。そして，国人が合議して徳曼を女王にし，「聖祖皇姑」という称号を贈った。その前には王に息子がいなければ弟や女婿が即位した。真平王には伯飯と国飯という弟がおり，即位元年8月にはかれらをそれぞれ真正葛文王と真安葛文王に封じた。飲葛文王という女婿もいた。それでも善徳女王が即位したのは直系を中心にした厳格な身分制度である骨品制度が確立していたためであった。

2. 善徳女王代の統治性格

(1) 対民政策

善徳女王は即位元年10月に使臣を派遣して，国内の鰥夫・未亡人や身寄りがなく自立出来ない者を慰問し施しを行い，2年正月には大赦をして弱者を助ける徳治を標榜した。また州郡に1年間税金を免除した。これは地方民に配慮を示し，中央と地方の経済的・情緒的格差を縮めることで，民心の結集をはかり国力を充実強化させるためであった。

3年には年号を「仁平」と改めた。万物を調和的に導いていこうとする女王

の統治理念を宣布したのである。ここには平等かつ公平に人材を登用するという女王の統治意志も込められている。4年1月には伊湌水品と龍樹とを派遣して，地方を巡視し慰問させた。これは地方視察をしながら民心を把握するためと見られる。龍樹は大乗仏教を完成させたインドのNagarjunaと同じ名前である。善徳女王が地方視察に龍樹を送ったのは，全国の民心を知り，大乗仏教によって統合するためと見られ，後に検討する仏教政策を表したものである。

　この他にも善徳女王の対民政策を表すものとして金春秋と文姫の結婚を成功させた話を挙げることができる。

　　　金庾信は金春秋が文姫を妊娠させたことを知って，「父母も知らないうちにどうして妊娠したのか？」と叱った後，妹を焼殺すると国中に噂を広めた。ある日，善徳女王が南山に登るのを待って庭に藁を積んで火をつけると，煙が燃え上がった。王が眺めて「何の煙か」と尋ねた。左右の人が「多分，庾信が妹を焼こうとするものです」と言った。王が訳を聞くと，「その妹が正式な夫もいないのに妊娠したからです」と言った。王が「誰のしわざなのか」と聞いた時，前にいた春秋公が顔色を変えた。王は「お前がしたことなのだね。早く行って助けなさい」と言った。公が命令を受けて，馬を走らせ，やめろという王の言葉を伝えた。その後，両親に告げて婚礼を挙げた[4]。

　父母にも秘密に交際し妊娠したことは，当時でも指弾を受けねばならなかったのであろう。女王はこのような慣習に縛られず，また個人の家の問題として捨て置かず，繊細な配慮で2つの生命を救った。また妊娠した女性のみが指弾を受けるのではなく男性も共に責任を負うようにしたところに男女平等意識も見せている。ここで女性君主として注目される点は，繊細な配慮で貴い生命を生かしたことと，すでに男女差別があった当時において男女平等意識を示した点である。このように女王の対民政策からは，民心結集を通した国力強化，人材養成，生命重視，男女平等意識をうかがうことができる。

(2) 宗教政策

　善徳女王の宗教政策は，女王代に建立した寺刹と女王が抜擢した僧侶を通して検討することができる。女王は即位3年正月に芬皇寺を落成させた。芬皇寺の名称は「香しい皇帝の寺」という意味を帯びている。女王が即位した後最初に建立した寺が何故芬皇寺だったのか。これは唐の太宗が善徳女王の即位を香りのない牡丹にたとえたことと関連している。女王は彼女の即位に批判的な唐の太宗の意中を理解しており，蜂と蝶が寄りつかない香りのない牡丹の花は，徳蔓が即位すれば追従者がない女王になるだろうと遠回しに言ったものと知っていた。それで女王は即位するや芳しい皇帝の寺を創建したのである。

　芬皇寺の模塼石塔からは，塔を創建するとき入れた供養品が出土した。紅色・青色・黄色・緑色・白色・褐色の美しいガラスの玉と曲玉・管玉・水晶玉等とともに，金の針・銀の針・針筒・鋏・いとぬき等が出た。これらは女性が使う針仕事用具であり，芬皇寺が女性と関係する寺刹であるとわかる。芬皇寺のこのような出土品は，唐の太宗が善徳女王を香りのない牡丹の花に喩えたことに対抗して，香しい女王を象徴する寺として建立したことを推測させる。国際的にも国内的にも女王の即位に対する否定的な考えを払拭させるため正面から対応したのである。

　芬皇寺には，千手大悲観音像と薬師如来像があった。観音信仰と薬師信仰は一般民衆の現実的欲求に即した信仰で，新羅伝統のシャーマニズムと無関係ではない。芬皇寺には元曉の塑像もあった。元曉はインドや中国とは異なる新羅独自の主体的な仏教宗派芬皇宗を開いた人物である。これは海東宗ともいう。女王は新羅民衆の現世利益追求的信仰生活が仏教寺院でできるよう芬皇寺を作り，新羅人の伝統信仰を仏教に変えさせた。

　芬皇寺に建てられた模塼石塔は中国で流行した塼塔よりたくさんの浄財が投入されており，堅固で形は荘重である。女王は模塼石塔を通して，中国の塼塔との違いを堂々と誇示したのである。新羅人が香しい女性皇帝の寺刹を眺める時，これを作った女王を思い浮かべ，勇壮で堂々とした主体性と自負心に思いをはせたことであろう。

寺院は多くの人が集まり仏を拝む宗教的な聖地である。多くの民衆が集まってひざまずく「香しい皇帝」の寺の建立は，多くの人々が女性皇帝に従っていることを内外に示した。芬皇寺の建立は唐の太宗の女性君主に対する否定的な見方を払拭させるに十分であったろう。

　4年10月には，霊廟寺が落成した。霊廟寺はその名称からして「亡くなった祖先を祀る寺刹」という意味を帯びている。仏教では業による輪廻を説き解脱を求めるため，亡くなった祖先を寺刹で祀ることはできない。祖先の霊魂崇拝は新羅伝統の祖先崇拝宗教であるシャーマニズムにおいて可能である。したがって，霊廟寺における祖先崇拝はシャーマニズムであると同時に外皮は仏教的な性格を帯びていた。そして霊廟寺を建立するのに祖先崇拝集団が参加した。霊廟寺は本来大池だったところを豆豆里の群衆（鬼衆）たちが一晩の間に埋め，形が特異な3層の建物を建てたと伝えられている[5]。豆豆里の鬼衆は祖先を崇拝する伝統宗教に基盤した親仏教的な集団である[6]。女王は伝統宗教に基盤を置く集団を仏教寺院建立に参加させることによって，伝統宗教と仏教の融和を図った。

　国に水害や日照りがあると，霊廟寺南側で五星祭を執り行った[7]。霊廟寺の東北側の道にある木の下でも祭儀が催された。このように霊廟寺の周囲では祖先崇拝・星崇拝・樹木崇拝などの伝統信仰が行われていたが，女王はここに霊廟寺を創建して，これらを仏教に収斂させようとした。

　霊廟寺の仏像形態と装飾はインドや西域風の様式を帯びており，その基盤は民衆が協力して祖先の霊魂を祀るために作った[8]。霊廟寺を通して，女王は中国を越え，インドの仏教芸術を新羅に具現させ，開放的で先進的な仏教民衆化政策を実現した。

　5年3月に女王は病にかかった。シャーマンの医術者が治療と祈祷をしたが効果がなかった。それで女王は皇龍寺で護国法会を開いた。女王の病気は体の病気ではなく，万民が豊かで国が平和であることを願う国王としての苦悶であった。病気の治癒のため伝統宗教で行ってきた治療と祈祷をしたが，これによっては女王の病気は治らなかった。そこで皇龍寺に100人の高僧を集めて，

護国仏教を講じさせ，また衆生100人の出家を許し，それによって女王の病を直した。女王はこの時，既存の伝統宗教に対する執着を捨て，仏の智恵を成就するため仏教を前面に立てた。

　次に，善徳女王の時，活躍した僧侶を通して，女王の仏教政策を検討してみよう。慈蔵（590－658）は善徳女王即位5年5月に仏法を求めるため入唐し，6年10か月ぶりの12年3月に女王が唐の太宗に要請して帰国させた。女王は慈蔵を大国統にし，芬皇寺に住まわせた。慈蔵は唐からもどると，新羅を救う方法を提示した。第一は，新羅の王族を利帝利種（クシャトリア）に比したことである。利帝利種は古代インドの身分制度において2番目の階級の王族であり，釈迦族がこれに該当する。これは新羅の王族をインドの釈迦族に比定し，仏教を起こした「仏国の王」を前面に打ち出すことであり，また仏教の輪廻説も取り入れたのである。

　第二に，隣国が降伏し，9韓が来朝し，王朝が長く安定するため，皇龍寺に九層塔を建立しようとした。これは巨大な仏塔を作り，女王の権威と仏国の権威を打ち立て，八関会によって伝統宗教を仏教に包摂し，罪人を救免して国民を結束させれば，国の憂いを取り除くことができるという護国の理念を込めたものであった。このように慈蔵が帰国して塔建立を建議するや善徳女王は群臣にはかり[9]，相談を重ねて塔を完成させた。高さ約90メートルの皇龍寺九層塔は新羅の国宝となり，隣国からもあえて侵入できないような国力を誇示する象徴となった。

　善徳女王の時活躍したもう一人の僧侶に密本がいる。

　　徳蔓の病が久しくなり，興輪寺の僧法惕が治療しようとしたが長い間効果が現れなかった。その頃，密本法師の徳行が国中にひろく知れ渡っていたので，臣下が法惕に代えるように上申した。王は密本に宮殿に来るよう詔勅を出した。密本は宮殿の外で薬師経を読み，持っていた六環杖を振り，女王の寝室内に入って，一匹の老いた狐と法惕を突いた。すると狐と法惕が庭に倒れ，王の病がすぐに治った[10]。

女王の病気は興輪寺の法惕では治療できず，密本が治療した。この時期の興

輪寺は迷信払いの寺として伝統宗教と正面から対決していた[11]。その興輪寺の法惕が女王の苦悶を癒やすことができなかったのに対して，女王の病を治療したのは密教系統の密本であった。密教は7世紀頃，インドで実践を中心にして起こった大乗仏教運動で，バラモン教・ヒンズー教・民間信仰まで受容して統合したものである。密教は口には真言，手には結印，心では大日如来を考えるという身口意の三密を持ち，衆生の三密と仏の三密が互いに感応一致して現世で成仏することを目標にしていた。密本は新羅で密教を起こした僧侶である。女王は密教を保護し，新羅の衆生を全て大乗仏教に帰依させ成仏させることで仏の国をつくろうとしたが，それは女王の予知能力によって実現された。

「私は某年某月某日に死ぬだろうが，忉利天に葬っておくれ」と言った。臣下たちはそこがどこか知らないのでたずねると，「狼山の南側である」と言った。果たしてその日になると王がなくなり，臣下たちは狼山の日のよく当たるところに葬った。10余年後に文武大王が四天王寺を女王の墓の下に創建した。群臣たちは女王の霊能を知った[12]。

狼山は新羅の首都慶州の中心にある聖山である。女王が狼山を忉利天と言ったのは，狼山を仏教でいう宇宙の中心の山須彌山に比定し，新羅を仏国土にしようとしたためである。仏教では須彌山の上に天神が住む忉利天があり，その下に四天王寺がある。忉利天にいる帝釈天神は東西南北のそれぞれ8城ずつ合計32城の天神たちを統括し，四天王はその下で龍を始めとする8部衆と12支などの護国神将を率いて悪龍や阿修羅と戦い人間を保護し正法を守護する。女王が忉利天を志向した意味は死んでも忉利天の天神となり，四天王とその眷属たちを率いて，民と国を守護するという護国の意志を表現したものである。

文武王の時，明朗が四天王寺を創建したのは，唐の侵入を退けるためであった。明朗の字は国育と言い，彼の母の身分は真骨，慈蔵の妹南閒夫人法乗娘である。3人の息子がいたが，長男が国教大徳，二男が義安大徳，末息子が明朗である。3兄弟とも僧侶になった。大徳は7年の任期がある僧職で，50歳以上の智恵と徳望が高い高僧の中から王が選抜した。明朗の家系は王室と密接な関連を持った僧侶家系であった。明朗は善徳女王即位年（632）に唐に行き，道

を学び，4年に帰国した。唐からもどる途中で明朗は海龍に頼まれて龍宮に入って秘法を伝え，黄金千両の施主を受け，金光寺を創建した。金光寺という名前は『金光明経』と関連している。

『金光明経』はこの経の説法を信じ自身の罪を懺悔すれば自分はもちろん国と国王も鬼神の保護を受けると説く密教系の経典である。西海龍が布施した金光寺で明朗は国と女王のため護国の秘法を修行した。また明朗は西海に侵入してくる唐軍を退けるため，文豆婁秘法という灌頂経を応用して創始した独自の秘法を四天王寺で実施した。明朗は神印宗という密教宗派の開祖でもあるが，これは新羅固有でインドや中国にはない。外敵の侵入を防ぐため高麗時代にも流行した。

女王は新羅が三国統一をした後には唐との決戦が不可避だということを知っていたので，これに対する備えを明朗を通じて準備した。女王は新羅中の宗教を密教で統一しようと図った。全国民が仏となり狼山を宇宙の中心にして結集し，外敵を防ぎ仏の国を作ろうとしたのである。そしてこれは彼女が育てた明朗を通じて実現された。それで臣下たちは女王の聖智と霊性に感服した。

(3) 対外戦争

『三国史記』によれば，女王在位の16年間に高句麗や百済との戦争が11回起こった。女王の予知能力は戦争においても発揮された。

> 女王即位5（636）年ヒキガエルが宮殿西の玉門池に大量に集まったという話を女王が聞いて，左右の臣下に「ヒキガエルの猛々しい目は兵士を表します。私は以前西南の国境地帯に玉門谷という地名の所があると聞きました。そこに隣国の兵士がひそんでいるはずです」と言った。そこで将軍閼川と弼呑に兵士を引き連れて捜索するように命令した。果たして百済の将軍于召が独山城を襲撃しようと武装兵500名を率いてそこに待ち伏せていた。閼川が秘かに行って襲撃しすべて殺した[13]。

『三国遺事』にもこの内容があるが，「霊廟寺の玉門池」としており，「冬に蛙が3～4日間鳴いた。（中略）精兵2000名を鍛錬した」と記録している。

『三国史記』によると，霊廟寺は女王の即位4年10月に完成した寺刹で，前述したように伝統信仰と仏教の葛藤が存在した所であった。ヒキガエルと蛙の目は飛び出ていてさながら目をむいて戦場で戦う荒々しい兵士の姿だとされた。冬眠をする蛙が冬出てくることはないので国人が不審に思って王に告げたが，王はその意味を悟って精兵を訓練させ，ヒキガエルが鳴いた場所玉門池から玉門谷を予知したのである。百済軍を殲滅した場所が玉門谷であることから，この戦闘は袋小路になった渓谷を利用する地勢的戦略で勝利したものと見られる。女王はいまだ存在する百済の脅威に対処しなければならないことを知っていた。それで霊廟寺の対立する勢力を訓練させ愛国の兵士にし百済の侵入を防いだのである。
　女王は6年7月に閼川を大将軍にした。7年10月に高句麗が北の七重城に侵入し，民が驚いて山谷に逃げ込むと，女王は大将軍閼川に命じて七重城に民を集め安住させるようにした。1か月後閼川軍は高句麗軍と七重城外で戦って勝ったが，殺したり捕獲した者が大変多かった。女王が閼川を抜擢して力を発揮できるようにしたことで，閼川は民の安全を図りながら，強力な高句麗軍を相手に玉門戦闘のような知略に富んだ戦術を駆使して勝利に導いたのである。
　女王即位11（642）年8月に百済は高句麗と謀り，唐に行く道を断ち切るため唐項城を奪おうとした。すると，女王が唐の太宗に急使を派遣して告げたので，百済と高句麗はその計画を取り消した。女王はその明敏さによって外交的対処で大きな戦争を防ぐことができた。また，女王は戦場で虎のように勇敢に戦って死んだ竹竹を哀惜し，彼の勇猛さと節操を広く宣揚した。
　13年9月女王は金庾信を大将軍にして，百済の討伐を命じ，金庾信は大勝して7城を奪い取った。地方の軍主であった金庾信を2年で大将軍に抜擢し能力を発揮させた。14年3月に金庾信は王命を受けて百済討伐より還ったが，まだ家にも到着しないうちに，百済が再度侵入したという急報を受けとった。王は事態が切迫しているので，「国の存亡が汝の一身にかかっている。苦労を厭わず出陣してこの国難にあたられよ」と言った。金庾信は家にも帰らず，昼夜兵士を訓練したが，出陣の際には家のある方角にあたる王城の西の道を進ん

だ。途中家の門前を通り過ぎたところ，家の男女が仰ぎ見て涙を流したが，公は顧みもせず進んだ。女王が金庾信を抜擢し督励して自発的に奮闘するようにしたのである。

　14年5月唐の太宗が高句麗を親征すると，女王は軍士3万を送って助けた。この時，百済が隙に乗じて国の西側の7城を襲撃して奪った。すると，女王は金庾信を送って防いだ。女王は3万の兵力を送って唐の高句麗征伐を支援しながらも，百済の襲撃を予想して新羅の主要兵力である大将軍金庾信が率いる軍隊は対備のため残したのであった。このように女性であるにもかかわらず，善徳女王は戦争にあらかじめ備え，将軍と勇敢な兵士を抜擢・宣揚し，地形を利用した戦略を駆使することによって，戦闘でも指導力を発揮した。

(4) 外　　交

　女王は即位元年12月と2年7月に唐に使臣を派遣して朝貢した。唐の太宗は蜂や蝶のいない牡丹の花の絵を送って女王の即位を非難したが，女王は広い眼目で積極的な外交を繰り広げた。3年には「仁平」の年号を頒布することによって，対外的に主体的な自立性を闡明した。そして，4年には父王と同じく冊封を受けて，国際的に王位継承の正統性を獲得し，王権は安定した。女王の即位を批判した唐の太宗から父王と同じく冊封を受けたのは，即位3年正月に「香しい皇帝の寺利」を落成し，年号を頒布して自主性を闡明した結果と思われる。

　9年5月には，王室の若者を唐の国学に入学させ，11年から14年まで毎年正月に唐へ使者を遣わすという外交方式で安定した国際関係を追求した。11年11月に百済の侵略を防ぐため，高句麗に兵を要請したが失敗に終わると，12年9月に唐に出兵を求めた。この時，唐帝は使臣に3つの策を提示した。

　　第一策は，わが唐が少数の辺方の軍隊を動員して契丹や靺鞨の兵を統括して遼東に入り高句麗を撃つことである。そうすれば1年間は貴国の包囲は緩められるがそこまでで，1年後には再び兵乱が起こるだろう。第二は，唐が新羅に数千の朱い綿入れの軍服と赤い幟さしものを送ることである。

高句麗と百済が侵入したら，これらの幟をたて，軍服を並べなさい。そうすれば唐の軍隊がいると思って逃亡するだろう。第三策は百済は海の要害を頼んで，兵器を十分に準備せず，男女が入り交じって宴会を開き互いに集まり楽しんでいるので，これを名分にして唐が数十隻の船に武装兵士を乗せ攻撃することである。汝の国は女王を立てたので，隣国がこれを軽んじて侵略するので平安な日がないが，私が一族の者を派遣して汝の国の国王になるようにさせる。しかし1人で行って王になることはできないので当然軍隊を派遣して護衛させる。国が安定したら汝らが自ら防衛しなさい[14]。

ここに見られるのは，唐の太宗が女王を露骨に無視し，侮辱的な提案をしながら野心を表したことである。これによって，女王は最後には唐との決戦が不可避だと悟り，それに対する備えをした。前述したように，自身の墓を狼山の忉利天に埋葬してくれと言ったことがそれである。女王は狼山を須彌山にして，四天王寺を建立し，唐軍を防ぐように準備させたのである。

女王は自身の即位を非難する唐の太宗にむしろ積極的に対応し，16年の在位期間の間，使臣を11回派遣した。このように外交に力を傾けることによって，唐から冊封も受け，大きな戦争も防止でき，追贈も受けて，国際的に堂々とした立場を固めることができた。

おわりに

善徳女王の即位は真興王の母太后である只召夫人の能動的な政治活動が重要な背景になった。しかし，香りのない牡丹の花を予見したことからわかるように，彼女の国際的な眼目と洞察力そして慎重な対備能力が女王即位の直接の理由だったと考えられる。

女王は弱者に配慮し，民の安定を重視する徳治政治を敷き，内憂と外患の双方に対しバランスを取りながら知略で乗り切った。芬皇寺創建と年号頒布等を通して新羅の主体性と自立性を示すことによって，対内・外的に堂々とした新羅の地位を確立した。

善徳女王が新羅の歴史に及ぼした影響は，この後にも真徳女王と真聖女王が即位することのできる道を開き，金庾信・金春秋（第29代武烈王）・金法敏（第30代文武王）等の人材を養成することによって，三国統一を完成させたことである。

　以上に検討した善徳女王は東アジアの歴史の中で女性君主としての肯定的なイメージを対内・外的に作り上げた。国内では「徳と道がある女王」という評価を受けた。国外では非難した唐の太宗から冊封と追贈を受けた。これは唐の女性君主観にある程度肯定的な影響を及ぼしたためと考えられる。

注
 1) 荒木敏夫「古代朝鮮の女帝—善徳・真徳」『可能性としての女帝』青木書店，1999。チョボムファン『我が歴史の女王たち』チェクセサン（本の世の中社）2000。金ギフン「韓国最初の女性王 善徳女王のリーダーシップ」『ソンビ文化』8，南冥学研究院，2005。朴テナム「韓国の善徳女王と中国の則天武后の政治的面貌および人間像比較研究」『韓国古代史研究』3，2009。金ソンジュ「善徳女王の即位背景と統治の特徴」『フェミニズム研究』9-2，2010。金ソンジュは善徳女王の統治時期を3時期に分け，統一の基礎を作った和合のリーダーシップを持つ女王とした。李ドキル・朴ウンギョ・李ヤンドク「三国統一の基礎を作った女帝善徳女王」『世の中を変えた女性たち』玉堂，2010。
 2) 趙東元「新羅中古金石文研究」『国史舘論叢』42，国史編纂委員会，1993。
 3) 『三国史記』巻5，善徳王条。
 4) 『三国遺事』紀異1，太宗春秋公条。
 5) 『新増東国輿地勝覧』巻21，霊廟寺条，「殿宇三層，体制殊異，羅時殿宇非一，而他皆頽毀，独此宛然如昨，諺伝，寺址本大沢，豆豆里之衆，一夜堙之，遂建此殿」。
 6) 姜英卿「新羅善徳女王の知幾三事に対する一考察」『院友論叢』8，淑明女子大学校大学院総学生会，1990。
 7) 『三国史記』巻32，祭祀志。
 8) 霊廟寺の丈六三尊塑造像を造った時，良志が「自入定以正受，所対為揉式，故傾城士女爭運泥土」と言った。
 9) 『三国遺事』塔像4，皇龍寺九層塔条。
10) 『三国遺事』巻5，密本摧邪条。
11) 姜英卿「古代韓国巫俗の歴史的展開」『韓国巫俗学』10，韓国巫俗学会，2005。
12) 『三国遺事』紀異1，善徳王知幾三事条。

13)『三国史記』巻5,善徳王5年5月条。
14)『三国史記』巻5,善徳王12年9月。

参考文献
『三国史記』『三国遺事』
姜英卿『韓国古代社会における女性の存在形態』淑明女子大学校碩士学位論文, 1980
金杜珍「韓国古代女性の地位」『韓国史市民講座』15, 一朝閣, 1994
キムスヨン「新羅善徳女王に対する再考」『東国史学』44, 2008
金昌謙「新羅真興王の即位過程」『韓国上古史学報』23, 1996
辛鍾遠『三国遺事の再檢討』1, 一志社, 2004
李培容「新羅下代の王位継承と真聖女王」『千寛宇先生還暦紀念 韓国史学論叢』正音文化社, 1985
李培鎔他『我が国の女性達はどう生きたのか』青年社, 1999
チョンヨンシク「善徳女王のイメージ創造」『韓国史研究』147, 2009
チョンヨンシク「善徳女王と聖祖の誕生, 瞻星台」『歴史と現実』74, 2009
趙東元「新羅中古金石文研究」『国史館論叢』42, 国史編纂委員会, 1993
朱甫暾「金春秋の対外活動と新羅の内政」『韓国学論集』20, 1993
陳珠玉『新羅善徳女王代の帝釋信仰』忠南大学校碩士学位論文, 2006

女主の世界
―― 6世紀・比丘尼の生涯から[1] ――

李貞徳（リー ジェンドー）
須藤瑞代訳

はじめに ―元純陀の時代―

　筆者の所属する研究所―中央研究院歴史語言研究所―は，学術研究の発展のため，所蔵資料のデジタル化を近年次々に行っている。インターネット上で見られる大量の文献の中に，6世紀のある比丘尼の墓誌銘がある（図1　大覚寺元尼墓誌銘および序）[2]。考古学的資料に依拠して研究を行うという近年の潮流のなかで，この百年前に出土した墓誌は，大量の碑文や拓本の中にほとんど埋もれてしまっていた[3]。しかし，そこに記載されている2度寡婦となった後に毅然として出家した貴族の女性は，歴史学者の注意を引かずにはおかない。彼女の名は元純陀，西暦475年，ちょうど北魏の文明太后〔文成帝皇后―訳者注，以下同〕がにわかに権力を握った時代に生まれ，529年，すなわち霊太后〔北魏の宣武帝の妃嬪，孝明帝の実母〕が黄河に沈んで死んだ翌年に世を去った（図2　元純陀と霊太后相関図）。漢と唐の間の時代には女主〔女性統治者。皇帝の母・妻（妾）・娘などが直接あるいは間接的に政治に参与する〕がしばしば見られ，これは中国の中古時代〔漢から唐の間の時期〕政治史の特色となっている。その両端の統一帝国，漢と唐の研究者は多く，則天武后の故事は，東アジア学界には特によく知られている。上述の2人の北魏の女主は，1人は宮女から身を起こし，もう1人は胡族の出身であったが，最終的には2人とも太后として摂政し，実に魏晋南北朝の家庭礼法，母子間の恩情に関する問題から宗教〔仏教〕の発展にまで関わった。これらの要素は，元純陀の起伏に富んだ一生の中に，すべて見いだすことができる。5, 6世紀の女性の政治参加については研究者による分析がすでにあるが，本論文では，元純陀の故事を出発点とし，近年の法律史，医療史，宗教史の最新の成果を参考にしつつ，中古早期の女主出

現の背景を明らかにする。

　北魏は遊牧民族鮮卑族の拓跋氏(たくばつ)が打ち立てた政権で、このときすでに南下して中原を統治していた。元純陀は皇族出身で、恭宗景穆帝(けいぼく)（428-451）の孫、任城康王（447-481）の五女にあたる。墓誌によると、彼女は幼い頃から聡明で美しく気品があり、父親は彼女をかわいがり「自分のそばから離さない（不離股掌之上）」ほどであった。康王が逝去すると、彼女は「嘆き悲しんで憂いに浸った（泣血茹憂）」といい、これは儒家が形容する孝子の哀悼の行為と一致している。彼女は15歳前後で権勢ある高官の家、穆氏(ぼく)に嫁いだ。穆氏は、統治者である拓跋氏と早くから手を結んでいた。結婚後は一女をもうけたが、穆氏はほどなく世を去った。純陀は寡婦として操を立てるつもりであったが、太傅を務めていた兄の元澄（467-519）は、彼女を邢巒(けいらん)（464-514）の後妻にしようとした。邢巒は北魏の漢人の武将で、優れた才能を持つことで知られていた。彼らの結婚は、「まさに琴瑟のごとし（好如琴瑟）」と形容された。邢巒と亡き妻との間には一子があり、墓誌によると純陀はその息子を愛情込めて育て上げ、また邢巒の母に礼をもってつかえ、彼の妾たちとも睦み合っていた。誌文は、元純陀は早くから儒家の女性の美徳を備えていたと述べている。しかし、彼女が伝統中国の礼義にほんとうに接触したのは、おそらく嫁いだ後である。誌文には彼女が継子を教育する際に、はじめて儒家の経典を読み始めたと記されている。それ以降彼女は、口数が少なく慎み深く、約束を非常に重んじて信用をかたく守ったと讃えられた。邢巒が突然亡くなったときには、彼女は「夜は涙を流さず、朝は深く悲しみ声を上げて泣いた（夜不洵涕、朝哭銜悲）」という。これは、儒家が求める寡婦が婦徳を表す哀悼の仕方と一致している。

　2度夫を失った後、純陀は仏教に帰依することを決めた。彼女は、「私は生涯において最初の夫との別離を経験し、さらにもういちど2度目の夫との別れの苦しみを味わった。固く誓った操に恥じ、また相手を変えないという決心に恥じている。徳を失って人に事えたため、夫の家を繁栄させることができなかった。楽は苦より生じ、結果は原因より起こるのだ。（吾一生契闊、再離辛苦、既慚靡他之操、又愧不轉之心、爽德事人、不興他族、楽從苦生、果由因

起)」と慨嘆した。彼女は毅然として俗世の財宝を捨てて，「多くの仏教経典を尋ね求め，広く戒律に通じ（博搜経蔵，広通戒律）」，おびただしい数の仏教典籍を読んだ。彼女は洛陽の大覚寺で受戒して出家した後も，穆家とは良い関係を保った。その後は娘の穆氏の子，すなわち外孫の西河王元魏慶に身を寄せ，最後は魏慶の滎陽郡解別館で世を去った。墓誌には，彼女が「いまわの際に目をさまし，どちらの夫とも別の場所に葬られて，修道の心を遂げたいという遺言を述べた。娘はそれに従い，敢えてその意に反しようとはしなかった（臨終醒寤，分明遺託，令別葬他所，以遂修道之心，兒女式遵，不敢違旨）」と書かれている。死の直前の意識の覚醒ののち，彼女はしばらくして亡くなった。1か月後に碑をたてて埋葬し，遺骨は洛陽西北の芒山に葬られた。

　元純陀の55年の人生は，3－6世紀の文化交流における，複数の次元での衝突と妥協を証明している。彼女は統治階層の出身で，父親の寵愛を受け，釣り合いの取れた家柄の夫に嫁いだが，人生を心穏やかでなく感じるところがあり，宗教に慰めを求めた。彼女は賢妻の役を演じることに成功し，継子の養育に尽力したが，晩年は外孫と同居することを選択した。その上，どちらの夫とも合葬されることを望まなかった。彼女を再婚させた兄の元澄はまさに，5世紀末の鮮卑族漢化政策の重要な推進者であった。元澄が妹を〔漢族の〕邢巒と再婚させたのは，婚姻関係を結ぶことを通して漢族との関係を強化し，孝文帝の漢化政策を実行するためであったと推測され，寡婦が節を守るという倫理は明らかに考慮に入っていない。このように見てくると，純陀の墓誌に述べられている理想的女性のイメージは，彼女の生活そのままを描いたものというよりは，邢巒の子孫のような漢人貴族が，統治者である鮮卑族に学んで欲しいと思っていた倫理規範とみるべきであろう。

　早くも3世紀の西晋において，朝廷は「礼教の備えを厳しくし，五服に準じて罪を定める（峻礼教之防，準五服以制罪也）」と宣布し，法律案件がもしも家族に及ぶ場合は，服制の等級に依拠して刑罰が加えられると規定して，家族間の尊卑関係を明確にした。五服とは，『儀礼』の「喪服」から出たものである。『儀礼』は，中古時代の士人が家庭紛争に際して常に援用する経典であっ

37

た。服制に基づけば，ある人が世を去った場合，家族はそれぞれ服制に基づいて3か月から3年の喪に服し，身につける喪服も死者との親疎尊卑関係によって5種類の異なる材質と様式に分けられていた。五服は男性成員を中心として父系家族の範囲を定めていた。ゆえに男性は，他家を継承しなければ，生家での親疎尊卑関係は変わらずに維持された。ただし女性は，一旦嫁げば実家とは疎遠となり，服喪の対象も減り責任も低くなる。たとえば，もともとは父親に対して服すべき最も重い「斬衰三年」は，最も粗末な麻の衣を最も長い喪の期間中身につけるというものであったが，これは夫に対して服すべきものとなる[4]。嫁いで人の妻となった後には，彼女の家族への帰属意識は実家から夫の家に移り，最も重要な仕事はすなわち飲食の支度と跡継ぎを増やすこととなった。飲食の支度には，日常的な飲食の準備と祖先へのお供えものの準備が含まれる。家族のうちの生者にせよ死者にせよ，みな悩むことがないよう取りはからうのである。また，女性の手仕事にも励み，言動は慎み深くせねばならず，華やかな服や装飾品に心を乱されてはならなかった[5]。子供を産むか産まないかに関わらず，夫の家における地位は夫よりはやや卑だが夫の妾たちよりは尊となる。妾の子女は彼女を嫡母として尊び，彼女のために生みの母より重い喪に服さなくてはならない。これら父系家族における子女と嫡母・継母・慈母などの女たちとの関係は，生み育てたという恩情の上に築かれたものでは全くなく，その母親と家父長との関係によって決定されたのである[6]。（図3 本宗五服図）

　19世紀末以来，伝統中国は女性を圧迫する儒家社会であると見なされてきた。陳東原の『中国婦女生活史』(1926)は近代女性史の基礎となったものであるが，その前書きで陳は，本書の趣旨について，「本書は，聖母とか賢母とかいうものを褒め称えようとするものではない。女皇帝とか女豪傑とかいうものを尊敬してみて，女性の鬱憤を晴らさせようとも思っていない。なぜならこうした女性たちと大多数の女性の生活とは全く何の関係もないからだ[7]」と強調している。陳東原は明らかに，女主を女性史の最高潮とはせず，逆に一般の社会と対立する存在とみている。ただし中古の活発で躍動的な文化を軽視する

図1　大覚寺元尼墓誌銘および序（顔娟英著，2008年より）

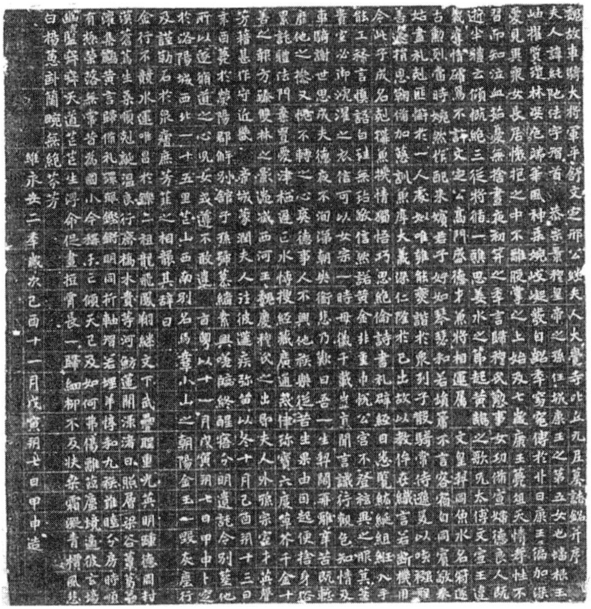

ことはできないのであり，当時の情によってなされた婚姻や，声高に叫ぶ嫉妬深い女，知謀に長けた才女のことをも述べるべきであった。実際，これらの儒家の規範から逸脱した言動が，女主の出現する舞台をともに作り上げたのである。

図 2 元純陀と霊太后相関図

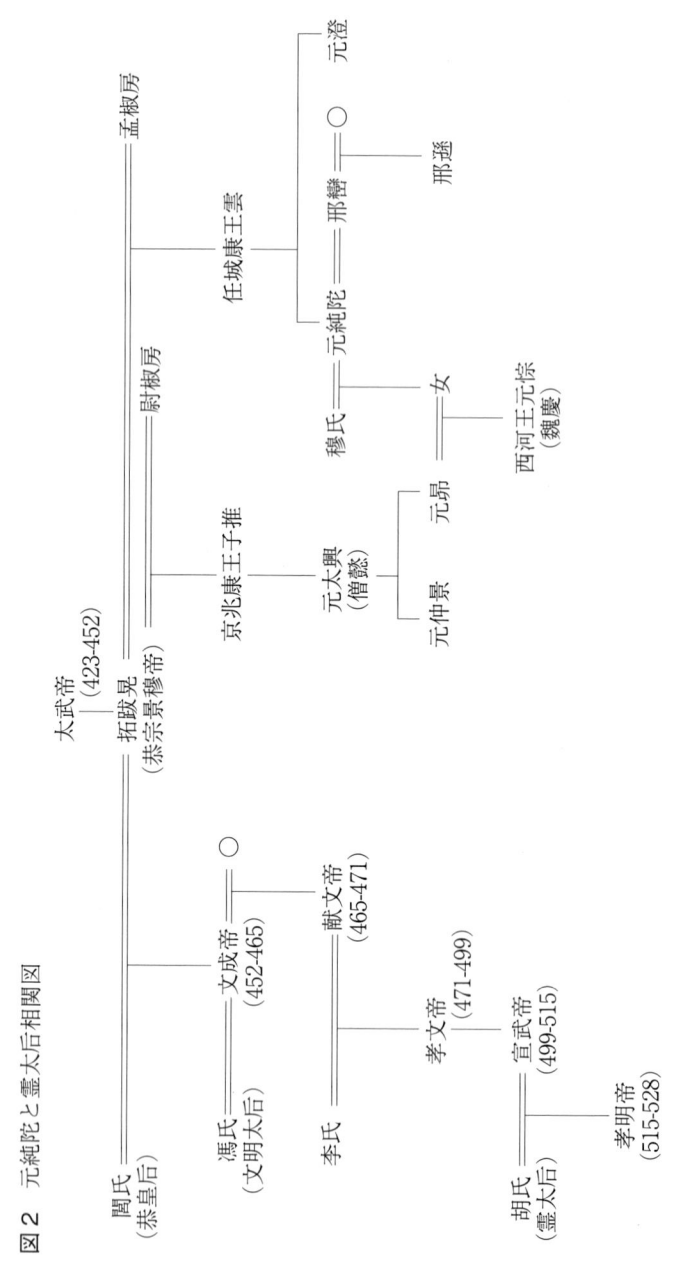

```
                                    ┌ 孟椒房
                                    │
              拓跋晃 ─── 尉椒房
              (恭宗景穆帝) │
                          ├ 任城康王雲 ─── 穆氏 ─── 元純陀 ─── 邢巒 ─┬ 元澄
太武帝 ─────┤                                                      │
(423-452)   │                                                      └ 邢遜
              │          京兆康王子推 ─┬ 元大興
              │                        │ (僧懿)
閻氏 ──────┤                        │
(恭皇后)    │                        ├ 元仲景
              │                        │
              │                        ├ 元昂
              │                        │
              │                        └ 女 ─── 西河王元悰
              │                                  (魏慶)
              │
              │ 馮氏 ─── 文成帝 ─── ○ ─── 献文帝 ─── 孝文帝 ─── 宣武帝 ─── 胡氏 ─── 孝明帝
              │(文明太后)(452-465)        (465-471)   (471-499)   (499-515)  (霊太后) (515-528)
              │                           李氏
```

皇帝名の下の（ ）内は在位年

図3 本宗五服図

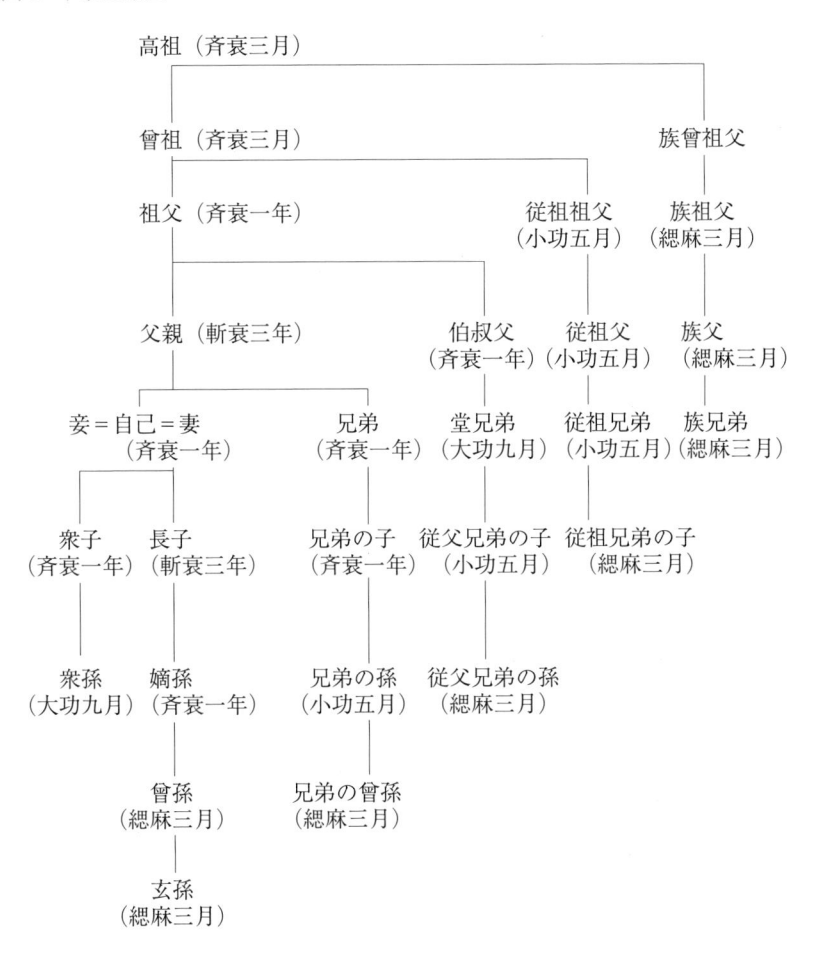

```
                           高祖（斉衰三月）
                                │
              ┌─────────────────┴─────────────────┐
           曾祖（斉衰三月）                      族曾祖父
              │
      ┌───────┴───────┐                    ┌──────────┐
   祖父（斉衰一年）                    従祖祖父        族祖父
                                      （小功五月）   （緦麻三月）
      │
  ┌───┴───┐              ┌──────┬──────┐
父親（斬衰三年）        伯叔父   従祖父   族父
                      （斉衰一年）（小功五月）（緦麻三月）
      │
妾＝自己＝妻      兄弟      堂兄弟     従祖兄弟    族兄弟
（斉衰一年）  （斉衰一年）（大功九月）（小功五月）（緦麻三月）
      │
  ┌───┴───┐       │         │          │
衆子      長子   兄弟の子  従父兄弟の子  従祖兄弟の子
（斉衰一年）（斬衰三年）（斉衰一年）（小功五月）（緦麻三月）
  │        │       │         │
衆孫      嫡孫   兄弟の孫  従父兄弟の孫
（大功九月）（斉衰一年）（小功五月）（緦麻三月）
           │       │
          曾孫   兄弟の曾孫
       （緦麻三月）（緦麻三月）
           │
          玄孫
       （緦麻三月）
```

注：服喪は重い順に，斬衰（ざんさい）三年，斉衰（しさい）一年，大功（たいこう）九か月，小功（しょうこう）五か月，緦麻（しま）三か月となる。

1. 貴族の婦人による夫尊妻卑への反抗

　元純陀の墓誌の半分は，彼女の人妻としての生活を描いており，1回目の結婚についての記述はごく少ないが，邢家に嫁いでからの叙述は比較的豊富である。誌文は彼女と邢巒とが互いに対等なカップルで尊卑の差別がなかったことを強調しており，当時の人々の夫妻の情愛に対する見方を見て取ることができる。4世紀から，夫妻が度を超して親密であることを批判し，男性は寝室に常にいるべきではないと指摘する道徳家がいた[8]。後世に伝わる文献には，遠くに分かれて住んでいた夫婦が互いに行き来していたことを記しており，夫婦が物質生活と感情面のなぐさめなどいろいろな形で互いに影響しあっていたことを示している。6世紀の顔之推は，北方の女性は経典規範を軽視し，軽々しい口ぶりで夫を呼んで愛情を伝えていると描写している[9]。嫉妬の風潮が広まったことは，夫尊妻卑という礼法に挑戦する事でもあった。貴族の婚姻においては，妻は実家を後ろ盾としたので，理不尽な待遇に堪え忍ぶようなことはなかった[10]。東晋の謝安の妻・劉夫人は，謝安が妾をいれることを許さなかった。彼女は，ある人が『詩経』を引用して妻の寛容さを讃えたのに反駁して，「選者の周公は男性だからそうしたのだ。もし周公の妻に詩を撰ばせたならば，〔嫉妬しないことを美徳とする〕この詩はなかったはずだ（周公是男子，相為爾，若使周姥撰詩，当無此也）」と述べた[11]。この故事が真実であるかどうかに疑いを抱き，これは話を捏造して劉夫人が嫉妬深いことをあざけったのだとした研究者もあった[12]。しかしこの故事は，当時において正統とは異なる見方が存在していたことを如実に示すものである。

　ただし，嫉妬深い女性への対処には，南北政権で違いがあった。南朝においては，ある皇帝が『妬婦記（とふき）』を編纂することを命じ，これによって嫉妬深い女性を嘲笑しようとした。上述の劉夫人の故事はその一つである。もう一人の皇帝は家臣の家庭に介入して，嫉妬深い妻には離婚を命じたり，ひどい場合は鞭打ちにしたり死を賜ったりした。しかし鮮卑族が統治する北朝では，ある貴族は皇帝に奏上して，官僚が妾をいれることを認める詔を出し，妨害する妻は鞭・杖打ちにするか追い払うようにすることを主張した。史書の記載によれば，

朝廷は彼の提案を考慮にはいれたけれども，しかし最終的には施行しなかった[13]。

いにしえより，法律はみな家庭における暴力事件の規範を有しており，こうした規範は，我々が当時主流であったジェンダー意識を観察する上で良い材料となる。近年出土した漢代の木簡資料によると，漢律では妻に暴力を振るうことへの懲罰は，夫に暴力を振るった場合と比べても厳しかった[14]。3世紀から6世紀にかけて発生した案件においては，地域的な違いが見られる。史料が示しているように，妻に暴力をふるった場合，南朝は一般人の殺傷よりは厳格に処したが，しかし北朝では夫はさらに重い刑罰を受けたようだ。子女が介入してくる案件からみても，北朝の法律における夫尊妻卑は，南朝で確立されたほど厳格ではないことが推測される。南朝においては，母親が父親の遺体を解剖するのを阻止しなかった息子【訳注1】は斬首となった。北朝においては，息子は法律の保護を受けるので，母親が父親を殺害した罪を息子が告発しなくてもかまわなかった[15]。このような秘匿を容認する規定に疑問を持ったある官僚は，『儀礼』の「喪服」篇の「父至尊」の観点を引用して，もし母が父を殺して子がそれを隠匿すれば，「すなわち母を知りて父を知らないことになる。知恵は野人に近く，義は動物に近いものだ（便是知母而不知父。識比野人，義近禽獣）」と主張した。この官僚の論は反駁を受けた。つまり，「子は父母と気を同じくしているが息は別々にしているのであり，生涯その恩に報いきれるものではなく，情は一つである。今その尊卑を論じ優劣を決めようと望んでも，心を推し量ることはしのびないし，前例もないことだ（子於父母，同気異息，終天靡報，在情一也。今忽欲論其尊卑，辨其優劣，推心未忍，訪古無據）」とされたのである。双方は互いに弁論を繰り返したが，最終的にもとの条文は維持された。つまり，「父至尊」という観点は，礼に根拠はあったとはいえ，北朝の刑律を揺るがすことはなく，緊密な母子関係を損なうこともなかったのである[16]。

2. 父系礼法を揺るがす母子間の恩情

　母子間の恩情が父系礼法を揺るがそうとした問題を考える場合，常に論争の焦点となるのは服喪である。これまでの研究が示しているように，生母の父系家族における地位の高低に関わらず，息子はみな自らの意思を通して生母のために重い喪に服すことができた。そのため古典礼法を堅持する者も，妥協して修正せざるを得なかった。たとえば，五服の制によると，庶子が父親の跡継ぎとなった後は，妾出身の生母のために喪に服することのできる期間は3か月で，嫡子が母に対して1年あるいは3年の喪に服するようなわけにはいかなかった。しかし4世紀に，何人かの皇太子が，妾であった生母のために3年の喪に服して恩に報いることを主張した。同時に，多くの士人もまた妾出身の生母のために服喪期間を延長した。これは皇室に倣うという側面をもつものであったが，経典に対する註釈に影響を与える側面もあった。幅広い討論の末，東晋朝廷は最終的に折衷案を頒布した。すなわち，子が父の跡を継いだ後，妾出身の生母のために服喪を大功（たいこう）9か月〔「五服」のうち3番目に重い喪〕に引き上げることに同意したのである[17]。

　再婚した寡母〔寡婦となった母〕に対する服喪もまた，礼法上のジレンマをもたらした。父系倫理に基づくと，寡婦がひとたび再婚すれば，元の夫の家とは親族関係がなくなる。漢代以来の法律に照らしてみると，彼女は元夫の家が犯した罪に連座する必要はなく，元夫の家に残してきた息子も彼女のために喪に服する義務はない。しかし，元純陀の例から分かるように，寡婦の再婚は中古時代に普遍的にみられた現象であり，しかも非常に多くの寡母たちが，元夫との間の子女とつながりを保っていた。子女が孝道という名目で母親の喪に服することを禁じるのは，ほとんど不可能であった。そのため，士人は朝廷側に子女が再婚した寡母のために喪に服することを許すよう意見を出し，ついには朝廷の許可を得たのであった[18]。

　そのほかの母系によるつながりも，同様に中古時代の士人の論争をよび，経典の父系原則を揺るがした。最終的に，朝廷は同母異父兄弟姉妹間の服喪，および外甥〔姉妹の息子〕の母親の兄弟に対する服喪の責務を強化することを決

定した。伝統的家父長制度における定義では，この二つの関係はともに宗族外のものとされていたのだが，このとき母親を通じて結びつけられ，礼法上において家族の成員としての地位を獲得したのである[19]。こうした服喪の改訂の例は，前述の，子が母の残酷な行為を隠蔽することを支持した法律と類似していて，みな「子は父母に於いて，気を同じくして息を異にす」という点に基づいて論じている。つまり，子女の生命気息は父と母の双方から同時に受け継いだもので，父親の体を継承するのみならず，母親の気にも依っていることを強調している。こうした論法は，母親の地位を引き上げるのによく用いられ，一方では父親の家における絶対的権威に影響を与えたかもしれないが，一方ではかえって女性の生殖の責任を増すことにもなった。医学史研究者は，子孫が広がっていくことを重んじる中古時代の貴族社会において，医者の出産に対する関心は確実に強まり，「気」にもとづく身体観こそが中国婦人科発展の基調となったことを発見している[20]。

漢代には医者が子授けを行った記録があるが，しかし中古時代以前は，女性に対して処方した薬の多くは，妊娠と産後の諸疾患に重きを置くものであった。現存する文献史料によると，5世紀以後になると，医者の出産への介入は，妊娠・分娩から，さらにそれに先立つ房事・受精の兆候までにひろがった。7世紀末には専門的な婦人用の処方ができ，子を授かること，胎児を安定させること，坐月子〔産後1か月特別な方法で休養をとること〕から産後の処置まで，一連の方法が完成した。また，生殖機能，体の構造から性格的な特質にいたるまで，それぞれに対する理解が前進して，女性には個別の処方が必要であることが説かれた[21]。このほか，中古時代の医者は出産知識の累積とそのモデル化に尽力し，流産を繰り返す場合の薬の服用期間の基準を定め，産図〔産婦の生年月日に基づき出産の場所や方角などを決め，それを図にしたもの〕の形と内容をまとめ整理したのみならず，さらに産後処置の日程とポイントを教授した[22]。医療の系統化と規範化の目的は，産婦の安全と健康を守ることにあったのだが，それは女性が子を産み育てる役割を担うことへの評価に影響を与えるものともなった。たとえ，絶対多数の嬰児が女性によって取り上げられていたとしても，

男性医者は常に彼女たちは不適任であると非難した。昔から医療を生業とする女性はいたのだが，彼女たちの職業的身分はほとんど認可を得られていなかった。女性が讃美を受けるのは普通，医療技術がきわめて高いためではなく，彼女たちがその身を犠牲にして病の身内に尽くし世話をしたことによるものであった[23]。

　しかしながら，女性の他者への身体的ケアという役割もまた，父系家族における位置関係の論争を引き起こしかねない問題であった。東晋の于氏という女性は朝廷に上奏して，自分と養子との関係を認めることを求めている。彼女は不妊であったため，夫の兄弟の子を引き取って育てた。ところが思いがけず，その後夫の妾が子を産んだ。夫の跡継ぎができたことになるため，彼女は養子を返すよう求められた。彼女はひどく苦しみ，上奏して懇願し，経典を引用しながら母子の情は父子の継承問題とは無関係であることを論じた。彼女は自分が「薬を飲んで母乳を出し，子に乳を与え（服薬下乳以乳之）」，「身を削って（分肌損気）」，ここ20年の間，血を分けた子供のように養ってきたことを強調したが，不幸にしてそれに対して反発された。朝廷の中には，彼女の苦しみを哀れむものもあったが，一人の女性が夫を介さないで養子との母子関係を築くことに同意することはできなかったのである[24]。

　中古時代の士人が乳母のために喪に服することや，皇帝が乳母に爵位を賜ることもまた，母性愛に関する論争を呼んだ。貴族の家庭では，古くから乳母に新生児の面倒をみさせており，六朝の乳母の多くはその家の婢から撰ばれた。五服に基づけば，乳母のために喪に服するのは3か月である。乳母への服喪支持者は，乳母は出身が卑賤であるといっても，彼女はその乳で乳児を育てたのであるから，母という名目がたつのだと主張した。反対するものは，乳と愛情ある世話だけでは，婢を母親の地位にまで引き上げるには足りないとした。反対の声は，乳母に爵位が与えられたときにさらに激しさを増した。東晋の大臣は，漢代の乳母が政治に干渉した例を出して，権力を持つ者がこの種の女性を信頼すれば，政治的危機を引き起こすと説いた[25]。

　興味深いのは，こうした論争は，北方の鮮卑政権においては発生していない

ことである。5世紀はじめの北魏には，子を立てれば母を殺す〔子が皇太子となればその母は殺される〕ことで生母による政治干渉を防ぐという慣例があった。そのため2人の皇太子は即位した後，彼らが幼い頃より面倒を見てくれた乳母を太后に封じるということが起こった[26]。女性が母の愛の名をもって養子を無理に引き留めようと訴えることも，皇太子となればその母を殺すことも，ともに母親役割が父系的権威と抵触していたことを反映している。中古時代の女主政治は，寡婦となった母の息子に対する影響力が特に大きかったことを示している。それでは，女性の政治参与について論じる前に，元純陀が子女をジレンマに陥らせた最後の要求について見てみよう。

3. 出家をもって嫁入りに代える

　敬虔な寡婦が夫と別に葬られることを要求し，あるいは家族の墓地に埋葬される意思がないといったことは，当時においては決してまれではなかった。女性がこのような妻としての役割と決別する行動をとることができたのは，通常その女性が母親としての地位を持っていたためであった。息子は母親の遺志が儒家の倫理に背くことを理解しており，墓誌銘を書くときにできたのは，彼女が寡婦として暮らしていたときの美徳を褒め称え，自らのたがうことのない孝心を標榜することのみであった[27]。甚だしきにいたっては，露屍葬〔林や石窟など野外に死体をさらす死に方・葬り方〕を求め，仏祖にならって遺体を動物に与えようとする女性すらあった[28]。最近の中古宗教史研究は，前述の法律史・医療史と同様に，女性の身体が論争の焦点であったことを示している。女性は中古時代の仏教末世論において，王権と僧徒以外のもう一つの滅法をもたらす要因とみなされた。豊富な碑文・塔記もこのようなマイナスの身体観を実証している。貴族の女性の墓誌のいくつかには，楽観的に女性の身そのままで成仏することを望むものもあるが，しかし大部分の女性信徒は女性の肉体は汚れて不浄であると考え，できるかぎり早く女体を離脱して女から男に変わり，極楽に往生することを願っていた[29]。

　女性の死に対する態度は，彼女たちの生活における宗教の重要性を証拠づけ

ている。史料には，女性たちが寺や廟を参観し，聖人の遺跡を訪れ，経典講義大会に出席していたことが記録されており，男女の別を擁護する道徳家には受け入れがたいものとなっている[30]。中国の西北地域で出土した文献からは，6世紀以降約400年にわたって，郷村の女性たちは宗教互助社団を組織し，あるいは比丘尼が先頭に立って，仏像建造への支援や病気の成員の救済を行っていたことが分かる[31]。これらの女性は，家庭の経済を掌握していた寡母であった可能性が高く，だからこそ十分な資金を有し運用することができたのである[32]。このように見てくると，中国初の比丘尼が4世紀の寡婦であったことも意外なことではないかもしれない。彼女は貴族の子女に音楽と書法を教えることで生活し，大法を聴講し仏教の経典を自ら読んだのちに，出家して尼になることを決意したのだった[33]。

　元純陀もまた，広く仏教典籍を精読したと描写されている。中古時代の貴族家庭は，女児に基本的な教育を行い，聡明なものはあるいは詩経や礼記などに通釈を加えることができ，また自ら息子を教育し，あるいは朝廷に対して専門知識によって貢献した[34]。比丘尼と女仙人・女道士の伝記は，文字の分かる若い女性が，儒教の書籍よりも仏教経典を好んだことを強調する傾向がある。東晋宦官の家の出身の魏華存は，道教上清派を創立した女宗師として尊敬されており，小さい頃から老子荘子を読むのが好きであったと言われている[35]。また後趙のある比丘尼は，父親に不孝を責められたときに，「身を修行に捧げ，一切から解脱したいと存じます。両親でさえもです（入身行道，方欲度脱一切，何況両親）」と答え，儒家の「三従」は決して唯一もしくはもっとも良い選択肢であるとは限らないと公言した[36]。

　この若い比丘尼が父親に弁明しているありさまは，敬虔な寡婦は，必ずしも未婚の女性が受ける圧力を経験したわけではないということを気づかせてくれる。幾篇かの比丘尼の伝記は一様に，一心に仏と相対している若い女性が，俗世の権力や霊界の奇跡の手助けに頼ってようやく出家という念願を達成することができたとしている。たとえば，家長に脅迫されて婚約したある女性は，高僧の登場を仰いで代わりに結納の品を賠償してもらい，やっと婚約を解除する

ことができた。もうひとりの女性は婚期が間近に迫って逃げられずにいたが，婚約者が思いがけず牛と衝突して死亡し，問題は突然一気に解決して願い通り出家することができた[37]。前述の娘の不孝を責めた父親は，娘の敬虔さに心をうたれ，同様に仏教を信仰する君主となり，最後は抜擢されて昇進した。

しかしながら，仏教信徒の増加に伴って，尼は僧と同様に予想外の影響力を生み出し得たため，布教者からの称揚と君主からの猜疑・忌避とを同時に引き起こした。南朝において，ある博学博識な比丘尼が軍政長官の任命に介入する発言をしたため，士人官僚たちは僧・尼を乳母と並んで政治に危害を与える災いの元と見なすようになった[38]。北朝では，鮮卑の皇帝が仏教勢力の力を削ぐため，二度の廃仏を発動している。しかし，たとえ迫害期間であっても，仏教の碑塔・寺院は依然として建設され，后妃も皇帝が崩御した後に寺に入って尼となることをやめなかった[39]。新たに見つかった墓誌からは，文明太后のように仏教に関心を持った皇太后が，学問のある比丘尼を後宮に招いて経典の講釈や説法をさせたことが分かる[40]。歴史学者は仏教の教義と儀式は，母子間の恩情を正面からとらえ，息子が母親を救済する責任を強化し，儒家の礼法が父系については詳しいが母親をなおざりにするきらいがあるのをうまく補っていることに注意を向けている[41]。5，6世紀の女主は7世紀の則天武后のように仏教経典を利用して権力的基盤を強固にするようなことはなかった。しかし摂政太后が皇帝を操ることができるほどであった理由は，おそらく母を尊びその恩に報いるという宗教的雰囲気を抜け出していなかったことにあるだろう。

4. 女主の家族内での役割

楊聯陞(ようれんしょう)は，太后が自ら政治をみることは，皇室の継承問題における危機を解決するもので，漢代以来存在していた制度的方法であったことを，半世紀前にすでに指摘している。摂政太后の権力は合法的で実を伴っていたが，暫定的で過渡的なものでもあった[42]。これはそもそも便宜的な措置であったのだが，しかしもし太后が朝廷を独占して政権を返そうとせず，皇帝も太后に忠実であったり無能だったりすると，女主の政治が誕生した。北魏の馮后（441-490）は，

前述の比丘尼を招いて宮中で教えを説いてもらった文明太后のことであるが，彼女は幼いときに父が罪を犯したため家を没収されて婢となり，太武帝の左昭儀〔皇帝の側室〕であった伯母によって育てられた。文成帝〔太武帝の孫〕のときに貴人に選ばれ，後に皇后となった。彼女は10年の間に2度の政変を起こし，人事部署を利用して政敵を除き，献文帝に退位を迫った。孫の孝文帝が即位してから亡くなるまで，自ら政治を動かし，政権を掌握した。彼女は政治を主導したその20年の間に，能力のある家臣を取り立て，改革を発動し，俸禄制・三長制・均田制[訳注2]を整え，北魏政権を遊牧的体制から官僚統治体制へと変化させて，華北の農業地区を効率的に掌握し，後続の孝文帝による漢化政策への道ならしとした。このようにして，自らが政治的才知あふれる女性であったことを証明したのだった[43]。

　しかしながら，文明太后は唐突に現れた存在では決してなかった。拓跋政権が，漢代以来の太后が摂政をつとめる伝統を順調に継承できたのは，実は鮮卑の歴史において，活力に溢れた妻や頭脳明晰でやり手の母親が少なくなかったからであった。歴史家は，鮮卑族の人は「作戦は女性の言うとおりに行い，戦闘のことだけ男性自ら決定する（計謀従用婦人，唯闘戦之事乃自決之）」とし，女性が帳の中で計略を練り，男性が彼方で勝利するのを助けていたことを記録している。4世紀の初め，拓跋氏族がまだ草原で遊牧をしていたとき，貴族の女性が政治闘争で在位中の甥を殺害し，自分の息子をそれに代えて擁立し，その後自ら政権をとって4年の長きに達したので，当時の人々に「女国」と称された。4世紀，拓跋の領袖・什翼犍（じゅうよくけん）は都を定めるつもりであったが，太后王氏は，拓跋はもともと遊牧を生業としているのだから，城を築いて定住したならば移動して敵を防ぐ能力を失ってしまうとして，それを強く阻止した。北魏建国ののち，太武帝は柔然を征服しようと計画したが，太后竇（とう）氏は反対した。太武帝はやむなく廷議を開いて出征を支持する大臣を太后の面前で弁論させることで，太后の認可を得ようとした[44]。

　遊牧社会からの伝統は，女性の政治参与におそらく影響を与えた。6世紀に，『顔氏家訓』は，北方の女性は「訴訟を起こして曲直を争ったり，有力者にへ

つらいおもねったりし，彼女たちの馬車は街に満ち，着飾った姿の女性は官庁にあふれている。子の代わりに官職を求めたり，夫のために出世の遅れを陳情したりする（争訟曲直，造請逢迎，車乗填街衢，綺羅盈府寺，代子求官，為夫訴屈）」と記載しており，作者の顔之推はこれを鮮卑の習俗によるものとしている[45]。このような文化的継承と文明太后という先例を，後世の女性たちは見習うようになった。515年から528年にかけて政治を動かし権力を握った霊太后胡氏は，すなわちその一人であった。

　北魏は外戚の政治干渉を防ぐため，建国初期から皇太子を立てるとその生母を殺すという習慣を設けていた。前述の2人の乳母は，まさにこの母后空白期を背景として，太后に立てられたものであった。霊太后は皇太子を生んだが幸運にも死を免れた最初の女性である。実は，子を立てれば母を殺すという制度は，孝文帝の時に廃止されていた。しかし彼女は孝明帝を身ごもっていたとき，皇室の血脈を保つために自らの生命を犠牲にしたいと公言していた。孝明帝が即位すると，霊太后は摂政をおこなった。彼女は幼い皇帝のそばにあって目を配り，政敵が皇帝にうまく取り入ろうとしたときには，肉親の情に訴えて皇帝を抑え落ち着かせた。史書は，彼女は「性質は聡明で多芸多才，彼女の姑〔父の姉妹〕は比丘尼で，彼女は幼いとき姑を頼りにしていたため，仏教経典の大義をほぼ理解していた。みずから天下の大政を執り，肝の据わった決断をした（性聡悟，多才芸，姑既為尼，幼相依託，略得仏経大義。親覧万機，手筆断決）」と述べている。また，「家臣に命じて矢を射させ，できなければ罰を与えた。また自ら針の穴を射て，命中させた（命侍臣射，不能者罰之，又自射針孔，中之）」ともいう。このような記述から，才知においても身体能力においても人より優れていたことが分かる。彼女が権力の頂点にあったとき，詔令を出して群臣が上書するとき自分を「陛下」と呼ぶよう要求し，自らも「朕」と称した。彼女が実質的に北魏を統治したのは，10年あまりの長きにわたった[46]。

　霊太后の統治期間中，人々を震撼させた事件が発生した。ある駙馬(ふば)〔皇帝の娘の夫〕が2人の平民の既婚女性と姦通し，公主〔皇帝の娘〕と口論になった。公主は妊娠していたが，駙馬に殴打されて流産した。この駙馬と彼の2人の愛

人，およびその2人の愛人の兄についての審理のために，朝廷内では激論がまきおこった。鮮卑の統治者側は，駙馬が公主を傷害し，お腹の胎児を殺したのであるから，大逆不道として対処すべきで，事件に関わった5人を厳重に懲罰するべきだと主張した。漢人官僚と漢化した鮮卑貴族は，五服礼制と前王朝の判例を援用して，女子は結婚後は夫の家のものに立場が変わったとみなされるため，公主が流産したといっても，駙馬が殺したのは皇室の成員ではなく，彼自身のまだ生まれていない子供だったのだと強調した。このほか，情婦はすでに結婚していたのだから，彼女たちの兄もまた姦通した妹に連座して罰を受けるべきではないとした。しかし，これらの論は霊太后の考えを変えることができず，皇室は厳重に懲罰を与える判決に与し，抗弁した官僚を3か月分の俸禄削減とした[47]。

このとき，北魏の孝文帝の漢化からすでに50年が過ぎており，西晋初期に「五服に従って処罰を定める（准五服以制罪）」と頒布してからも，2世紀半近くたっていた。しかし，判決の結果からは，女主政権の下で，法律規範を通して既婚女性が家族に対する帰属意識を転換するのは，並大抵のことではなかったことが分かる。この時期はまた，ちょうど元純陀が出家した年代にあたる。彼女の決定は，儒家のジェンダー意識が北朝社会において実現される速度は，相当緩やかであったことを証明している。最近中国の西北で出土した戸籍史料は，4世紀末期において，夫を失った女性が実家の姓に戻り，故郷に帰って実家の親族と同居することができ，たとえ寡婦生活を送って再婚しなかったとしても，常に夫の家にとどまったわけではなかったことを示している[48]。最近の考古学が発掘した北魏の墓誌には，ある貴族の女性が嫁いだ後も実家の近くに住み，実家の儀式や活動に積極的に関わり，さらには自ら執り行ったことを記載している[49]。純陀の墓誌は，彼女の兄が彼女に寡婦生活を通させなかったのは「義に違い情を奪う（違義奪情）」ものだと形容している。しかし彼女は最終的に再婚しており，このことは女性と実家との関係が緊密で，さらには社会的・政治的共生関係すら形成していたことを示している。

太后による摂政のほかに，過去の女性の政治参与について考察した著作の多

くは，唐代の公主に集中している。最近の研究は，魏晋南北朝の皇室の女性は，政治においても非常に積極的に貢献していたことを指摘している[50]。考古学研究は，この時期の壁画に描かれた家庭生活には父親が娘をかわいがる情景がみられることを発見した。これは，墓誌銘文が形容した純陀と康王との親密な父娘の情ときわめてよく呼応している[51]。先述のように，4世紀以降，皇族士人は血と気とがつながっているという論法に訴えて生母のための服喪期間を延長し，同母異父兄弟および母の兄弟にたいする服喪期間を増やした。魏晋南北朝の公主も類似した身体論を取り入れて，同一の親族とは身体は異なるが気は同じであることを強調し，ゆえに果敢に父親あるいは兄弟の政治責任を分担した。南朝においては，公主は自らの住まいを有しており，幾人かの駙馬が抗議するところとなったが，宮廷の外の非常に良い場所を提供して，皇族たちを家庭内の集まりという名目で集め，政治的紛糾を協議して解決させた。北朝にあっては，公主は女尚書の任につき，霊太后の秘書・顧問となって，たがいに気脈を通じて利益を分かち合った[52]。特殊な身分であったとはいえ，公主の皇室の女性としての身の処し方は，我々に娘という存在が家庭，ジェンダー，権力等の多重関係の中で演じていた役割について深く考察するべきであることを気づかせてくれる。

おわりに —豊かで多彩な中古時代—

二つの統一帝国漢と唐に挟まれた時期に暮らしていた，3世紀から6世紀の人々は，社会・文化・政治的衝突に遭遇すると盛んな生命力をありありと展開し，歴史学者を強く惹きつけた。先人の学者は中古時代の貴族社会と遊牧政権の研究について，その時期のそれぞれのきわだった特色を指摘し，階級と種族とが歴史発展に与えた影響を明らかにした。近年の女性史研究の成果は，この時期を研究するのに有用なもう一つの視座がジェンダーであることを実証した。一方では，漢と唐の間の士人学者は常に女性の家庭と社会における特定の位置を通して，当時の文明進化をはかる指標としていたし，また一方では，女性の現実の生活経験は逆に彼女たちに割り当てられた特定の位置に挑戦し続けるも

のとなり，私たちに中古時代早期を探求するもう一つの窓を開いてくれることになったのである。

本稿で取り上げた，一人の貴族の比丘尼が2度の寡婦としての暮らしを送った人生の物語は，私たちがその世界，すなわち女性が妻，母親，信徒，統治者など多重の身分を有する世界に入っていく手助けをしてくれた。元純陀の妻としての物語からは，儒家の家庭倫理が，それぞれのニーズによって異なる政権に折衷的に採用されたことが分かった。夫尊妻卑の考え方は，南方ではしだいに法典に組み込まれていったが，しかし北方にあっては，兄の深謀遠慮のために，あるいは強い権勢のある女主の介入のために，既婚女性の夫家への帰属意識はゆるがされたようだ。純陀と彼女の産んだ娘との関係は再婚によって断絶することはなかった。それは，中古時代の医学が産婦人科方面において長足の進歩を遂げていたことと呼応している。母子のつながりは，孝子が長期間にわたって喪に服することを理にかなったものとしたのみならず，太后の摂政政治を強固にもした。純陀が2人の夫とは別の場所に葬って欲しいと遺言したことは，女性も夫の家と完全に関係を断絶しようすることができたことを示している。宗教の影響を受けた身体観は，当時の女性の生死に，それぞれ別の選択肢をもたらした。激動する時代に生きた元純陀の例は，私たちの見識を豊かで複雑な中古世界へと導いてくれたのである。

注

1) 本稿の主要内容は，以前に "Women, Families and Gendered Society" というタイトルで，北京大学が開催した "Workshop on Six Dynasties: History, Society and Thought" において口頭発表したものである。本稿はそれを改訂し，女主に関する資料と論点とを補い，初めて日本語で発表するものである。
2) 歴史語言研究所のデジタル化資料については，以下を参照。http://catalog.digitalarchives.tw/item/00/1b/fd/6a.html。元純陀の墓誌は20世紀はじめに出土し，その拓片は趙万里『漢魏南北朝墓誌集釈』(北京：科学出版社，1954) に初めて掲載された。注釈文の初出は，趙超『漢魏南北朝墓誌彙編』(天津：古籍出版社，1992) 261-262頁である。歴史語言研究所が所蔵している拓片，図像と注釈文は，顔娟英『北魏仏教石刻拓便百品』(台北：中央研究院歴史語言研究所，2008) 69-70頁の「大覚寺元尼墓誌銘并序」を参照。本稿では顔娟英の注釈を採

用し，彼女の生涯については『魏書』が整理しなおしているものを参考にした。
3) 考古学的資料を用いて行う歴史研究の潮流については，Albert E. Dien, *Six Dynasties Civilization* (New Haven：Yale University Press, 2007) に見ることができる。墓誌銘研究の方法論については，陸揚「従墓誌的史料分析走向墓誌的史学分析：以新出魏晋南北朝墓志疏証為中心」『中華文史論叢』第84期（2006年4月），95-127頁参照。
4) 五服礼制およびその法律の応用について詳しく論じた最も早い著作は，瞿同祖『中国法律與中国社会』（上海：商務印書館，1947）である。同書は，唐律以後の発展，とりわけ清代の判例に重きをおいている。漢と唐の間，すなわち本稿で論じた中古時期の法律における五服倫理については，李貞徳著，大原良通訳『中国儒教社会に挑んだ女性たち』（東京：大修館書店，2009）28-32頁の「父系家族倫理」参照。
5) 漢代の班昭は，『女誡』で女性の四徳（婦徳，婦言，婦容，婦功）について述べている。班昭のあとを受けて，六朝時代の終わりまでに，少なくとも30篇の女子教育と礼節について論じた文章が現れた。それらはみな，婦徳と婦功を婦容に勝るものとして重視している。それらの討論については，Jen-der Lee, "The Life of Women in the Six Dynasties," *Journal of Women and Gender Studies* 4 (Taipei：National Taiwan University, 1993), pp. 47-80 参照。
6) 『十三経注疏本』所収の『儀礼』「喪服」（1821年再版，台北：藝文印書館，1981）参照。
7) 陳東原『中国婦女生活史』上海：商務印書館，1926，19頁。
8) 葛洪（284-363）『抱朴子』巻25「疾謬」（台北：世界書局，1978）146-150頁参照。
9) 顔之推（531-591？），王利器集解『顔氏家訓』巻1第5章（北京：中華書局，1993）60-62頁参照。
10) 陳東原は，実家の後押しは，妻が嫉妬を思い切って表に出せた要因としては小さいものだったと推測している。しかし劉増尊は，貴族の婚姻は家柄のつりあいによるものであり，実家の地位は女性の重要な後ろ盾であったとしている。劉増尊「魏晋南北朝時代的妾」『新史学』第2巻第4号，1991，1-36頁。
11) 欧陽詢（557-641）『芸文類聚』巻35（台北：木鐸出版社，1973）615頁に，南朝宋の虞通之『妒婦記』が引用されている。
12) 劉義慶（403-444）。余嘉錫註解『世説新語』巻19「賢媛」（上海：上海古籍出版社，1993）695-696頁参照。
13) 六朝時期の嫉妬深い女性に関する研究は，Jen-der Lee, "Querelle des Femmes? Les Femmes jalouses et leur contrôle au début de la Chine médiévale", édité par Christine Nguyen Tri et Catherine Despeux, *Éducation et instruction en Chine III. Aux marges de l'orthodoxie*, publications du Centre

d'études chinoises de l'Inalco（Paris/Louvain：Peeters, 2004），pp. 67-97 参照。また，前掲李貞徳『中国儒教社会に挑んだ女性たち』の「嫉妬で浮気を防ぐのは，もう一つの婦徳」(50-54 頁) 参照。

14) 邢義田「張家山漢簡二年律令読記」(邢義田『地不愛宝：漢代的簡牘』北京：中華書局, 2011), 144-199 頁参照。

15) 魏収『魏書』巻 88, 北京：中華書局, 1974, 1910 頁。

16) 南北朝における法律発展の差異については，前掲李貞徳『中国儒教社会に挑んだ女性たち』の「南北の差」(79-87 頁) 参照。

17) 当局の討論の記録は，杜佑 (734-812)『通典』(北京：中華書局, 1988) 巻 82 参照。詳細な分析は，鄭雅如「中古時期的母子関係―性別與漢唐之間的家庭史研究」(李貞徳主編『中国史新論・性別史分冊』台北：中央研究院, 聯経出版公司, 2009) 135-190 頁参照。

18) 棄てられた母親とは異なり，寡婦は夫の家から出て行くよう迫られることはなく，息子も寡婦である母に服喪することが父親の権威に抵触するということはなかった。ただし，棄てられ送り返された母親に対して息子が服喪することは，父親の決定に挑戦する意味合いを持つことになる。唐代初期の女性が次々に政治を行った時期をへて，ようやく法律的保障を獲得した。前掲鄭雅如「中古時期的母子関係―性別與漢唐之間的家庭史研究」135-190 頁参照。

19) 前掲鄭雅如「中古時期的母子関係―性別與漢唐之間的家庭史研究」135-190 頁。漢代の母系親族についての研究は，侯旭東「漢魏六朝父系意識的成長與宗族」(侯旭東『北朝村民的生活世―朝廷, 州県與村里』北京：商務印書館, 2005) 60-107 頁参照。

20) 気は男精女血をもって表現され，中国婦人科の基礎を打ち立てるものとなった。Charlotte Furth, *A Flourishing Yin：Gender in China's Medical History, 960-1665*（Berkeley, Los Angeles and London：University of California Press, 1999) 参照。

21) 女性専用処方の出現およびそのジェンダー理論的基礎については，李貞徳『女人的中国医療史―漢唐之間的健康照顧與性別』(台北：三民書局, 2008) の第二章「求子医方與婦科濫觴」参照。

22) 中古時代の産育知識の累積と標準化については，前掲李貞徳『女人的中国医療史』第三章「生産之道與女性経験」参照。

23) 中古時代の女性の医療看護役割およびそのジェンダー的意味については，前掲李貞徳『女人的中国医療史』第八章「男女有別―家庭中的医護活動」参照。

24) これはすなわち紀元 330 年の，賀嶠の妻・于氏が上奏した案件である。鄭雅如『情感與制度：魏晋時代的母子関係』(台北：国立台湾大学文学院, 2001) 参照。.

25) 前掲李貞徳『女人的中国医療史』第五章「重要辺縁人物―乳母」参照。

26) 同上。

27) 廖宜方『唐代的母子関係』台北：稲郷出版社，2009。
28) 劉淑芬「石室瘞窟─中古仏教露屍葬研究之二」『大陸雑誌』第98巻第2, 3, 4号 (1999)，49-60, 97-114, 145-152頁。
29) 林欣儀『捨穢帰真：中古漢地仏教法滅観與婦女信仰』台北：稲郷出版社，2011。
30) Jen-der Lee, "The Life of Women in the Six Dynasties," *Journal of Women and Gender Studies* 4 (Taipei：National Taiwan University, 1993), pp. 47-80.
31) 郝春文「再論北朝至隋唐五代宋初的女人結社」『敦煌研究』第100号, (2006年6月), 103-108頁。
32) 中古時代の女性の財産権と支配についての議論は，李貞徳「漢唐之間女性財産権試探」(前掲李貞徳編『中国史新論・性別史分冊』) 191-237頁参照。
33) 中国の比丘尼制度の設立については，李玉珍『唐代的比丘尼』(台北：学生書局, 1988) 111-144頁参照。
34) たとえば，鍾会の母張氏は自ら子を教育した (陳寿『三国志』北京：中華書局, 1959, 785頁)。前秦〔五胡一六国の一つ〕の宋氏は請われて学堂を設け，学生に『周礼』を講義した (房玄齡『晋書』北京：中華書局, 1974, 2522頁参照)。封氏は事理に通じており，高齡で徳望があり，いつも高官が訪れていたという故事がある (前掲魏収『魏書』1978頁)。清河崔氏は家伝の学問法典によって，御簾の後ろに端座して息子が政務を執るのを監督した (李百薬『北史』北京：中華書局, 1975, 3007頁)。南朝の韓蘭英は請われて博士として宮中に入り，書法を教授した (李百薬『南史』北京：中華書局, 1975, 330頁)。これらに関する議論は，Jen-der Lee, "The Life of Women in the Six Dynasties," pp. 52-54参照。
35) Catherine Despeux and Livia Kohn, *Women in Daoism* (Cambridge, MA：Three Pines Press, 2003), pp. 14-15.
36) 釈宝唱著，王孺童校註『比丘尼伝』(北京：中華書局, 2006)，巻1「偽趙建賢寺安令首尼伝二」7-10頁。
37) 前掲釈宝唱著，王孺童校注『比丘尼伝』巻2「永安寺僧端尼伝十一」79-81頁，巻4「成都長楽寺曇暉尼伝三」182-188頁。
38) 前掲釈宝唱著，王孺童校注『比丘尼伝』巻1「簡静寺支妙音尼伝十二」936頁。比丘尼と乳母の協力についての議論は，前掲李貞徳『女人的中国医療史』第五章「重要辺縁人物─乳母」参照。
39) 劉淑芬「従民族史的角度看太武滅仏」『中央研究院歴史語言研究所集刊』第72巻第1号 (2000), 1-48頁。
40) 王珊「北魏僧芝墓誌考釈」『北大史学』第13号 (2008), 87-107頁。
41) Stephen F. Teiser, *The Ghost Festival of Medieval China* (Princeton：Princeton University Press, 1988), pp. 130-134.
42) Lien-sheng Yang, "Female Rulers in Imperial China," *Harvard Journal of Asiatic Studies* 23 (1960-1961), pp. 47-61. 同書の中国語訳は楊聯陞著，林維紅

訳「中国歴史史上的女主」(鮑家麟編『中国婦女史論集』台北：牧童出版社，1979（台北：稲郷出版社，1988年再版）63-78頁。
43）康楽『従西郊到南郊：国家祭典與北魏政治』(台北：稲禾出版社，1995）の第二篇「文明太后」(113-164頁）参照。
44）李貞徳著，大原良通訳『中国儒教社会に挑んだ女性たち』の「鮮卑の女性」(130-134頁）参照。
45）前掲顔之推，王利器集解『顔氏家訓』巻1，60頁。
46）霊太后の一生と功績については，前掲魏収『魏書』巻13（337-340頁）参照。
47）この案件についての詳しい議論は，前掲李貞徳著，大原良通訳『中国儒教社会に挑んだ女性たち』の「悲劇の始まり」(19-40頁）参照。
48）栄新江「吐魯番出土前秦建元二十年籍研究」『中華文史論叢』2007年4月，1-30頁。
49）羅新「跋北魏鄭平城妻李暉儀墓誌」『中国歴史文物』2005年6月，44-49頁。
50）黄旨彦『魏晋南北朝的公主政治』台北：稲郷出版社，2013。
51）Judy Chungwa Ho, "Portraying the families in the metropolitan and frontier regions during the transition between Han and Tang," 巫鴻主編『漢唐之間文化芸術的互動與交融』(北京：文物出版社，2001），463-506頁参照。
52）前掲黄旨彦『魏晋南北朝的公主政治』。

【訳注1】南朝宋の唐賜という人が，隣家で酒を飲み帰宅後，十数匹の蠱虫を吐いて死亡した。死ぬ前，彼は妻の張氏に，自分が死んだ後に腹を割いて死因を特定するよう頼んだ。そのため張氏は夫の身体を解剖したのである。前掲李貞徳『中国儒教社会に挑んだ女性たち』79頁参照。
【訳注2】俸禄制は484年に発布された制度で，それまで官僚には俸禄が無く，官僚が勝手に民衆から取り立てていたため，彼らに俸禄を与え勝手な取り立てを禁じた。三長制は486年に発布された隣保制度で，戸籍を作成し徴税自警に当たらせて均田法を円滑に遂行しようとした。均田制は485年に発布された土地制度で，15～20歳の労働年齢に達した民に（北魏では奴婢・耕牛にも）一定の土地を割り当てた。土地の一部は世襲・売買を禁じられ最終的に国に収還されたが，他の一部には世襲が認められ，売買制限も緩やかであった。

日本古代の女帝と社会

義江明子

はじめに ―女帝をめぐる通説とその問題点―

『日本書紀』によると，6世紀末から8世紀後半まで，推古・皇極（再度の即位時には斉明）・持統・元明・元正・孝謙（再度の即位時には称徳）と，古代の日本には8代6人の女帝がいた（日本という国号は8世紀初から使われ，それ以前は倭）。中国・朝鮮と比較した場合，数の多さと集中度が注目される。しかしこれまでは，それを日本古代の王権と社会の特質に全体的に関連づけた考察は，ほとんどなされてこなかった。なぜだろうか？ 近代天皇制の設定した"男系男子による世襲"という枠組み，すなわち大日本帝国憲法と皇室典範の規定に私たちがいまだにとらわれているからだと，私は思う。

現在の平成天皇は，初代神武から数えて125代目にあたるという。そこからみれば，女帝は125人中のごく少数の例外であり，通常の王位継承が困難だった場合の"中継ぎ"（予定された男性継承者へのつなぎ）ということになる。近代の天皇制国家は，『日本書紀』の記す天皇名と継承順位を国民に覚え込ませ，万世一系の君主を戴くことを日本の伝統として誇示した。しかし，これは史実ではない。「初代」神武から「25代」武烈までの間には実在しない天皇名が多く含まれている。父から息子へという継承もそのままに信用はできない。一つの血統による世襲が始まるのは6世紀初の「26代」継体以降というのが，現在の学界のほぼ共通の理解である。推古は継体の孫にあたる。推古から称徳までの間の男帝は8名で，この期間では男女はほぼ同数である。この歴史的事実を出発点に，6 - 8世紀の社会と王権の実態を考察しなければならない。

1990年代末以降，女帝を古代王権の歴史の中に正当に位置づけようとする研究が出てきた（荒木『可能性としての女帝』，仁藤『女帝の世紀』など）。し

かしジェンダーという観点からみると，これら王権史の新しい成果だけでは不十分である。古代女帝の存在と終焉の意味は，日本古代のジェンダーの特質とその歴史的変化もあわせて把握することで，はじめて明かになる。以下，1. では 3 - 8 世紀の王位継承観念の変化，2. では古代社会の親族構造の特質と 8 世紀におけるその変化，最後に 3. として，近代における女帝評価の転換について述べたい。

1. 日本古代王権の特質と女帝
世襲王権の成立まで―選ばれた男女の王―

中国の歴史書『魏志』倭人伝が記す 3 世紀の女王卑弥呼は，他の首長たちによって「共立」され，同盟の盟主＝王となって，中国（魏）に使者を遣し，「親魏倭王」に任じられた。当時の王に求められた能力は，男も女も，外交と呪術である（義江『つくられた卑弥呼』，同 "Gendered Interpretations of Female Rule"）。卑弥呼が死ぬと，巨大な墓が造られた。次には男王が立ったが首長たちは従わず，卑弥呼の一族の女性を王にしたという。近年の考古学的成果によると，奈良県中部にある最古の巨大前方後円墳（箸墓）が卑弥呼の墓の可能性が高いとされる。『日本書紀』は箸墓について，崇神天皇の大オバにあたる女性が葬られたという伝承を記す（崇神 10 年 9 月）。立地・規模・築造時期等からみて，箸墓が「ヤマト朝廷」の始祖王にあたる人物の墓であることは間違いない。そこに女性が葬られたという伝承の存在は，卑弥呼の墓かどうかは別にして，きわめて興味深いことといえよう。

5 世紀には，中国の『宋書』倭国伝に 5 人の倭王の名がみえ，男王と推定されている。『日本書紀』には神功皇后や飯豊青など，女性統治者の存在をうかがわせている伝承もあるが，たしかなことはわからない。有力な複数の王統ができつつある段階で，まだ世襲原理にはなっていなかった。軍事統率力のある者が，「群臣」（有力豪族たち）の支持を得て即位したらしかった。"群臣が王を推挙し，即位した王が群臣を任命する"というのが，ヤマト王権の構成原理だった（吉村「古代の王位継承と群臣」122 頁）。女性を排除はしないが，軍

事統率力の重視により相対的に男が選ばれることが多かった，と理解できよう。軍事王の典型とされる雄略（『宋書』の倭王武）は，中国皇帝への上表文で「父祖の王たちは自ら甲冑をきて四方を平定してきた」と述べている。

　6世紀初に即位したとされる継体は，実際は地方の豪族だったが，勢力を拡大して王となった。『日本書紀』によると，群臣が複数候補者の中から「賢者は男大迹王（継体）だけだ」といって選び，レガリア（王の標しとなる宝器）を奉呈したという（継体即位前紀）。以後は，継体の子孫が王位を継いでいく。つまり，継体自身は旧来のシステムに添って"選ばれ"たのだが，その後，子孫による血縁継承が続いて世襲王権が成立した。そのあと連綿とした王統譜が過去に遡って作られ，継体の時に王統断絶の危機があって"遠い傍系"から即位したという，『日本書紀』の描く構図が形づくられたのである。

　こうして，"王を選ぶ"システムから世襲原理への転換がなされたが，継承順序の明確なルールはない。血統上の有資格者はつねに複数いて，その中から群臣が"王を選ぶ"という原理は，6世紀以降もつづく。

7世紀の女帝たち──先帝意（遺）志による継承をめざして──

　推古は継体の孫で，異母兄敏達のキサキとなり，彼女の兄弟3人（敏達・用明・崇峻）のあと，群臣に擁立されて即位した（系図参照）。慣行としては同世代の兄弟姉妹継承が基本で，その中でまず男，次に女，という順だった（大平「日本古代王権継承試論」14頁，同「女帝・皇后・近親婚」33頁）。ただし，当時は支配機構が未熟で王個人の資質に依存する面が極めて大きかったから，同世代であっても推古の異母妹で用明のキサキの間人は擁立されなかったし，崇峻のように臣下の支持が得られず殺された王もいる。群臣が"王を選ぶ"ことが必須の段階だったのである。

　そうした中にあって，推古はキサキとしての経験を積み39歳で即位し，37年間の統治ののち，628年に75歳で没した。以後，8世紀後半まで，8代6人の女帝が断続的につづく。なぜこの時期になって，女帝が続々と登場するのだろうか。6－7世紀の王たちの即位年令はおよそ40歳以上で，この点での性

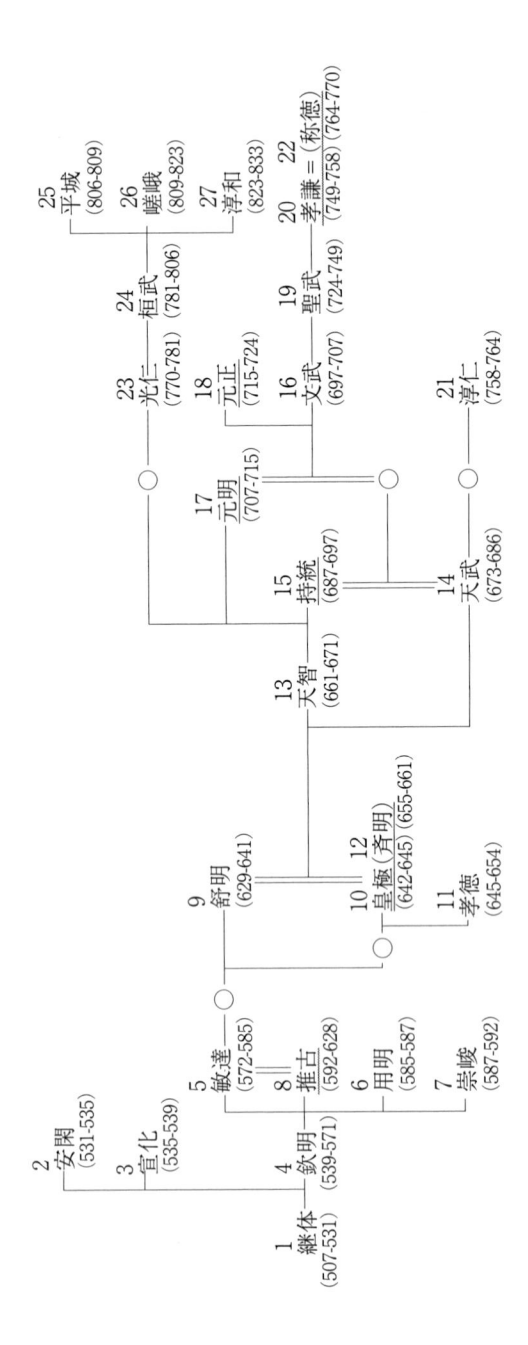

```
                                                            25 平城
                                                            (806-809)
                                                          ┌─
                                                       24 │ 26 嵯峨
                                                    桓武─┤  (809-823)
                                                  (781-806)│
                                                          │ 27 淳和
                                                          └ (823-833)

                                          23 光仁
                                          (770-781)
                                                       19 聖武        20 孝謙=22(称徳)
                                          18 元正      (724-749)      (749-758)(764-770)
                                          (715-724)
                                        ┌────═════════┐
                                  17 元明               16 文武
                                  (707-715)             (697-707)
                              ○───┤                 ┌──┤
                                  │ 15 持統         │ 21 淳仁
                                  │ (687-697)       │ (758-764)
                                  └──═══════════════┘
                                         │ 14 天武
                                         │ (673-686)
                              13 天智 ────┤
                              (661-671)
                        ┌────────┤
              9 舒明 ══ 10·12 皇極(斉明)
              (629-641)   (642-645)(655-661)
                        │
                        │ 11 孝徳
                        └ (645-654)

        5 敏達
        (572-585)
      ┌─ 8 == 推古
      │    (592-628)
  4 欽明─┤ 6 用明
  (539-571)│ (585-587)
      │ 7 崇峻
      └ (587-592)

1 継体 ┬ 2 安閑
(507-531)│ (531-535)
       │ 3 宣化
       └ (535-539)
```

[6〜9世紀初の皇位継承]左肩数字は継承順　___は女帝、(数字)は在位年

62

差はない（仁藤「古代女帝の成立」305-306 頁）。この 200 年間に倭国は，中国・朝鮮諸国との対立・緊張関係のもとで古代国家の支配体制を確立していった。王には，激動期を乗りきるだけの統率力が何よりも必要とされ，「幼年」の王はあり得ない。推古の父で即位時に 31 歳だった欽明は，「私は幼年で政治に未熟ですが，皇后は政務に通じていらっしゃいます」として，先王のキサキに譲ろうとしたという（『日本書紀』欽明即位前紀）。31 歳は，当時の王の基準に照らすと「幼年」で未熟だったのである。

継体の孫の世代以降に女帝が頻出することは，世襲王権の成立によって王となり得る血統上の有資格者が限定され，その中で，年少な男性よりも経験豊富で統治能力のある年長女性が王として擁立される可能性が増えた，と考えられる（仁藤『女帝の世紀』79 頁）。

推古は，120 年ぶりの中国への使者派遣，仏教推進などの重要政策を実施し，死に臨んで，群臣が"王を選ぶ"というそれまでの王位継承方法に変化をもたらした。遺言で，継承者を示唆したのである。長年の統治実績を持つ推古の遺言は，豪族たちに重みをもって受けとめられた。「天皇の遺命のままにすべきであって，群臣にきくまでもない」との言葉が，王を選ぶ会議の場で出席者の一人から発せられたという（舒明即位前紀）。

敏達の血を引き，舒明のキサキとなり，舒明の死後即位した皇極は，645 年の大化改新（乙巳の変）ののち，同母弟の孝徳に王位を譲った。終身在位の慣行を破る，史上初めての譲位である。これにより群臣が"王を選ぶ"要素は後景にしりぞき，推古の段階では示唆にとどまった"先王による指名"が，より確かなものとなった。さらに皇極は，「皇祖母尊」（最高の皇族長老女性）という称号を奉呈され，譲位後も王権の中枢にありつづけた。弟孝徳と対立すると，自分の息子娘たち（のちの天智・天武と孝徳キサキ）とともに古京の飛鳥に引き上げてしまい，孤立した孝徳が死ぬと，再度即位した（斉明）。

転換期を主導した持統

推古から皇極＝斉明へと徐々に進展してきた"先王による指名"をさらに確

かなものにし，譲位後の地位を法制化したのは，斉明の孫にあたる持統である。彼女は夫天武の死後，ただちに統治権を掌握し，4年後の690年に盛大な即位儀を行った。即位した持統に対して神祇官僚によるレガリア奉呈の儀礼が行なわれ（溝口「神祇令と即位儀礼」，280頁），そのあと群臣は持統を「神」として拝礼した（熊谷「持統の即位儀と「治天下大王の即位儀礼」」19頁）。"群臣が選び，即位"という旧来の方式から"即位し，群臣が儀礼的に承認"へと，原理が転換したのである。持統は，在位中に飛鳥浄御原令，孫文武への譲位後に大宝律令を完成させ，中国に倣った中央集権の法制を整えた。701年の大宝令で，退位後の天皇は太上天皇として天皇と同等の権能を持つことが定まり，持統が最初の太上天皇となった。

　文武はわずか15歳の若さで即位した。それが可能だったのは，君主の手足となる官司機構が整備されたこともあるが，群臣が文武を受け入れたのは何よりも，実績を積んだ先帝持統が指名し，譲位後も「並び坐して」文武を支えたからに他ならない。「天つ神」の委任（依し）によって統治した先帝持統の譲り（「授け賜い負せ賜う」）ということだけが，文武の正統性の根拠だった（『続日本紀』文武元年8月即位宣命）。持統は，統率者としての人格的力量を示して即位し，即位後は，王個人の力量に依存しない官司機構を確立し，年少者の即位も可能なシステムを作り上げた。まさに転換期を主導した王だったのである（義江『天武天皇と持統天皇』）。

並称としての「女帝」と「男帝」

　私はここまで「女帝」という言葉を使ってきたが，これは古代の正式の法制用語である。大宝令の中の継承を定めた条文において，女帝の子は男帝の子と同じ称号を得ると規定され（継嗣令1），その後の個別法令においても，「男帝」と「女帝」は対称・同等の扱いの並称である（『類聚三代格』巻1，天平3〔731〕年6月24日勅）。法規定においては，女帝は例外ではなく，男帝と何ら変わるところのない存在だった（成清「女帝小考」134頁）。

　だが，律令国家の完成は，こうした伝統的継承観念に次第に変化をもたらし

た。律令法は中国で長年かけて発達した体系的法典であり，父系継承・男性優位の観念で貫かれている。日本が，律令法を取り入れて強力な国家体制を築くことは，同時に，父系継承・男性優位の社会システムへと本格的に転換し始めることでもあった。その転換は，8世紀一杯をかけてなされ，これによりやがて古代女帝の歴史は終焉を迎えることとなる。

8世紀前半の女帝たち―熟年女性と年少男性の共同統治―

8世紀にも，「男帝」と「女帝」がこもごも即位した（男は文武・聖武・淳仁、女は元明・元正・孝謙＝称徳）。しかし，即位年令にはこれまでにない性差がみられる。女はこれまで通り熟年で即位するが，男は年少でも即位するという違いである。「女帝」が退位後も太上天皇として年少の「男帝」を補佐する，持統が創始した形態が，元明と文武の間でも継続された。元明は「皇太妃」（天皇生母に対する尊号）として，持統亡きあと若年の息子文武を支え（義江『県犬養橘三千代』33-35頁），文武が25歳で死去すると，文武の意（遺）志を掲げて自ら即位した。元正は，「女帝」元明の子として未婚のまま36歳で即位し，45歳で甥の聖武に譲位して太上天皇となった。24歳で即位した聖武は，即位の5年後に，「政治判断も官人任命も，元正太上天皇の仰せのままに行ってきた」と述べている（『続日本紀』天平元〔729〕年8月5日条）。

こうして，"熟年女性と年少男性の共同統治"で王権の安定・強化をはかりつつ，中国式の父系直系継承への転換が目指されていった。749年，聖武は娘の孝謙に譲位し，「男帝」としては最初の太上天皇となった。しかし聖武は出家しており，譲位にあたり「太皇后（孝謙の母である光明）に，自分に対すると同様に仕えよ」と臣下に命じた（『続日本紀』神護景雲3〔769〕年10月1日の称徳詔より）。光明皇太后は，新たに設けられた紫微中台を拠点として，聖武の生前はともに並び，死後は国政の最も中枢にいて，娘の孝謙を補佐した。元正は聖武のオバだが，皇統上の准「母」であった。持統―文武以来くり返された，"熟年女性と年少男性の共同統治"の本質は，"母による子の教導"を基礎にするものだったといえよう。

古代最後の女帝孝謙＝称徳のめざしたもの

　孝謙は，幼い弟の死後10年を経た738年に，21歳で女性「皇太子」となり，未婚のまま32歳で即位した。41歳の時，天武の孫にあたる26歳の淳仁に譲位するが，その後も統治大権を手放さず，あげくは淳仁を廃位に追い込み，764年，47歳で再度即位した（称徳）。仏教を精神的支柱とする国家体制強化を推し進め，信頼する高僧道鏡を太政大臣禅師，ついで法王（仏教による王）に任じて共同統治を目指したが，反対する貴族たちの意向を反映した宇佐八幡の神託により，道鏡の天皇擁立は挫折する。通説では，これらのことは，"道鏡への愛に狂った女帝の逸脱"とみられてきた。しかし，仏教を軸とする国家体制強化は父聖武の政策の継承であり，さらに長期的にみれば，推古による遣隋使派遣以来の，文明化をめざす倭国の基本路線でもあった。共同統治者としての道鏡の法王任命はその延長上にあり，"先王による指名"という意味では，7世紀半ば以来の王権自律化の方向に添ってもいる。

　群臣が"王を選ぶ"意識は，8世紀にも伏在していた。孝謙即位に反対して757年に謀叛をはかった貴族は，「他の勢力が別の王を立てる前に，自分たちの意向に添う王を擁立しよう」と仲間に呼びかけたという（『続日本紀』同年7月4日条）。孝謙＝称徳は，この根強い伝統に対抗して，"先王による指名"の貫徹をめざしたのである（義江「古代女帝論の過去と現在」30頁，同『古代王権論』225頁）。

　称徳の死後は，彼女の遺言と称して，天智の孫にあたる高齢男性が貴族たちによって擁立され（光仁〔こうにん〕），古代の女帝の歴史は終わる。道鏡擁立による混乱を経験した貴族たちは，皇位は世襲によることをあらためて支配層の共同合意として確認した（荒木前掲書，234頁）。世襲王権の確立は，この時点にもとめることができよう。以後は，兄弟継承を基軸に，貴族と王権の相互依存のシステムがさまざまに構築されていく。

小　　結

　従来の研究では，推古から称徳までの女帝たちは一律に，正当な男性継承者

への臨時のつなぎ，すなわち"中継ぎ"とみなされてきた。しかしそれは，父系直系継承による男王の即位を自明のルールとみなす，非歴史的思考である。実際には，世襲王権も父系直系継承も，長い過程を経て歴史的に形成されたものであり，その中で，女帝たちは正当な王の一人として，王権強化・国家体制造りの課題を男帝とともに担ったのである。

なぜ古代には男女がともに正当な王とみなされたのか。なぜ8世紀後半で古代女帝の歴史は終わるのか。それは王位継承の歴史を追うだけでは明かにならない。女帝の裾野を考えるため，社会の各階層における男女の地位と，その基層をなす親族構造の特質をみていく。

2. 日本古代社会の特質と女帝
多様な階層の女性統率者

これまでの女帝論の誤りは，女性統治者を王位に限定して考察する点にある。3世紀の卑弥呼を「共立」した首長たちは，男か，女か。3－5世紀頃までの首長墓の埋葬人骨の性別を調べると，女性首長が広範にいたことがわかる（今井「古墳時代前期における女性の地位」）。『日本書紀』や『風土記』からも，7世紀にいたるまで，地方には男女の小首長が多数いたことがうかがえる。また，卑弥呼を王とする邪馬台国では，男女が政治集会に出席したという。男女が政治に参加し，男女の首長が存在する政治風土を土台に，女王卑弥呼は出現したのである（義江『つくられた卑弥呼 65-77 頁』）。

6世紀以降，部民制等の支配システムが整えられ，豪族の組織化がすすむ。その際，配下の民を率いて王宮に仕えたのも，豪族の男女だった。女性が一族を代表して仕えることもあり，父から娘へ交替することもあった（伊集院「女性の「排除」と「包摂」」17頁）。こうした前史をうけて，8世紀の女官は国政に関わる重要な役割を担った。聖武天皇は，「男も女も並んで朝廷に仕えるのが道理だ」と述べている（『続日本紀』天平21〔749〕年4月1日条）。男帝とほぼ同数の女帝たちの裾野には，多様な階層の女性統率者の存在があった。そのことをふまえた上で，王権固有のジェンダー構造が，いつ，どのように芽生

えるのかが，問われねばならない。1. で述べた，7世紀末以降に即位年令にあらわれる性差は，その一例である。

双系的社会から父系へ

　王だけではなく多様な階層に男女の統率者がいたのは，日本古代の親族構造が父系ではなく，双系的なものだったからである。政治的地位や氏族名・財産等は，中国のように父から息子にではなく，父方・母方の双方から息子・娘に受けつがれた。男女が，基本的に対称・均等な社会だったのである。世襲王権の成立期に兄弟・姉妹が順に王位につき，豪族が王宮に奉仕する役目を父から娘に交替する，などのことが行われたのも，それゆえである。子は，父方母方双方の集団（氏族）に潜在的帰属権をもつ（義江『日本古代の氏の構造』135頁）。通常は有利な（社会的ステイタスが高い）方の地位と氏族名をつぐが，6世紀後半の物部弓削守屋のように，父母双方の氏族名をなのり，双方の族長の地位を兼ねる場合もあった。

　推古が異母兄敏達のキサキであったように，6－8世紀末まで，異母兄弟姉妹の結婚はきわめて多い。これを王の神聖性を高めるための，王位継承に絡まる特殊な現象とだけみるのは間違いである。この時代，大伴氏・藤原氏などの有力豪族もみな同様に，濃密な父系近親婚をくりかえしている（西野「律令体制下の氏族と近親婚」138-145頁）。その結果，伝統的な双系的観念に添いながら，父方・母方どちらを通じても同一父系集団内での財産・氏族名の継承が実現することになる。こうして，ゆるやかに父系氏族の形成がなされていったのである。

　7世紀の後半に，「子は父につけよ」という父系原則が公布され，8世紀初には律令制の父系継承システムが本格的に導入された。これにより，日本の社会は以後，法的枠組みに強く規制され方向づけられて，双系から父系へと転換していく。しかし，双系的な継承観念は，簡単にはなくならなかった。8世紀前半に女官として高位に達した橘三千代の息子たちは，母の死後，父から継いだ王族の地位をすて，母の氏族名と功績を継承することを願いでて，許された

（義江『県犬養橘三千代』96頁，『続日本紀』天平8〔736〕11月11日条）。

「キサキの宮」の独立性とその喪失

　財産は，男女で均等に分けるのが古代の原則である。王族・豪族の場合，政治的地位の形成・継承と密接に関わる財産として，ヤケ（宅）に注目する必要がある。ヤケは，居宅と倉庫，奴婢小屋等がセットになった一区画で，政治支配・農業経営の拠点である（吉田「イヘとヤケ」112-114頁）。王権のヤケは，ミヤ（宮）・ミヤケ（御宅）とよばれた。王宮が複数あるのと同様に，各豪族も複数のヤケを持つ。ヤケの一つを相続した豪族の娘が王のキサキとなると，そのヤケは「キサキの宮」の性格を合わせもつものとなり，王権の権力基盤の一翼をなすとともに，キサキが生んだ王子・王女たち（同母集団）の経済的・政治的拠点となる。ミヤには各地の豪族男女が交替で奉仕し，キサキ・王子・王女と豪族たちの間には強い絆が形成された（義江 "Gender in Early Classical Japan" 468頁）。世襲王権の形成は，ミヤ・ミヤケの継承主体となる王族集団の形成でもあり，6世紀以降にすすむ部民制の整備と密接不可分の関係にあった（義江「系譜様式論からみた大王と氏」50頁）。

　この構造のもとでは，王位継承候補者は同母集団ごとに存在し，「大兄」と呼ばれた。例えば，皇極（舒明のキサキ）の息子である天智は「中大兄」で，別のキサキが生んだ異母兄に「古人大兄」がいる。皇極は，自分自身の「キサキの宮」を所有・経営し，豊富な経済力や，経営の過程で培った政治的人脈を基盤に即位し，1.で述べたように，弟の孝徳に譲位後も「皇祖母尊」の称号を奉呈されて，権力を保持した。彼女は自分の息子（天智・天武）娘（孝徳のキサキ）を率いる立場で政治的に行動し，再度即位したのである（斉明）。

　7世紀から8世紀にかけて，男帝と同じかそれ以上に女帝が大きく力を発揮できたのも，父系直系継承への転換にあたって"熟年女性と年少男性の共同統治"による王権の安定強化が図られたのも，こうした親族構造とミヤのありかたをみれば，よく理解できよう。逆に，母子の親密／教導関係を土台にもたない太上天皇と天皇の共同統治は，8世紀においては，孝謙と淳仁の例にみるよ

うに，太上天皇側の強権発動によって破綻するしかなかった。

　同母集団の結束が固く母子の絆が強いのは，古代の婚姻が夫婦別居の訪問婚（ツマドヒ）だったことと密接に関わる。夫婦の絆は弱くて切れやすく，生活単位・経済単位としての機能をあまりもたない（義江「「刀自」からみた日本古代社会のジェンダー」39-99頁）。子は，母方の親族に囲まれて育ち，日常的には母方への帰属意識を持つ。王とキサキの関係も同様で，キサキの宮は大王の宮とは別のところにあり，別経営だった（三崎「キサキの宮の存在形態について」）。8世紀末にいたるまで，内裏内にはキサキの居住空間がなく，太上天皇のための空間はあったことが，平城宮跡の発掘で確認されている。古代最後の女帝称徳の次に即位した光仁の時，はじめて皇后の殿舎が内裏内に造られ，次の桓武の時から，皇后以外のキサキたちの内裏集住がはじまる（橋本「平安宮内裏の成立過程」69-95頁）。

　桓武の息子の平城(へいぜい)は，弟の嵯峨(さが)に譲位後，対立して「二所朝廷」の状況を生み出すが，810年の平城上皇の変は天皇側の勝利に終わった。兄と弟の間では教導関係は成立せず，共同統治もありえない。"母による子の教導"を基礎とする，8世紀的な太上天皇と天皇の並存システムはもはやなりたたないことが明かとなり，弟の淳和(じゅんな)に譲位した嵯峨は，キサキとともに内裏を出た。以後，君主権は一元的に天皇に帰属し，太上天皇は父の権威で子の天皇に臨む家父長的体制への移行がなされていく。

　　小　　結

　8世紀末に，古代女帝の終焉にひきつづいて「キサキの宮」の独立性が失われたことは，支配層女性の政治的地位のあり方が転換し，全体としては低下していくことを，象徴的に示すといえよう。一族を代表して王権に仕奉した女官の国政上の役割（伊集院『古代の女性官僚』）も，9世紀になると主要部分は男官の手にうつり，女官組織は一部を除き形骸化する。律令制の諸規定にもりこまれた父系原則，男性を中心とする官僚機構が8世紀を通じて定着した結果，双系的な親族構造は社会の上層部分から父系へと転換していき，支配層女性は

様々な公的地位を失っていくのである。

3. 近代における女帝評価の転換

　称徳で古代女帝の歴史は終わるが，天皇は男に限るという規範が成立したわけではない。12世紀にも女性の即位が検討され（荒木『可能性としての女帝』243-267頁），17－18世紀には実際に2人の女帝がいて，後者は譲位後も甥の天皇を補佐した。女性統治者に対する歴史的評価にも，"女"の特別視はみられない。「男女の区別なく，能力のある者が統治した」（13世紀の『愚管抄』巻3），「朝廷の権威に従わない敵がいれば，女の君主であっても，自ら征伐した」（18世紀の『読史余論』巻2）というように，統治者の機能を男女で区別していないことが注目される。

　これが劇的に変化するのは，近代である。1889（明治22）年の大日本帝国憲法と皇室典範で，皇位継承は男系男子に限るとの法制化がなされた。皇室典範制定の過程では，女系・女帝を認めるか否かをめぐって，「女系を介すると万世一系の皇統が侵される」「女性に参政権を認めないのに，最高政権者の地位に女性がつくのは矛盾する」「女帝が結婚すると夫は臣下となり，男尊女卑の社会秩序に反する」などの意見が出され，最終的に女系・女帝は否定された（早川「皇室典範作成過程における皇位継承の問題」）。双系的親族観念は社会の基層でつづいていたから，婿養子（女系を介した継承）による「家」の存続は民間ではごく普通のことだったが，"万邦無比の国体"とは相容れない。女帝容認と，女性の政治的無権利，家父長的家族秩序との両立も困難である。女帝可否の問題は，まさにその時代のジェンダー構造を反映するものだった。

　しかし，古代に多数の女帝がいたこと，直前の近世にも女帝がいたことは，歴史書に書かれ人々の記憶にも残る事実である。この"過去の女帝たち"に対しては，新たに法制で定めた男系男子天皇の基準に照らして，「（一時的に即位し）幼帝の成長を待って位を伝えるための権宜」との公式見解が半官的注釈書である1889年の「皇室典範義解」で示された（宮沢「憲法義解解題」）。

　学問の世界でも，明治末年の1910年には，卑弥呼評価の転換を媒介に女帝

の統治能力を否定する研究が現れた。著名な学者2人が「卑弥呼は神事を専門にする巫女で，国政は兄弟が行った」（内藤「卑弥呼考」17頁）「卑弥呼は軍国の政務を実際に行った君主ではなく，神意を伝えた宗教的君主である。……卑弥呼だけではなく，古代の女性君主はみな同様である」（白鳥「倭女王卑弥呼考」40-43頁）との主張を展開したのである。日清・日露の勝利を経て，1910年頃には，軍国日本の君主＝大元帥明治天皇の権威は，広く国民の間に定着していた。"軍国の政務を執る君主は，当然，男でなければならず，古来そうであったはずだ"との思考を，ここに読みとることができよう。女帝即位の可能性を排除した明治憲法体制のもとで，"女帝は真の統治者ではない"という近代の女帝言説が確立したのである（義江『つくられた卑弥呼』191-199頁，同 "Gendered Interpretations of Female Rule" 16-17頁）。

おわりに

1947年の日本国憲法により，天皇は主権者たる国民の総意にもとづく「象徴」となったが，旧皇室典範の男系男子継承規定は，新皇室典範にもそのまま受け継がれた。「過去の女帝たちは，皇位継承に困難があった時の臨時の"中継ぎ"であり，例外である」という政府の公式見解も，変わらない。女帝"中継ぎ"説は，国民の共有する常識となり，依然として学界の定説の位置を占めている。しかし，それでは古代の真実はみえてこない。時代ごとの社会の特質を把握し，ジェンダー構造にも規定されながら変化してきた王権の歴史と，王権をめぐる言説の意味を理解すること，これこそが現在，必要とされているのである。

参考文献

荒木敏夫　『可能性としての女帝　女帝と王権・国家』青木書店，1999
伊集院葉子「女性の「排除」と「包摂」―古代の権力システムのなかの女官―」総合女性史学会編『女性官僚の歴史　古代女官から現代キャリアまで』吉川弘文館，2013，11-30頁

伊集院葉子『古代の女性官僚―女官の出世・結婚・引退』吉川弘文館〔歴史文化ライブラリー〕2014
今井　堯　「古墳時代前期における女性の地位」総合女性史研究会編『日本女性史論集2　政治と女性』吉川弘文館，1997（初出1982），127-157頁
大平　聡　「日本古代王権継承試論」『歴史評論』429，1986，3-20頁
大平　聡　「女帝・皇后・近親婚」鈴木靖民編『日本古代の国家形成と東アジア』吉川弘文館，2012
熊谷公男　「持統の即位儀と「治天下大王」の即位儀礼」『日本史研究』474，2002，4-34頁
白鳥庫吉　「倭女王卑弥呼考」1910。佐伯有清編『邪馬台国基本論文集Ⅰ』創元社，1981収載，23-43頁
内藤虎次郎「卑弥呼考」1910。佐伯有清編『邪馬台国基本論文集Ⅰ』創元社，1981収載，3-22頁
成清弘和　「女帝小考―孝謙・称徳女帝をめぐって―」『日本古代の王位継承と親族』岩田書院，1999，129-148頁
西野悠紀子「律令体制下の氏族と近親婚」女性史総合研究会編『日本女性史1　原始・古代』東京大学出版会，1982，113-148頁
仁藤敦史　『女帝の世紀　皇位継承と政争』〔角川選書〕角川書店，2006
仁藤敦史　「古代女帝の成立―大后と皇祖母―」『古代王権と支配構造』吉川弘文館，2012（初出2003），295-324頁
橋本義則　「平安宮内裏の成立過程」『平安宮成立史の研究』塙書房，1995，3-117頁
早川紀代　「皇室典範作成過程における皇位継承の問題」『近代天皇制と国民国家　両性関係を軸として』青木書店，2005（初出1997），121-162頁
三崎裕子　「キサキの宮の存在形態について」総合女性史研究会編『日本女性史論集2　政治と女性』吉川弘文館，1997（初出1988），3-28頁
溝口睦子「神祇令と即位儀礼」黛弘道編『古代王権と祭儀』吉川弘文館，1990
宮沢俊義　「憲法義解解題」宮沢俊義校注・伊藤博文『憲法義解』岩波文庫，1940，179-188頁
義江明子　『日本古代の氏の構造』吉川弘文館，1986
義江明子　「系譜様式論からみた大王と氏」『日本史研究』474，2002，35-56頁
義江明子　「古代女帝論の過去と現在」『岩波講座天皇と王権を考える7　ジェンダーと差別』岩波書店，2002，23-49頁
義江明子　『つくられた卑弥呼―〈女〉の創出と国家』〔ちくま新書〕筑摩書房，2005
義江明子　"Gender in Early Classical Japan：Marriage, Leadership, and Political Status in Village and Palace," *MONUMENTA NIPPONICA* 60-4, 2005, 437-479

頁（日本語原稿は，「「刀自」からみた日本古代社会のジェンダー」『帝京史学』26，2011，83-139頁，参照）
義江明子　『県犬養橘三千代』〔人物叢書〕吉川弘文館，2009
義江明子　『古代王権論―神話・歴史感覚・ジェンダー』岩波書店，2011
義江明子　"Gendered Interpretations of Female Rule：The Case of Himiko, Ruler of Yamatai" *U.S.-JAPAN WOMEN' S JOURNAL* 44, 2013, 3-23頁
義江明子　『天武天皇と持統天皇』〔日本史リブレット 人〕山川出版社，2014
吉田　孝　「イヘとヤケ」『律令国家と古代の社会』岩波書店，1983，71-122頁
吉村武彦　「古代の王位継承と群臣」『日本古代の社会と国家』岩波書店，1996（初出1989），105-124頁

第1セッション「女帝・女王・女性権力者の存在形態と国家」の成果と課題

児島恭子

女主の論点

　第1セッションでは，5世紀から9世紀の新羅，中国，日本の国家形成期に共通して現れた女性統治者の問題がとりあげられた。第1セッションのコーディネーター[1]は，中国の影響下にあった日本と朝鮮において女帝・女王は国家の転換期に存在したことに歴史的意味を見出し，3国の女性統治者の存在形態を社会基盤及び社会構造との関わりで比較・検討することによって，個別の国家史の枠をこえた東アジア地域の政治史と社会史の理解に新しい知見が加わることを期待するとした。そのため，主催者側からは3名の報告者にとくに考慮を依頼した論点があった。第1に，女性の即位の正統性や権力行使の理念と正当性の根拠は何だったのか。第2に，女帝・女王即位の社会基盤はいかなるものだったのか。第3に，女帝・女王・太后が行使した権力の内容，範囲，施策の特徴は何か。第4に，各国それぞれの当時の人々の「女性君主観」はいかなるものだったのか。シンポジウムの趣旨にもとづくそれらの困難な要求に報告者はよく応えてくださり，報告の内容は他にも及んだ。大会ではシンポジウム発表内容のまとめに時間をさいたが，本書にはシンポジウム報告の全文が掲載されているので，大会当日には触れられなかった点を補足して述べる。

新羅の善徳王の統治

　姜報告は，632年から647年に在位した新羅の善徳女王についてである。上記の論点について以下のことを述べられた。善徳女王即位の約100年前，7歳

で即位した真興王の母太后の摂政の時代が約10年あり，母太后は官僚の掌握，軍事などの政治を行った。新羅には女官が存在し，社会では女性は生業を担い，私有財産を保有し，伝統宗教を主導し仏教の受容に際しても積極的なかかわりを持ち，伝統宗教と融合させる働きをした。骨品制という身分制度が，前王真平王に男子がいなかったため長女徳曼が王位につくという制度的な保証をした。そのような背景のほかに，女王自身が予知能力をもつことが当時の人々に評価されていた。その統治は儒教を積極的に受容し，仏教，とくに密教を盛んにし伝統信仰を取り入れて民衆をまとめるのに役立て，徳治を行った。在位16年間に高句麗，百済と11回の戦争がある状況で対民政策は内治に生かすものであり，いっぽう仏教を護国のためにも設定し，軍事に人材登用を行った。積極的外交も展開し，唐から冊封を受け，統一新羅へ向かう準備をした。女王即位に反対する勢力は即位前にもあった可能性があるが，在位末期に女主はよく統治できないとして反乱がおきた。しかし善徳の次にはやはり女性である真徳が即位したのであった（在位647－654）。

宗教性の評価

文献史料には善徳の聖性が強調されている。新羅女王のシャーマンとしての性格の評価について，姜氏は予知能力を力説されたが，それについて義江氏が，女王に洞察力があったことが後から神秘的な力とみなされたと理解してよいかと質問されたのに対して，姜氏は問題解決能力も含めたものだと答えられた。姜報告の趣旨が善徳の宗教的な能力にジェンダーを認めているのかどうか，つまりそれが男王でなく女王を登場させた理由の一つと考えるのかどうかが私にはつかめなかった。新羅王のシャーマンとしての性格はかつて井上秀雄が重要視したが[2]，『三国史記』『三国遺事』が記す王のカリスマ的宗教性の解釈は，仏教の受容とも関連して女王の問題の一つとなる。新羅の仏教受容については，報告では善徳女王の事績として説明された印象があるが，6世紀の法興王の時代に公認され，伝来はその前で，シャーマニズムを下地として受容され，梁の

武帝に倣って諸部族統一の手段となっていた。善徳王のときにも芬皇寺，霊廟寺などさかんに造営されたが[3]，その時期の仏教をもちいた政策が新羅仏教史のなかに位置づけられれば，善徳王の治世の評価に結び付くであろう。彼女自身の宗教性との関係からの説明では疑問が残ることになるのではないだろうか。

即位の条件

　新羅王朝の時代区分意識では真徳女王までが中古とされていた。骨品制でみるとその時点で「聖骨」は女性しかいないが，骨品制には議論がある[4]。6世紀初頭の新羅王権は寐錦王と葛文王からなる二重王権体制で，王妃や妹などを含めた一族が主導し，女性の地位が高かった[5]とすれば，また，真平王代の支配体制整備のなかで王位継承者の範囲を制限するという目的で「聖骨」が作られた[6]とすればそれは善徳即位を導くための布石ということになる。王権強化が女王に結び付く。ならば，善徳を王朝の最後とみる歴史意識が形成されたのは，次に従妹の真徳女王もいるのにどういう意味なのか。さらに善徳は「聖祖皇姑」とされた。その歴史意識は何か。「聖祖皇姑」とはシャーマンとして優れていた女王への敬称[7]にすぎないのだろうか。

　日本では推古天皇が在位していた。その影響があったのかどうか不明であるが，王位継承が豪貴族によって承認されるシステムは共通していた。また，善徳の父王は53年間在位しており（在位579－632），善徳の生年は不明だが父王の後に即位したとき若年ではなかったはずである。それは日本の女性王と共通している。つまり，善徳王の即位は王家における彼女の位置とそれにともなう王の候補者としての実力（父王の補佐の経験）がもたらしたのではないのだろうか。日本と同様に王家に近親婚が行われていたことの考慮も必要であると考えられる。近親婚は王位継承候補者の範囲を狭め，状況によっては女王を登場させる。しかし律令制が完成すれば父系に限られるため，女王の子どもが即位するようには作用しない。善徳の位置を理解するには真徳もあわせて考える必要[8]がありそうに思える。真徳の即位は女王が忌避されない傍証としてだけ

77

ではない意味があるはずである[9]。

新羅の女性君主観

　姜氏は朝鮮王朝期になると女王に否定的になると述べられた。11世紀の『三国史記』の編者金富軾は善徳王紀の終わりに自分の意見として，中国の女媧氏は伏羲皇帝の補佐，呂后，則天武后は幼少皇帝の代理にすぎないので歴史書では王と称することができない，男尊女卑が自然であり，「どうして老婆が閨房から出て，国家の政治を裁断することが許されてよかろうか。新羅では女子をもちあげて，これを王位につけた。誠に乱世のことであって，国が亡びなかったのは，幸いである」と記した。『三国史記』『三国遺事』自体には善徳を非難する論調はない。両書編纂の原史料である古記類には女王を否定的にとらえる記述はなかったと考えられる。王の末年に反乱を起こした毗曇（上大等という最高位の大臣）らが「女王ではよく国を治めることができない」とし百済高句麗戦への唐の援軍を要請したという（11世紀初め『冊府元亀』）が，反乱は鎮圧され30人が連座したという。女王側による徹底的な一掃であるが，このとき女王は亡くなったと考えられている。「女王ではよく国を治めることができない」というのが当時の事実として軍事面の弱点を示すのか，中国の女王観なのか，新羅で後世に書かれたのか。それを確定するのは困難だが，王族の慈蔵による645年着工の皇龍寺九層木塔の目的に関連する史料も女王統治が隣国の侵略を招いたとする記述になっており，伝統的な新羅王権の秩序の変革がめざされていたとすれば[10]，女王は女性君主がありえた背景のもとに登場し，しかも最後になるという位置にあることになる。だから当時として国内において女性君主の登場には否定的ではないが，国際関係と軍事的な情勢によって軍事面での女王体制の弱点が指摘されることはあり，後世には総合的な君主のジェンダーとして女性君主観は否定的な言辞になる。

北魏王族・元純陀の人生

　李報告でとりあげられた元純陀は，統治者ではないが北魏の王族（鮮卑族の拓跋氏）の娘で475年から529年に生きた。その時代は文明（馮）太后（442－490），霊（胡）太后（？－528）の時代にあたり，その2人の女主は摂政として家庭礼法，母子間の恩情に関する問題から仏教の発展にまでかかわっており，儒教倫理に対する北魏女性の抵抗とみることができ，元純陀の一生にもそれらを見出すことができるという。中国に関しての理解が難しいのは，国の興亡や制度の改変が複雑であることもその理由だが，儒教道徳や規範の実態の把握という点もある。元純陀の生涯は墓誌によるものであるが，墓誌は誰が書いたのであろうか，再婚相手の漢人邢家の息子によるのだろうか？　李氏は墓誌に「義理の息子を育て義母に礼を尽くし妾達と睦みあった」と書かれている娘や妻としての元純陀の生活は，実態ではなく漢人貴族のこうあってほしいという理想であるとされた。しかし，墓誌によれば元純陀と漢人貴族の夫とは対等なカップルであり，儒教的な規範は父や夫を尊とするが，それに反するともいわれた。鮮卑の王族と漢人貴族との婚姻は北魏政権には大きな意義があり，元純陀の兄が15歳で穆氏（胡族の名族）と結婚し一女を儲けた妹を漢族の武将邢巒の後妻にしたのは，政権の意図に沿ったものであった。元純陀は邢巒が亡くなると仏教に帰依し勉学に励み，大覚寺で出家した。その後，前夫との間の娘とその子のもとで暮らしたが，遺言で夫とは別の所に埋葬されて修道の心を遂げたいと望んでおり，娘によって実行された。再婚後も前夫との間の娘との関係が継続していたこと，外孫のもとに行くことが邢家から許容されたという事を示している。しかし，夫の服喪を終えてからの行動であろうし，漢化した北魏の王族女性が儒教的な道徳下の生き方を実践した後で，出家し，修道を全うするため夫との合葬を拒否した人であったことを記しているという理解でもよいのではないだろうか。元純陀は儒教的な生き方に抗したわけではないのではないか。

実家の後ろ盾

　李氏によれば当時の漢人の道徳とは異なる夫婦の親密な関係は妻の実家の後ろ盾によるという。北魏において母系を重視する鮮卑の慣習が漢化されるのは緩やかだったということは納得がいく。母が再婚した場合に元の夫との間の子には父の妻ではなくなった生母への服喪の義務はない。家族内の母の地位に関わらず生母への服喪期間を引き上げたのは母子間の情であるという。しかし，儒教倫理としても実の母子関係の孝は否定できないから，許容範囲内では生母の服喪は重くできる。庶子が嫡母と生母の服喪を同じにすることはできなかったのである[11]。いずれにしろ中国では「母」を持ち出さねばならない。中国では女性統治者は母になることが条件であり，日本と新羅ではそうではなかったことを李氏が印象深い感想として話されたことに会場は共感したことであった。

日本の女帝

　義江報告では女帝の問題は王権の歴史をたどるだけでは明らかにならないことが力説された。女帝即位の基盤として，3世紀の女性統治者は王位だけでなく小首長層にも存在し，政治参加は男女ともに行っていたこと，6世紀豪族の男女がともにヤマト王宮に出仕したこと，8世紀の律令制においても女官が国政に参与していたことなどがあり，親族構造が双系的であることにより政治的地位や氏族名，財産等が父母双方から男女の子に受け継がれたことがあげられた。異母兄弟姉妹の結婚は許容されていたため，父系近親婚が行われ6世紀から8世紀末までの時間をかけて父系氏族が形成されていった。キサキが生んだ王位継承候補者たちは同母集団ごとに母のミヤに居住していたが8世紀末にはミヤの独立性が失われ，女官組織も形骸化した。同時に女帝も終焉を迎えたということである。

　義江報告の意義については，前述のおふたりの報告へのコメントと後述の全体へのコメントの中に込めさせていただく。

共通点と意義

　コーディネーターは3報告の共通点と意義について，①女主の問題は狭い意味での王位継承問題ではなくそれぞれの時代のジェンダー構造を反映するという問題意識を共有した。②女主が権力を行使できたのは，女性が活躍している社会基盤があったからこそで，女主の統治が例外的現象ではないという視点を共有できた。③女主の問題を通して，東アジアのなかの地域独特の状況に即して分析する姿勢がとられ，それは古代史の見直しのために刺激になる，ということを述べた。

　討論では姜氏が日本の女帝論が新羅女王の研究と共有できる部分があり，中継ではないという視点は応用できる，古代国家の完成とともに女帝が終るのは韓国も同じではないかということを述べられた。この点は日本の女帝研究の成果が際立つところであり，新羅に関しても社会的基盤がより明確になることが期待される。新羅に女官が存在したといっても，衣料の工房関連と宮廷の保育に「母」としてみられること（『三国史記』雑志第八職官中）が知られているにすぎないのではないだろうか。また，女主による仏教の受容が3国の接点になったが，新羅と日本では儒教への対抗ではなく国をまとめる思想として受容され，政治や外交に役割をもつものであったが，中国では父系社会における女性の解放の原動力となったという報告であり，新羅や日本では父系社会が確立していないから仏教の役割が中国とはことなる，という発言があった。しかしながら，前述のように仏教と鮮卑社会の漢化との関係性は不明確であった。女主と仏教の問題はあらたな論点として重要である。

　シンポジウムでは史料批判を含む基本的な問題点を扱えなかったため，多くの前提となる課題を超越してジェンダーに言及せざるを得ない。古代の女主は父系男王の中継ぎとして臨時に即位した特例ではなく，じっさいに重要な統治者で，政策にもジェンダーは現れない。背景となった社会のジェンダー構造も比較的平等であった。統治者はまず男性，その後で女性という優先順位はあっても，女性は排除されないという日本と新羅の共通性が鮮やかに印象深く示さ

れた。中国では，服喪の問題に代表されるように，あった[12]。しかし，日本の女帝の継続性と何代もかけて父系的古代国家の形成に荷担したことに注目すれば，女王の性質にジェンダーの問題は存在する余地がない。

国際研究交流の要望

　日本側からいえば，日本古代の女帝に関しては研究史や研究の現状，到達点についての知見があり，義江氏の論について理解することができる。日本古代の女帝や女性の地位をめぐる研究が詳細に行われているのに比して，古代朝鮮についてはもどかしく感じられたり，中国についてもたとえば膨大な墓誌群を資料としてどう見ればよいのか戸惑ったりする。日本における古代東洋史研究にも蓄積があり，近年の研究にも目を開かれる。今回の国際シンポジウムはたんに国際的な研究集会に参加することでは得られない，充実したものであった。そのために関係者が払った努力と労力は多大である。今回のようなシンポジウムは特別な機会であり，もっと容易な形で，日本の研究成果を知ってもらったり，こちらが知りたいことについての他の国の研究成果を知ることができたりする交流はできないものであろうか。研究の現状は，そのことが切望されているといえよう。

注
1) 伊集院葉子氏と姚毅氏がコーディネーターとして活躍され，適切な論点の整理や総括を行われた。
2) 井上秀雄「朝鮮の王権とシャーマニズム」井上光貞・西嶋定生・武田幸男・甘粕健編『東アジア世界における日本古代史講座』第10巻，学生社，1984。
3) 礪波護・武田幸男『世界の歴史6 隋唐帝国と古代朝鮮』中央公論社，1997。
4) この点についてはコーディネーターの伊集院氏が指摘されている。木村誠『古代朝鮮の国家と社会』吉川弘文館，2004 など。
5) 武田幸男編『新版世界各国史2　朝鮮史』山川出版社，2000。
6) 朱甫暾．内山正文・押川信久訳「新羅骨品制社会とその変化」『朝鮮学報』196，2005。
7) 前掲井上

8) 真興王, 真智王, 真平王と続いて, 善徳という諡になっている。次は真徳になるが, たまたまそうなっただけなのだろうか。系譜上の操作は隠れていないのだろうか。
9) 李成市「新羅僧・慈蔵の政治外交上の役割」『古代東アジアの民族と国家』第2編第8章, 岩波書店, 1998。
10) 神矢法子『「母」のための喪服』日本図書刊行会, 1994。
11) 李貞徳『中国儒教社会に挑んだ女性たち』(原題『公主之死』) 大修館, 2009。

古代東アジアの女帝・女王について
―― 第1セッション・コメント ――

李成市

はじめに

　日中韓女性史シンポジウム「女性史・ジェンダー史からみる東アジアの歴史像」（2013年11月）が開催され，このシンポジウムを受けて，当日の第1セッション「女帝・女王・女性権力者の存在形態と国家[1]」における成果と課題について児島恭子氏が総合女性史学会大会（2014年3月）で報告された。本稿は，当日の児島報告に対するコメントとして要請された内容に基づいている。

　児島恭子氏は，5世紀から9世紀における中国・新羅・日本に共通して現れた女性統治者について，これを歴史的に取り上げる理由を次のようにまとめている。すなわち，中国の影響下にあった古代日本と朝鮮において女帝・女王が国家の転換期に存在したことの意味を問い，東アジア3国における女性統治者の存在形態を社会基盤及び社会構造との関わりで比較・検討し，国家史の枠を超えた東アジア地域の政治史と社会史の理解に新しい知見をもたらすことを期待するというものである。また，コーディネーターはその主要な論点として以下の4点を挙げている。

1　女性の即位や権力行使の理念と正当性の根拠は何だったのか。
2　女帝・女王即位の社会基盤はいかなるものだったのか。
3　女帝・女王・太后が行使した権力の内容，範囲，施策の特徴は何か。
4　3国各々の当時における「女性君主観」は如何なるものだったのか。

　全ての論点に言及することは力に余るが，古代東アジア3国の女帝・女王を論じるに際して，その存在形態を社会基盤や社会構造と関連づけて考察することは不可欠であり，その上で各々の歴史的な特質を東アジア規模で追究すべき

であるとの指摘は首肯できる。

　周知のように古代日本においては，推古，皇極，斉明，持統，元明，元正，孝謙，称徳といった女性の大王・天皇が，592年より770年までに70年以上にわたって16代中8代6人を占める。新羅においても善徳・真徳（632－654），真聖（887－897）3人の女王統治が約30年存在したことは，新羅が長く抗争を続けていた高句麗・百済には事例がないだけに，朝鮮半島の古代国家の中でも注目すべき歴史事象である。一方，唐においても，則天武后の皇帝即位（690）は中国史上空前絶後であり，高宗の皇后となり実質的な権力を掌握して二聖と呼ばれた660年以降，705年に没するまで40年以上にわたって最高実力者であった事実は，それに先行する日本，新羅の女帝・女王統治時代とほぼ重なるだけに，こうした現象の背景にある社会基盤や社会構造の追究は大きな課題である。

　かかる課題解明の隘路の一つは，日本古代史，中国古代史に比して朝鮮古代史研究にあっては，女王統治を社会基盤や社会構造と関連させるには史料の不足もあって十分な成果がないに等しいことにある。3国の女帝・女王に関する総合的な議論が困難な理由も，そのような研究状況に起因する。本稿では，義江明子氏がシンポジウムにおいて指摘された「なぜ，古代の日本では男女が正当な王とみなされたのか」，また「なぜ，8世紀後半で古代女帝の歴史は終わるのか」といった問いに留意しつつ，新羅史研究の知見に基づきながら女王輩出の社会的基盤を中心に私見を述べることにしたい。

1. 新羅史からみた女王輩出の社会基盤

　新羅は，4世紀頃から対外的な活動が国際的に認知されて以来，935年に滅亡するまで遷都することなく，現在の慶州盆地に王京を定めて支配集団が集住し，彼らは遅くとも5世紀後半には，6つの政治的・地縁的血縁的な集団（六部）からなる支配共同体を形成していた[2]。六部は外方への支配に対しては共同体として一体ではあるが，六部相互間はフラットではなく，喙部・沙喙部の

上位2部から王を輩出するなど他の部を圧倒し，その政治的な優位性は初期段階より顕著であった。

現在まで発見されている6世紀初頭から7世紀後半までの新羅石碑などによれば，その人名表記は，基本的に「職名＋部名＋人名＋官位」となっており，部名は貴人の身分標識として対外的にも誇示すべき指標であった[3]。ところが，7世紀後半に至ると，百済，高句麗の滅亡により，2国の支配者集団の新羅王京への流入と六部人の外方（州，小京）への移住によって，六部に代わる新たな身分制として骨品制（族制的身分制）が創設され，それにともなって六部は次第に王京内の行政区分化すると同時に，かつての部名は人名表記からも消失する。要するに，半島内の人口の流動化に伴って，かつての王京六部人は，王族の骨身分（聖骨・真骨）と6階層からなる頭品身分とで構成される8階層の身分に再編成されたのである[4]。

新羅史の時代区分は一般に「中古」，「中代」，「下代」が用いられるが，「中古」（514－654）とは，6世紀初頭に即位した法興王から真徳王まで140年間にわたる6代の王の時代を指し，この時代の王統系譜は，女王2人を含めて王位の継承が女系を含む四親等内の王族内でなされる特徴がある。「中代」（654－780）とは，太宗武烈王から恵恭王に至る直系男子による8人が王位を継承した時代である。「下代」（780－935）は王族内の女系をも含む他の系譜から王が輩出し王統がめまぐるしく変わりながら滅亡に至る20人の王の時代を指す[5]。

中古の王族は喙部，沙喙部2部に限られ，この2部から王を輩出したことは石碑などの同時代史料によって確認されている。興味深いのは，王族内で同一の父をもつ兄弟，あるいは父子間でも部を異にしている事例が認められることであって[6]，これは母の所属する部が彼らの帰属を決定していたことを暗示している。

男系の男子（父子，兄弟）が王位を継承した中代（8世紀前半）においても，新羅の王族・貴人の同族婚，近親婚が盛んに行われていたことが伝えられている（「兄弟女，姑，姨，従姉妹，皆聘為妻」『新唐書』新羅伝）。このような社

会であれば，出自（部）を決定する要素は，男子の血統ではなく，女子の血統（部）であることが推測される。

　これを裏付けるように，永く逸書とされてきた金大問『花郎世紀』の写本が1989年に発見され，『三国史記』など歴代王朝支配層に儒教の内面化が深まる後代の編纂史料では窺いしれない様々な事実を伝えている。写本が出現して以来，真贋論争が続き，現時点で韓国学界においては偽書説が有力とされるものの，写本の記述内容を内在的に分析してみると，そのような断定は極めて困難である。

　伝来する『花郎世紀』は，新羅貴人の子弟を中心に組織された花郎集団を束ねる歴代の長（風月主）の列伝であって，風月主の事蹟・花郎間の派閥争いと，それを取り巻く新羅社会の諸制度，世系（婚姻・血縁関係記事）等が詳述されている。その内容の特徴を示せば次のとおりである[7]。

　まず第一に，『花郎世紀』は人物の世系について母親が誰であるかを努めて記述する傾向があり，その叙述は明確に，子―母―外祖母という母子の繋がりを重要視している。

　第二に，歴代風月主の条件は，まず（a）風月主本人が元風月主の血縁者であること，次いで（b）風月主の姉妹が元風月主の配偶者あるいは妾であること，（c）風月主の配偶者あるいは妾が元風月主の血縁者であること等からなっている。出自の良くない男子は，（b）（c）の条件が必須となっている。つまりは，元風月主と関わる高貴な女性との関係が必要条件とされていたのである。母系的要素は風月主の選出に影響力を持ち，風月主本人だけでなく，その配偶者の属する母系血縁集団の協力も極めて重視されている。

　第三に，親族呼称に表れる母系的要素である。『花郎世紀』に見られる「キョウダイ」に関する語彙には，大別してつぎのような3つに分けられる。すなわち，まず（a）単独で「兄」・「弟」・「姉」（女兄）・「妹」などとで記すもの，（b）「胞兄」・「胞妹」のように「胞」字を付すもの，（c）異父同母弟，異母兄・同父兄弟・同父兄弟，同腹弟などの説明を付すもの3種類である。（a）の単独でキョウダイを指称する場合は，母を同じくする兄弟である。そ

して（b）の胞兄・胞妹のように「胞」字を付すのは，同腹兄弟である。ただし留意すべきは，胞キョウダイだけでなく，ただキョウダイと記される者は，父親が同じであろうと異なろうと必ず同腹の者を指し，子の出自を母親との関係から説明することを基本としている。あえて（c）同父異母兄弟を指す際には，異母兄とか庶キョウダイというような説明的な用語が用いられている。これらの親族呼称の記述のあり方から，『花郎世紀』はキョウダイが母を同じくしているか否かを重要な基準にしてキョウダイを分節していることがわかる。『花郎世紀』に登場する高貴な身分の女性たちは，複数の男性と関係をもちつつ，各々の男性との間に子をもうけており，8，9人との男性と各々子供をもうけた美室のような女性もいる。このような婚姻形態であれば，上記の如きキョウダイの呼称が同一の母であるか否かが最も重要な基準にならざるをえないのは必然である。

　第四に，母の遺産を娘が継承している事実である。たとえば，『花郎世紀』には思道太后の膨大な遺産が，娘の銀輪公主へ，銀輪公主から娘（夏姫）の娘にあたる尹華へと継承されている。新羅では，真骨貴族には各々「宮」と互換的にもちいられる「宅」があり，「宮」とは財貨，田荘に加えて，奴僕などの従属民を含む経営体であった[8]。このような財産が母から娘へと継承されていたことを意味する。

　第五に，『花郎世紀』の記述対象の時代が降るにつれて親族名称が父系に変化していくことである。『花郎世紀』は6世紀末から7世紀後半を転換期として，孫の親族に関する表記が母方（外祖父母―外孫）から父方（祖父母―孫）による繋がりへと変化する。さらに非嫡出子についても初期には頻出する「私子」（女性側から見て正式な婚姻関係を結んでいない男性との間に生まれた非嫡出子）が減じて，それに代わって「庶子」（男性側から見て正妻でない女性との間に生まれた非嫡出子）や嫡出子の「嫡子」の語彙が増加していく。つまりは，同一のテキスト内部において，途中で母系から父系へと親族名称の変化が認められるのである。これは父系を社会的基盤とする唐との外交上の接触が頻繁となることによって血縁秩序の観念に変化が生じ，それの変化がテキストに反映

されたものと解することもできる。『三国遺事』など私撰の史書に断片的に垣間みられるように，母系をもって家系を表示する方法は高麗初期まで継続していることと併せて考慮すれば[9]，『花郎世紀』は新羅支配層における通念の変化を映し出していると推量される。

　このように『花郎世紀』の叙述は，登場人物の血縁婚姻関係を母系的論理から説明するだけでなく，時代が降るに従って母系的論理よりも父系的論理が優先されるべき時代の価値観が盛りこまれている点で極めて特異なテキストと言わざるをえない。写本を所持していた朴昌和（1889－1962）は，宮内省書陵部の嘱託を勤めていたことがあるが，彼が活動した植民地期は，いわば父系論理を徹底化する族譜編纂の最盛期であることを勘案すれば，上述のようなテキストの特徴は近代人の想像の及ばない別世界と言わざるをえない。さらには近年発掘された出土文字資料によって初めて知りうる内容をも含むなど，偽書と断定することは困難である。『花郎世紀』が伝える世界こそは，7世紀に登場した2人の女王輩出の社会的基盤として軽視できない。

2. 善徳・真徳女王時代が行使した権力の内容と施策の特徴

　善徳王・真徳王代の新羅における諸政策の中でも，特徴的なことは積極的な外交政策である。すでに善徳の父・真平王（579－632）から始まっていたことではあるが，とりわけ軽視できないのは，この時代から開始された対倭外交である。

　というのも，統一期の新羅の外交機関は領客府であったが，その前身は倭との外交交渉を掌る倭典とされており，倭典の設置は591年であった事実に注目されるからである。零細な文献の考証から導き出された創設年代であることから，全く疑念がなかったわけではないが，近年，蔚山伴鴎洞遺跡から新羅時代の港湾施設が発見され，その遺跡から6世紀末の慶州出土と同一の官衙ないし王室寺院で使用されたものと酷似する瓦が検出された。蔚山港は，王京から20キロメートル南に位置し，これまでも新羅の外港としての役割を担ったと

推定されていたが，このたびの港湾遺跡の発見によって，この頃に新羅が対倭外交を積極的に開始していたことが裏付けられるようになったのである[10]。

　真平王を襲った善徳王は，引き続き対倭外交を安定的に進めると同時に，百済・高句麗の挟撃に対して唐への積極的な外交活動を展開したことでも知られている。新羅の外交は，善徳・真徳2人の女王時代に大転換を遂げたと言ってもよい。

　一方，日本側から見ても，日本の女帝の時代（592 – 770）とは，新羅との外交活動が最も盛んな時代でもあった。上述のように倭典が設置されたのは，591年であり，新羅から日本に送られた最後の遣使は，779年のことであった。

　この間，新羅は百済，高句麗との激しい戦闘をくり広げる中で，外交戦略として唐との外交を如何に展開するかが最大の課題であった。それを反映するのが新羅の外交機関の変遷であって，新羅は591年に設置した倭典を621年に領客典と改編している。その後，624年に唐から「楽浪郡公新羅王」に冊封されているように，唐との外交を本格化するために上記の如く倭との外交を掌っていた官司を改編し改称させたのである。651年には，領客典を領客府へと中級官司から上級官司へと更に拡大，再編させているのは，唐の衣服を採用（649）したり，唐年号を採用（650）したりした親唐政策に呼応した措置であった[11]。こうした百済・高句麗との抗争の中で，唐との連携を強め，親唐政策を実現させたのが善徳・真徳の時代であった。

　とりわけ，真徳女王時代の対唐政策は際立っており，金春秋を倭国へ派遣させた後に，唐へと派遣し，唐の衣冠制の導入や，唐年号の採用などを実現させている。こうした真徳女王に対する唐側の評価を示すものに唐太宗の昭陵がある。すなわち，西安近郊の九嵕山を陵体とした昭陵には，北斜面にある祭壇，司馬門の東西両廊に石馬・石人が配されており，そこには吐蕃，新羅，突厥諸族，薛延陀，吐谷渾，亀茲，焉耆，高昌，林邑，帝那伏帝，于闐の君長14体の石像（十四国蕃君長石像）のあったことが文献に伝わっていた。それらはいずれも630年から648年におよび太宗の対外活動によって帰服，服属した諸族・諸国の君長であったが，近年「新羅楽浪郡王金真徳」と記された台座の破

91

片の一部と共に，女性の衣服のレリーフのある下半身部分が発見された[12]。新羅の真徳王が太宗の対外政策に深く関わった一四国蕃君長に東辺諸国としては，ただ一人列しているのである。真徳王の下で展開された対唐外交の評価と東辺諸国の中で新羅の占めた位置の高さがみてとれる[13]。

ところで，則天武后の外交は，実質的に帝位にあった時に北アジア・東北アジアでの異民族の離反が目立つものの，必ずしも国際関係に無関心ではなかったとの指摘がある[14]。実際に睡簾の政（660 －）の時代から積極的に軍事活動に関わっており，李勣，劉仁軌らに百済，高句麗を滅亡させたり，旧百済人・黒歯常之に吐蕃を討たせたりしている。

こうした則天武后の対外的な軍事活動と同時に注目されるのは，この過程で，百済・高句麗の滅亡後に両国の王を昭陵に連行して跪かせるなどの儀式が文献に伝わっていることである。この事実は昭陵の祭壇に配された「十四国蕃君長石像」の中に女性像を模った真徳女王の石像がそこでの儀式のたびに常に則天武后の眼前に存在していたことを想像せしめるのであって，真徳王の唐朝への功績が可視化されていたことの意味は小さくない。そもそも新羅の女王統治問題は，唐に軍事支援を求める新羅に対し，これにつけ込んだ太宗の内政介入策によって毗曇の乱（647 年）が引き起こされ唐の朝鮮半島への積極的な軍事介入を招く契機となったのであって，唐朝が問題化させたのである。そのような難局に，新羅の唐との緊密な関係を造成した真徳女王の存在が唐の実権を掌握した則天武后を始め唐朝の支配層に広く知られていたことに留意したい。

おわりにかえて——同時代に女帝・女王が誕生した背景

本稿では，まず新羅支配層の社会基盤を検討したが，そこには女系を重視する習俗が濃厚に認められる。新羅には明らかに古代日本の支配層の婚姻習俗との類似性が確認できることは重要である。

『花郎世紀』の叙述を始め出土資料などからも男女が正当な王となりうる背景となった日本古代の社会構造や社会基盤との類似性や，それに基づく支配層

の財産所有や，相続・継承などについても，同様に古代日本との類似が認められる。

新羅社会に実在した母系的な要素は，その後の朝鮮社会にまで継承されており，父系的な親族構造が社会的な趨勢として確立するのは17世紀以降のことである。ただし，本稿で述べたように新羅社会の支配層では，表面的には父系の親族構造があるかのような中国の礼的規範を表層では受け入れており，たとえば実態はなかったにも拘わらず，王と王妃が別姓であるかのように装うことも行われている[15]。その歴史的背景には，7世紀末・8世紀初から唐への使節が頻繁に遣わされていることや，9世紀に至ると唐の賓貢科及第者が増加していくことも深く関わっていたであろう。唐との人的交流の中で，新羅社会の支配層に中国の礼制は急激に浸透していくのである。

その一方で，『花郎世紀』にみる新羅女性の行動や地位については，漢族とは異なる北族の女性に共通する習俗を見て取ることができる。とりわけ南北朝末期の顔之推による『顔氏家訓』に描かれた当時の女性の社会的な地位やその強さや逞しさなどは，『花郎世紀』に登場する女性たちを彷彿とさせるものがある[16]。女王の権力の行使については，すでに姜英卿氏の指摘にあるように，新羅，日本における共通点として，外交・軍事の難局に女帝・女王が積極的に関わっていたことは，本稿でも強調したとおりである。善徳・真徳王は，活発な政治的外交政策の担い手，推進役となっており，あたかも推古から持統に至る大王たちと類比的である。

ところで，こうした女王たちが東アジアにおいて同時代に輩出した現象，つまりは女帝・女王即位の同時性の要因をどこに見出せばよいだろうか。古代日本と新羅の社会構造や社会基盤の類似や，女帝・女王の行使した権力の同質性などから，偶然とみるよりは，相互の関係性ないしは連動性にこそ注目すべきではないだろうか。その際に，6世紀末の倭王権における女王の誕生期に，新羅との公的な外交交渉が開始されたことは軽視できないであろう。

というのも，既述のように善徳王の父・真平王（579－632）が開始した倭国との本格的な外交は，新羅が交戦していた高句麗・百済と連携する倭への戦

略的な外交として展開されたが，そのような倭国との外交交渉の中で，倭国の女王統治は，女王の即位を可能にするような酷似した新羅六部社会の中で，少なからず影響を及ぼしたと推測されるからである。新羅と倭国の相互間の交渉によってもたらされた「情報[17]」（ミーム）が大きな契機となったのではないだろうか。とすれば，昭陵に詣でた武后を始め唐朝の権臣にとって，新羅女王の実在は周辺国の事例であっても女帝即位を構想する大きな契機になり得たのではないだろうか。倭国から新羅へ，そして唐への影響関係をあえて提起してみたい。

注
1) 第1セッションの発表者と表題は下記のとおりである。姜英卿「善徳女王の即位背景と統治性格」，李貞徳「女主の世界―6世紀・比丘尼の生涯から」，義江明子「日本古代の女帝と社会」。
2) 武田幸男「新羅六部とその展開」『朝鮮史研究会論文集』28，1991。
3) 前掲 武田幸男「新羅六部とその展開」。
4) 李成市「新羅文武・神文王代の集権政策と骨品制」『日本史研究』500，2004。
5) 末松保和「新羅三代考―新羅王朝市の時代区分」『新羅史の諸問題』東洋文庫，1954
6) 武田幸男「蔚州書石谷における新羅・葛文王一族」『東方学』85，1993，武田幸男「蔚州書石「癸己年六月銘」の研究」『朝鮮学報』168，1998。
7) 以下は，吉田愛「『花郎世紀』の基礎的研究―世系・血縁関係記事を中心に」（『史滴』30，2008）に従う。
8) 李成市「新羅浦項中城里碑について」『日韓歴史共同研究プロジェクト　第13回・第14回シンポジウム報告書』2013，日韓相互歴史研究会〔一橋大学〕。
9) 井上和枝「古代朝鮮の系譜意識と女性」歴史学研究会編『世界史史料』3，岩波書店，2009。
10) 蔚山発掘研究院文化財センター『蔚山伴鴎洞遺跡』蔚山大学，2009，蔚山。
11) 李成市『東アジアの王権と交易』青木書店，1997，李成市「新羅僧慈蔵の政治外交上の役割」『古代東アジアの民族と国家』岩波書店，1998。
12) 馬海蜆・郭瑞『唐太宗昭陵石刻瑰宝』三秦出版社，2007，西安。
13) 李成市「六―八世紀の東アジアと東アジア世界論」『岩波講座日本歴史』2，2014。
14) 金子修一「則天武后治政下の国際関係に関する覚書」『唐代史研究』6，2003。
15) 武田幸男「朝鮮の姓氏」『東アジア世界における日本古代史講座』学生社，

1984。
16）氣賀澤保規『則天武后』白帝社，1995。
17）リチャード・ドーキンス『利己的な遺伝子』（日高敏隆他訳，紀伊國屋書店，1991）の中でドーキンスは「ミーム」なる概念を提起し，遺伝子が精子と卵子を通じて人から人へと伝わり広まってゆくのと同じように，ミームは心から心へと移り広がってゆくことを指摘する。ミームは心から心へと移り広がってゆき，競争に勝ったミーム，すなわち最も多くの心に入りこむことに成功したミームは今日の文化を形成する活動や想像に大きく関与する事例を挙げている。

第Ⅱ部

第2セッション（10〜18世紀）

家と婚姻，相続

第2セッション趣旨説明

井上和枝(文責),長島淳子,野村育世

　第2セッション設定の目的は,1996年に行われた「アジア女性史国際シンポジウム」の分科会「家父長制と女性」での論議を,その後の研究蓄積を取り込んでどう発展させるかという点に置かれている。同シンポジウムでは,東アジア3国およびインドを比較・検討し,その特徴を提示するとともに,「家族形態としての家父長制」・「支配のシステムとしての家父長制」の位置づけを試みた[1]。その結果,浮き彫りになったことは,同じ儒教文化圏と言われる中国・朝鮮・日本での家父長制家族構造の「多様性と共通性」であった。『女性の性を父系血統継承の手段とみなす婚姻と親族制度』としての家父長制家族」[2]という共通性をもちながら,家父長制成立の時期と展開過程,その内実も各国毎に異なっていることがわかった。今回の第2セッション「10～18世紀　家と婚姻・相続」は,そこで提示された「多様性と共通性」をめぐる論点の中で,「家」(親族組織)・婚姻・相続という女性の生活や地位と直結する問題に焦点をあてて,日本・中国・朝鮮三国の比較を行なおうとするものである。

　五味知子氏「中国『近世』の女性と家」では,宋代から清代にかけての中国の家族「原理」の一貫性と実態の変化という両面から,家・相続・婚姻(一夫一婦多妾制・聘財・離婚)に関して論じていただく。祖先祭祀を核としてなり立っている中国の家は,父兄血縁による家の継承,男子間の均分相続,妻妾の厳格な区別などの「原理」が強固に存続しているとされていたのに対し,その「原理」が時期的に変化していくこと,また,異姓養子による承継や「女子分法」など「原理」を離れた実態が存在していたこと等も提示し,この間の当該分野の研究の進展を土台に東アジア三国の比較に重要な論点を示してくださるであろう。

豊島悠果氏「高麗・朝鮮時代の婚姻と相続―朝鮮後期の変化を中心に」は，高麗から朝鮮初期の親族・家族関係が朝鮮後期に大きな変化を遂げたことを，親族組織の変化，婚姻形態・婚姻儀礼・財産相続と祭祀相続を検討対象としてまとめていただく。従来の研究で明らかになっている，父系・非父系親族均等視から父系親族の重視へ・男帰女家婚から親迎制（嫁入り婚）へ・妻方居住期間の短縮化・祭祀相続における女子の排除と長男の単独奉祀へ・男女均分相続から長男優待女子差別相続へという17世紀中葉に顕著になった諸変化について，その歴史的・社会的要因を父系集団の形成と同族意識の強化および対外戦争との関連で論じる。

　久留島典子氏「日本中世後期の婚姻と家」では，14世紀から17世紀初めの日本の「家」に関して，その成立と婚姻関係に絞って報告していただく。日本前近代の「家」の編成原理を上級権力とのつながりおよびその権限分与との関係で規定し，婚姻と血縁関係を基本とする同居集団・生活組織，双系的，所有主体・経営体，永続的社会組織という「家」の特徴が形成される歴史的変化を明らかにする。同族結婚に対するタブーや父系集団意識も強くなく，親族組織を特に重視しないという日本の「家」の特色の提示は，それと性格が全く異なる中国や朝鮮の「家」や「親族組織」と比較する時，多くの議論を呼び起こすであろう。

　3つの報告において，各地域研究の進展の度合いと研究関心の違いによって，日本と中国は「家」の成立と変化を，朝鮮の場合は，個別の「家」ではなく，同族組織の成立とそれに伴う変化を扱うことになる。また，日本と朝鮮において「家」や同族組織の成立，それに伴う歴史的変化が報告の中心になるのに対し，中国の場合は，「原理」と現実の乖離に重点を置く報告になるであろう。これはまさにそれぞれの地域の歴史的特性を顕著に示すと考えられ，このセッションで議論を深めていただきたい重要な点である。

　第2セッションでは，フロアからの質問や意見をいただく前に，野村育代氏に指定討論をお願いし，本セッションの内容に対する論点の整理を行い，さらに深い理解を共有したいと思う。

注
1) 長野ひろ子「第4章家父長制と女性，課題と論点」『アジア女性史　比較史の試み』明石書店，1997
2) 李効再「韓国の家父長制と女性」前掲『アジア女性史　比較史の試み』。

中国「近世」の女性と家

五味知子

はじめに

　中国の「家」について考えようとするとき，注意しなければならないことの一つは，その根本となる「原理」が長期間にわたって変化していないように見えるということである。滋賀秀三氏の大著『中国家族法の原理』では，その「原理」自体は，おおむね漢代から清代にいたるまで一貫していると述べられているが，最近の研究によれば，滋賀氏の示したような「原理」に基づいた「家」の存在が実証できるのは，宋代以降のことである[1]。本稿では，唐代から宋代にかけて，女性と家の関係にも影響を与えた大きな社会変化が起こったことを意識しながら，分析を行っていくことにする[2]。

　もう一つ注意が必要なのは，中国の「家」の「原理」と実態のずれである。原理は重要であるが，それに重きを置きすぎれば女性の生活実態や社会の変動について十分に検討できなくなる恐れがある。ある概念が生まれた時期と，それが観念的に優勢を占めるようになった時期にも差があるうえ，それが広く普及し，生活の中で実態として根付くまでには非常に長期の過程があることが一般的だからである。たとえば，纏足は女性は外で働くべきではないとする観念に由来すると解釈することも可能であるが，纏足が実態として行われたことが確認できるのは，13世紀初めの高級官僚の妻や娘の事例である[3]。一方，家の中にいる女性は，男性が外で従事する事業に口出しすべきではないという考え方は，『礼記』の中に既に表れていた[4]。つまり，その間には非常に長い時間の隔たりがあるわけである。原理と実態は分けて考えるべき問題であり，それは女性と家について検討する際にも同じである。

　女性の生活実態を明らかにすることは中国女性と家について知るうえでは，

非常に重要である。一方，中国の家族を根底で支えているイデオロギーに目を配ることも，欠かせない。そこで，本稿では「原理」の部分と歴史的実態の双方に触れながら，できる限り両者を分けて論じるように心がける。

1. 家

　最初に中国の家の原理について述べていくことにしよう。中国の家は祖先祭祀を核として成り立っている。家族を樹木にたとえるならば，祖先はあたかも幹や枝のようなものであり，現在の家族は若芽のようなものであるという[5]。したがって，祖先祭祀は現在の家族の繁栄に欠かせないものなのである。その祖先祭祀を担うことができるのは，祖先と同じ男系の血を引いた子孫のみである[6]。その理由は，生命の根本エネルギーである「気」は，父から子へと受け継がれ，母が子に与えるのは肉体の物質的部分（「形」）であると考えられたことにある。

　父系の血のつながった人びとそのもので構成される中国の家は，家業や家名といった家の枠組みの部分や「人」以外の要素によって維持されることはなく，あくまで祖先祭祀を継承することのできる「人」，すなわち父系の男性子孫によって保たれる。このようなシステムの都合上，女性は自分の出生した家の祖先祭祀に組み込まれない。未婚の女性が死亡しても，祖墳に葬ることができないのはそのためである。女性は結婚によってはじめて，夫の宗の中に夫と一体となって位置づけられ，祀り祀られる関係の中に確固としたポジションを得ることができる。すなわち，夫の祖先を祀り，夫の子孫から祀られる存在となるのである。夫妻は必ず同じ墓に合葬され，位牌も夫妻で対となっている。

　次に，家の現実的部分，家族に目を向けてみることにする。唐と宋の違いとしてしばしば挙げられるのが，門閥貴族の没落と科挙官僚の台頭である。大澤正昭氏によれば，唐代においては，婚姻は夫の一族と妻の一族の結合であり，娘を切り離して別の一族の嫁にするニュアンスは乏しかった[7]。しかし，宋代においては，婚姻の族的結合の色彩は薄れ，夫婦と子どもが一体となった小家族が成立して，少なくとも上流階層においては家族規模が縮小する傾向が見ら

れるようになる[8]。

　ところが，王朝を支える世族の不在が意識されるようになって，宋代には逆に父系血縁組織である宗族の形成が志向されるようになった[9]。これにより，父系相続制度は一層明確なものとなり，男児を重んじ，女児を軽視する傾向は強まっていった[10]。さらに，明代後期からは里甲制〔明初に制定された戸数を単位とする地方自治制度〕が弛緩し，国家権力が弱体化する中で，「新宗族運動」ともいうべき動きが広まり，宗族の防衛・相互扶助に力が入れられた。その一つの表れとして，宋代から本格的に編纂された族譜は，明末清初に編纂の隆盛期を迎えた[11]。

2. 相　続

　中国において，相続は一般に「承継」，「継」，「継承」などの言葉で表現されるが，ここではその代表として承継という言葉を用いる。それは，人のあとを継ぐ「継嗣」と祭祀を受け継ぐ「承祀」と財産を受け継ぐ「承業」が一体となった概念である[12]。実の息子は当然，承継に対して第一の権利を有している。息子が複数いるときには，平等に共同承継人となる。息子がいない場合には，同族の中の，子と同じ世代の男性を承継人とする。娘や婿養子，義子は理念的には承継の権利を持たない。ただし，承継者がなく，家が絶える「戸絶」のケースでは，娘に遺産が渡される可能性がある。また，娘や義子は祭祀や「人」を受け継がないため，承継という言葉では表されないが，娘や義子に対して財産分与をすることがあり，それは「与」，「撥」，「批」などの言葉で示される[13]。妻は再婚しないかぎりは夫の財を継承する権利を持つが，それを勝手に処分する権利はない。

　息子間の家産分割について，先行研究に基づきながら，さらに見ていくこととしよう[14]。全ての男児は嫡庶にかかわらず，財産を平等に相続する権利を有する。違法な関係（姦通）から生まれた子ども，すなわち「姦生の子」はそれに当てはまらないとされるが，もし認知されれば，やはり平等に扱うことが多いようだという。また，地域によっては，長子が祭祀に特に重要な役割を果た

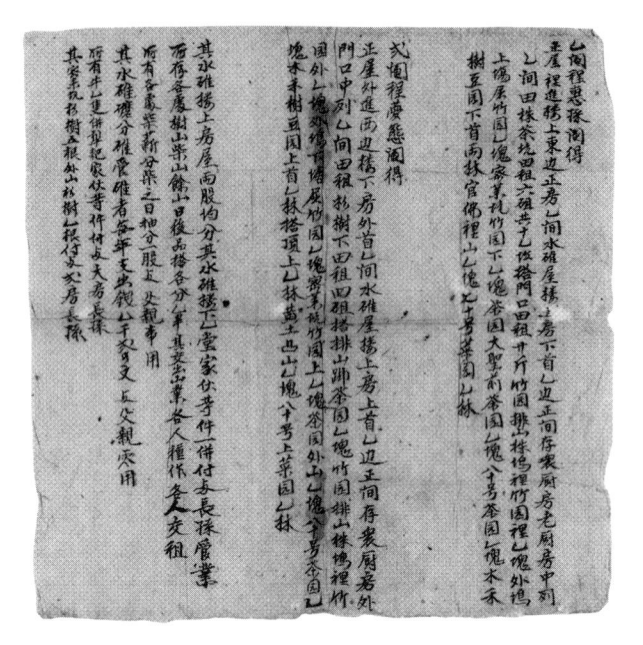

「程閑元妻張氏所生弐子夢惠, 夢態鬮書」
臼井佐知子『徽州歙県程氏文書・解説』東京外国語大学院地球文化研究科21世紀COE「史資料ハブ地域文化研究拠点」本部, 2006年

すとして, 余分の財産を与えるケースが見られるが, その額は決して多くはない。

「近世」の文書にはくじ引きで財産を均等に分割したことを示す「鬮書(きゅうしょ)」が多く残っている。兄弟たちが分家をする際は, まず受け継ぐべき財産を均等に分け, 平等であることを確認する。均分したら, くじ引きによって, どの財産を受け継ぐかを決め, 証明として文書を残すのである。注意しておかなくてはならないのは, 兄弟たちが分家をした後も, それらの家には日本のような本家や分家といった区別がないことである。

息子たちが家産分割をするとき, 娘は財産分与に預かることができないが, ただ結婚のための持参財産を得る権利を持っているので, それは家産分割の対

象に含めないか,あるいは彼女が出嫁するときには兄弟が均等にそのために支出する旨を記しておく。未婚の男性のためにも,結婚費用が取り置かれる。

　次に「原理」を離れてそれとは異なる実態についても見ていくことにする。第一は,異姓養子についてである。上述したような祖先祭祀の原理からすれば,異姓養子に承継させることは許されないはずである。しかし,多年同居した義子にほぼ実子に近い形で財産を分与することは常であり,時間の経過によって次第に同居先の一族に同化することもあった[15]。宋代の『清明集』では息子を連れて再婚し,子の姓を嫁ぎ先の姓に改めていた事例があるが[16],近代にいたっても,妻の連れ子を承継人とする事例が見られた[17]。阿風氏は明中期から清代にかけて,宗族意識の強い徽州の中で数多くの「異姓承継」が行われたことを,「戸絶」の回避を志向するものであり,「新宗法運動」と密接に関連したものだと分析している[18]。

　女性に対する財産分与とその権利については,南宋のいわゆる「女子分法」が「原理」に基づいては説明しづらいとして議論の的となった。筆者はそれについて提言を行うことはできないが,先行研究に基づいて簡略にその概要を示しておくこととしよう。議論の発端は13世紀に劉克荘が饒州で扱った訴訟についての史料であり,そこには次のように述べられていた。

　　法では「父母が死んで,子供たちが財産を分割する場合,女子は男子の
　　半分を得ることができる」とする。母胎中にあっても男子である。周丙の
　　死後の財産は三分し,忘れ形見の男子は三分の二を得,細乙娘は三分の一
　　を得るべきである。このように分割すれば,まさに法意に合致する
　　……。[19]

中国法の伝統には,両親死亡時に娘が息子の二分の一という高率で家産の分割に与かるとする規定は,他に類例が見られず,社会的にも男子による均分の原則とは異なるものであった[20]。これに基づき,南宋時代の江南では,女性にも財産継承権があったと主張した仁井田氏に対して,滋賀氏は慣習から遊離した恣意的な法律であると述べ,例外的であることを強調した[21]。この後,柳田節子氏が,明版『清明集』の分析を加えて,南宋における女性の財産権を認め,

逆に永田三枝氏などが，女子分法の例外性を強調するなど，論争はますます活況を呈した[22]。
　これらの論争を概括した上で，大澤氏は中国の基本法はイデオロギーを具体化した側面を持つが，法には複雑な現実を処理するための，理念とは無関係な技術的な側面を持つと論じ，基本原理たる家族法とそれに矛盾するような特別法である「女子分法」はともに生きていたと述べた[23]。青木氏は，「女子分法」論争の問題点として，現在目にすることのできる諸史料からは「女子分法」が南宋に存在したと解するのが最も自然であるにもかかわらず，ことさらこれを異質視してきたのは，これまでジェンダー，エスニシティ，文化，地域といった概念が正面から取り組まれたことはなく，しばしば「中国人」という一つの等質なグループが存在するがごとく論じられてきたことが背景となっていると指摘した[24]。両氏はともに原理に縛られることで，それに則っていない事例を軽視したり，曲解したりすることへの警鐘を鳴らしている。
　両氏が述べるように，中国「近世」の女性と家を扱う際には，「原理」に拘りすぎると，女性と家の実態を見逃してしまう危険性があることに留意しなくてはならない。娘の持参財産についても，同じことが言える。滋賀氏によれば，娘に与える持参財産は，通常はいわゆる嫁入り道具だけである。まれには土地やある程度多額の金銭が与えられるが，特別の状況に行われるだけであり，一般には非常に少なく，南宋の判語（判決文集）に娘への土地分与の例が見えているのも，そこに現れる当事者の多くが相当の資産家であるためだという[25]。しかし，宋代の判語以外の史料を見ても，土地を持って嫁入りする事例は稀ではない。清代の文書史料にも女性の持参財産として土地を与える事例は少なくないし，さらには孫娘や外孫に土地を与える事例も見られる[26]。「権利」として財産分与を主張することは難しかったにせよ，実態として，それなりの額の持参財産を与えられた女性がいたということは無視できない事実といえよう。

3. 婚　　姻
(1) 一夫一妻多妾制

　王朝時代の中国の婚姻制度は，一夫一妻多妾制である[27]。結婚は主婚人（多くの場合は祖父母や父母）が媒人（仲人）を通して取り決める。法律に抵触するような結婚がなされた場合も，罰されるのは結婚した当人たちではなく，主婚人と仲人である。婚礼の段階は結婚契約の成立ともいえる「定婚」とその契約を履行する「成婚」の二つに大きく分けられる。

　唐律においても明律においても，定婚の成立要件としては，①婚書，②私約，③聘財（結納金）のいずれかが必要であるとされている。婚書は男女の生年・月・日・時のそれぞれを干支で表し，主婚人・媒人の名前を記し，さらに二，三言の慶句を加えた簡潔なものが多い。私約が何を意味するかは定かではないが，婚書や聘財の授受がなくても，何らかの手続きを経て実質的に約束が交わされたことが認定できる場合のことであろう。聘財はちぎりを固める象徴的礼物であると同時に，実質的な支払いの意味も持っている。その額には大きな地方差が認められる。

　成婚の際には，男家から乗り物を差し向けて女性を迎える。この際，紅色の装飾を施した花轎で行列を組んで夫の家の門を入ることが，正式な妻の身分獲得の重要な標識となっていた。男家に新婦が到着すると，天地を拝する礼や夫の祖霊や父母を配する礼などを行う。

　妻と妾の区別ははっきりしており，二人の妻を娶ったり，妻を妾に降格したり，妻がいるのに妾を妻に直したりすることは禁じられている。ただし，妻がいなければ，妾を妻に直すことは認められていた。

　妾は原則的に，正妻と同じ家に生活し，日常生活のうえでは家族の一員であるが，夫の宗族のうちでは妻のようなしっかりとした地位を持たない。第一に，妾は自分の実子に対してのほかは母の地位がないうえに，妻があれば妾の実子の親権はまず妻が有することになる。第二に，妾は死後，実子一代に限り祭られるだけである。葬られるときには，祖墳に入れないこともあるが，夫を挟んで妻と同じ穴に葬られることもある。

次に，社会実態としての一夫一妻多妾制に目を転じることとする。大澤氏の述べるところでは，北朝の支配層では北方諸民族の慣行の反映により厳格な一夫一妻制があったが，現実には妾を蓄える者もいたので，夫に妾を持つことを許さないよう，結婚する娘に「嫉妬を教える」ことさえあった[28]。唐律には妻妾の別が明記されていたものの，実際には遵守されていない例がかなりあった。宋代には妻妾の実質的な区別が明確となり，かわりに妻の嫉妬に対する批判が強まった。正妻の地位の保障と引き換えに，嫉妬の自由が失われていったということになる，という。

　『清明集』の中で，妻が夫の蓄妾を怒り，県に訴えた事例があるが，そこでは妻の言い分が認められて，離婚を許され，夫の財産の二分の一を与えられている。夫は末の娘の引き取りも求めたが，これも退けられ，妻に引き取らせることになった[29]。このような事例を見れば，宋代においても妻が妾に嫉妬することへの批判はそれほど強くなかったように思われる。

(2) 聘　　財

　ここでは，聘財の実態について着目する。魏晋南北朝から唐代にかけては，有力一族との通婚を目的として多額の聘財が支払われた。宋代にいたると，貴族の没落などに伴い，聘財の獲得は身分的差異の穴埋めとしてではなく，純粋な経済的価値として考えられるようになった。それに伴い，社会の上流層ばかりではなく，庶民層まで巻き込んだ聘財の獲得競争が出現し，婚姻費用の高額化などをもたらした。勝山氏はその理由として，社会の富裕化などを挙げるが[30]，前述したような，宋代以降の男児重視傾向の強化に伴う，女性比率の低下も大きな影響をもたらしたであろう。

(3) 離　　婚

　離婚について，まず滋賀氏の示す「原理」から見ていくことにする[31]。夫婦ないし男家と女家の協議による離婚は自由に行うことができ，法は干渉しなかった。夫の一方的意思による離婚は七出（①男児を生まない，②淫蕩である，

③姑舅に仕えない，④おしゃべり，⑤窃盗，⑥嫉妬深い，⑦悪疾）の条件に当てはまれば可能であるが，七出の事由があっても三不出（①舅姑の喪をつとめおえた，②貧賤のときに娶り，現在富貴となっている場合，③帰すべき妻の実家が既にない場合）に該当する場合には離婚することは許されなかった。但し，妻が姦淫を犯した場合に関してはこの限りではなかった。夫が失踪して一定期間を経たのち，官に告げて再婚することができるとする規定が宋代以降の法の中に現れたが，それを除いては妻の一方的な意志による離婚というものは，一切認められなかった。

これに対し，離婚の実態に目を移せば，「原理」にそぐわない事例は少なくない。柳田氏は，妻側からの離婚について厳しい制限があったことは事実だが，あくまで律の規定であって，現実そのものではないとし，現実には妻側の主導する離婚は少なくないと述べている[32]。夫の蓄妾に対する怒りから離婚を申し立て，認められた前述のような事例は，管見の限り，明代・清代の事例では見たことがない。

『清明集』には，次のような事例もある[33]。

> 阿張は朱四の妻となっておよそ八年である。……いま朱四は，目は見え，耳は聞こえ，口は話せ，手足もよく働き，いわゆる「蔡人の疾」などという重病になったことはない。（ところが）阿張は故なく彼を「痴愚」と呼んで棄て去ろうとしており，すでに夫婦の義を失ってしまっている。その上，舅に性的関係を迫られたと誣告しており，はなはだしく舅に逆らっているのである。礼では「子がその妻とたいへん仲むつまじくとも，父母が気に入らなければ，これを離縁する」（『礼記』）という。阿張はその夫を訴えたことで夫と仲が悪くなっているばかりか，その舅を訴えたのだから舅にも気に入られていない。事ここに至っては，強いて結婚させておくべきではない。杖打ち六十として離婚を許す。

大澤氏によれば，この事例では杖打ちの罰は加えられたものの離婚自体は承認された。その背景には特殊事情があった可能性もあるものの，妻から離婚を言い出し，それが承認されたという事実は重い，という。嫁が自分にみだらな

ことをしようとしたとして舅を誣告することで離婚に至ったという事例は，明末の『退思堂集』にも見ることができる[34]。4年前から婚家との関係が悪く，ほとんどの期間を実家で過ごしていた嫁が，舅が自分に手を出そうとしたと訴えたものだ[35]。李陳玉は彼女がほとんど実家で過ごしていることから，舅に対する誣告であると考えた。しかし，これ以上結婚を続けさせても関係を修復できそうにないと考えられること，また夫も離縁を願っていることから離縁を許し，結婚時の礼金を返させるほかに特別な処罰は与えなかった。これもまた，『清明集』の事例同様，妻側からの訴えが離婚につながったケースである。

おわりに

本報告では，中国の家族の「原理」の一貫性と，実態の変化やバリエーションに注意しながら，家と女性の関係について論じてきた。「原理」は時代を超えて一定の影響力を持ち続け，イデオロギーとしては中国の人々の観念の中に相当深く根を張っていた。しかし，本報告で見てきたように，「原理」の不徹底，あるいは「原理」からの逸脱と考えられるような社会実態は常に存在し続け，時代によって変化していた。限られた史料から，時代差，地域差，階級差などの大きい女性と家をめぐる社会実態を全面的に明らかにすることは非常に困難である。だが，断片的史料を継ぎ合わせながらでも，少しずつ実態を明らかにする努力は，女性が中国の家において果たした役割や，父系原理だけでは説明できない中国の家のあり方を知るために必要不可欠といえよう。

注
1) 佐々木愛「母の祀り・妻の祀り―祖先祭祀論から『中国家族法の原理』を再考する―」シンポジウム「中国史における家族像の展開」日本大学文理学部，2013年9月21日。
2) 本稿の標題に示す「近世」は，宋代から清代までを想定している。もっとも，宋代から清代の中国は近世か，中世かという論争があったように，中国史研究では時代区分についての見解は定まっていない。なお，本報告は時代区分について何らかの提言を行わんとするものではない。
3) ドロシー・コウ，小野和子・小野啓子訳『纏足の靴―小さな足の文化史』平凡

社，2005。
4) 許曼，石田貴子訳「「内事」と「外事」―宋代福建路地域社会での女性の経済活動」『中国女性史研究』20号，2011。
5) 滋賀秀三『中国家族法の原理』創文社，1967，53頁。
6) 前掲滋賀，34頁。
7) 大澤正昭『唐宋時代の家族・婚姻・女性―婦（つま）は強く』明石書店，2005，67 - 68頁。
8) 前掲大澤，84 - 88頁および188 - 194頁。
9) 小島毅『中国思想と宗教の奔流―宋朝（中国の歴史07）』講談社，2005，212 - 217頁。
10) 前掲大澤，195頁。
11) 仙石知子『明清小説における女性像の研究―族譜による分析を中心に』汲古書院，2011，20頁。
12) 前掲滋賀，117 - 118頁。
13) 阿風「明清時代における婦女の地位と権利―明清契約文書と訴訟檔案を中心として」京都大学大学院法学研究科博士論文，2006，21 - 22頁。
14) 前掲滋賀，247 - 249および250頁。
15) 前掲滋賀，582 - 583頁。
16) 前掲大澤，51頁。
17) 前掲滋賀，599 - 602頁。
18) 前掲阿論文，17頁。
19) 訳文は大澤前掲書，17頁による。
20) 青木敦「南宋女子分法再考」『中国―社会と文化』18号，2003。
21) 前掲大澤，20 - 21頁。
22) 柳田節子『宋代庶民の女たち』汲古書院，2003。永田三枝「南宋期における女性の財産権について」『北大史学』31号，1991。
23) 前掲大澤，27 - 33頁。
24) 前掲青木論文。
25) 前掲滋賀，440頁。
26) 前掲阿論文，22 - 32頁。
27) 前掲滋賀，551頁。
28) 前掲大澤，第2章。
29) 前掲柳田，41 - 42頁。
30) 勝山稔『中国宋－明代における婚姻の学際的研究』，東北大学出版会，2007。
31) 前掲 滋賀，476 - 478頁。
32) 柳田前掲書，41頁。
33) 前掲大澤，51 - 52頁。訳文は大澤氏による。

34）五味知子「「誣姦」与貞節—以晩明至清前期的判牘為中心」『近代中国婦女史研究』17 期，2009。

35）『退思堂集』讞語二, 一件籲球

参考文献

岸本美緒「妻を売ってはいけないか？—明清時代の売妻・典妻慣行」『中国史学』8 巻　1998

ドロシー・コウ, 秦和子訳「中国・明末清初における纏足と文明化過程」アジア女性史国際シンポジウム実行委員会編『アジア女性史　比較史の試み』, 明石書店, 1997

ドロシー・コウ, 坂本葉子訳「中国の衣服と体のイメージ—十六世紀から十九世紀におけるヨーロッパ人の旅行記から」『論集中国女性史』, 吉川弘文館, 1999

合山究『明清時代の女性と文学』, 汲古書院, 2006

五味知子「書評：ドロシー・コウ著（小野和子・小野啓子訳）『纏足の靴——小さな足の文化史』平凡社, 2005 年」三田史学会『史学』75 巻 2・3 号, 2007。

佐々木愛　「程頤・朱熹の再嫁批判の言説をめぐって」『上智史学』4, 2000。

中国語文献（著者名ピンイン順）

陳瑛珣　2010『清代民間婦女生活史料的発掘与運用』天津：天津古籍出版社

郭松義　2000『倫理与生活—清代的婚姻関係』北京：商務印書館

郭松義・定宜荘　2000　『清代民間婚書研究』北京：人民出版社

頼恵敏　2007　『但問旗民—清代的法律与社会』台北：五南図書出版公司

趙鳳喈　1993　『中国婦女法律上之地位 附補篇』台北県板橋市：稲郷出版社（初版：食貨出版社, 1973）

高麗・朝鮮時代の婚姻と相続
――朝鮮後期の変化を中心に――

豊島悠果

はじめに

　朝鮮の「伝統」社会というと，朱子学的規範の実践が重視された社会，父系血統を軸とした親族関係を基盤とした社会，といったイメージでとらえられることが多い。これらは，朝鮮王朝後期の両班[1]（ヤンバン）社会の特徴ということができるだろう。朝鮮王朝建国以来，官僚たちは朱子学を国の統治理念とし，朱子学的規範に則った制度・政策を多く推進していった。そうした中で，次第に両班たちの日常生活においても，朱子学を学び実践することが重んじられ，朱子学は両班社会に浸透し大きく影響を及ぼしていった。儒教的祖先祭祀の実践・重視などはその代表といえよう。また，朝鮮後期の両班社会の特徴ともいえる父系血縁集団（宗族）の形成も，その影響の一つということができる。

　朝鮮において，宗族が形成されるのはおおむね朝鮮後期，17世紀中葉以降と考えられている。この宗族の形成という家族・親族関係上の大きな変化は，必然的に，相続や婚姻習俗のあり方の変化と並行して起こった。なぜなら，朝鮮前期までの社会における家族・親族関係と，それを土台とした相続・婚姻習俗は，父系血統に偏ったものではなく，父系血縁集団の存在を前提としないものだったからである。

1. 高麗・朝鮮前期の親族関係

　両班階層の家族・親族関係について，17世紀中葉以降の変化が指摘され，それ以前のありかたに対する研究が進展したのは，1970・80年代のことである[2]。その一連の研究によって，高麗・朝鮮前期の社会においては，父系のみならず非父系（母・妻系）の親族関係の重要性が高く，父系血縁意識も後代に

比べて微弱であって,朝鮮前期までは宗族が成立していないことが明らかにされた。高麗時代（918―1392）には,こうした親族関係が様々な制度にも反映されていた。例えば,祖父母と外祖父母の喪服を同等に行うこと,また科挙に合格せずとも出仕の機会を得られる蔭叙の規定において,父系と非父系の区別がなく,外祖父・外三寸（母方の伯叔父）・外高祖の職によって蔭叙を受けた事例が少なくないことなどが確認されている。こうした朝鮮前期以前の社会における親族関係を,盧明鎬は両側的親属,李樹健は双系的親族関係,と一連の研究で表現している。

なお,朝鮮の氏族は,同一の姓と本貫（父方の祖先の出身地・本拠地）を有することがその標識となっている。ただし,古代から朝鮮半島の人々がみな,姓と本貫を持っていたわけではない。三国時代,中国との外交関係を展開していく中で,王族など一部の支配層が姓を称するようになり,高麗時代以降,次第に有姓層が拡大していったが[3],多くの庶民が姓・貫をもつようになったのは,朝鮮時代後期のことである。1678年の慶尚道丹城県の戸籍を分析した吉田光男は,ほぼ3分の2の人々が姓や本貫を持っていなかった,すなわち農村部住民の多くが姓・本貫のいずれか,あるいは両方とももっていなかったことを指摘している[4]。また高麗時代には,次のような事例も見られる。1198年,国王の諱（いみな）と同じ「卓」姓を持つ者を改姓させることとしたが,その際,母か祖母あるいは外祖母の姓を名乗ればよい,と上奏されている[5]。また13世紀の武臣,林衍は母の出身地を本貫としていたことが記録されている[6]。つまり高麗時代においては,姓・本貫は父系血統を示すものであるという認識が,未だ確固たるものではなかったとみられるのである。

2. 朝鮮社会における婚姻の変化

高麗・朝鮮時代の社会における婚姻とその変容については,二つの側面から述べるのが適当であろう。一つは朝鮮王朝初期になされた一夫一妻多妾の制度化であり,もう一つは朝鮮後期における婚姻習俗の変化である。

(1) 一夫一妻多妾の制度化

　かつて学界では，高麗社会における婚姻形態は一夫一妻・一夫多妻のいずれであったのか，という論争があった。このような基本的な問題について正反対の見解が存在したのは，史料的制約によるところが大きい。関連史料が豊富に残されているとはいえ，その中でも一夫一妻・一夫多妻を示す史料が両方存在するからである。論争は，1980年頃以降の研究の進展，特に許興植[7]・井上和枝[8]・張炳仁[9]らによって関連史料の網羅的な再検討がなされ，高麗後期～朝鮮初期の戸口資料が活用されたことによってひと段落し，一夫一妻説が定着したと言ってよい。

　高麗社会においては，もともと母方・妻方親族との近密な関係や，後述する男帰女家婚俗を背景とした，一夫一妻の婚姻形態が支配的であった。ただし法制として規定されたものではなく，慣習的に存在したものと考えられる[10]。こうした慣習的一夫一妻の様相は，13世紀後半以降，高麗後期にやや動揺したものとみえ，支配層の婚姻で多妻事例が増加する。その要因について具体的に示す史料は残されていないが，当時モンゴル帝国の勢力下にあったことから，一つには，モンゴルの一夫多妻婚姻の影響を受けた可能性が考えられる。また外国権力の侵入という社会的混乱による風俗の乱れ，あるいは貢女等によるモンゴルへの女性の流出を防ぐという目的意識なども背景や要因として考えられる。

　なお妾に関しては，高麗時代の史料においても良民身分の妾・賤民身分の妾の両方の存在が確認され，妾や庶子がある程度法制に組み込まれていたことも指摘できる。ただし，妾や庶子は制度的保障のない不安定な立場であって，妻と妾の地位には厳格な区別があったと考えられる。高麗後期には，妾を有する者も増加していったとみられるが，そうした傾向の中で，高麗末には妻と妾の秩序が混乱した事例が目立つようになった。このような妻妾秩序の混乱や多妻婚姻の増加は，朝鮮王朝初期の官僚らによって社会問題視され，儒教理念に合致する妻妾制へと改革されることになる[11]。次の記事はその改革時のものである。

司憲府が次のように上奏した。「夫婦は人倫の本であり，嫡庶の分は乱れてはならないものです。…しかし高麗王朝の末には，礼儀の化が行われず，夫婦の義が非常に乱れてしまいました。…妻がありながら妻を娶る者や，妾を妻とする者がいて，ついに今日の妻妾の訴訟の原因となりました。…私共が謹んで明朝の頒降した制律をしらべたところでは，妻がいるのに妾を妻とした者には杖九十を科して，さらに妾を元の立場に戻し，妻がいながらさらに妻を娶った者もまた杖九十を科して，離婚させます。私たちは，かつて仲人を立て婚礼がととのえられたか否かで妻・妾の区別をしてきました。どうか今後は，当人が生存している場合は，妾を妻とした者・妻がいながら妻を娶った者は，みな律によって処罰し，当人が死亡している場合は，離婚させ正しい状態にもどすようにして下さい。…」。王はその通りに施行することとした。(『太宗実録』巻25 太宗13年3月己丑)

　朝鮮では，ここに至って中国と同じく法制的にも一夫一妻多妾制となった。また朝鮮王朝では，刑法として明律を導入し運用したが，一夫一妻多妾制の違反者への罰も明律によって科されることとなった。

　ところで，上の司憲府の上奏の中で，「仲人を立て婚礼がととのえられたか否か」によって妻か妾かを区別してきた，と述べられているように，婚礼は，夫婦としての社会的認知を得るために不可欠な手順であり，これをきちんと行って娶られなければ正式な妻でなく妾とみなされた。では高麗・朝鮮時代，婚礼はどのように行われたのであろうか。

(2) 婚姻習俗と婚礼の変化

　具体的な婚礼の手順をみる前に，まず，結婚に際して新郎新婦はどこで儀式を行い，どこで新婚生活を営むのか，という点を中心に当時の婚姻習俗について述べたい。高麗社会においては，王室を除き，支配層から庶民に至るまで一般的に男帰女家婚[12]が行われていた。男帰女家婚については，高麗時代の諸史料の分析から次のようなことが分かっている。婚姻の儀式は妻家で行われ，新婚夫婦は結婚後しばらく妻家で暮らす。その後は，夫家に移る場合もあれば，

そのまま妻家で暮らす場合，あるいは他所（夫家，妻家あるいは外家（母方の実家）のある地域，またはそうした縁故の確認できない新たな地）に移って居住する場合もある。結婚直後に妻家で暮らす期間に関して，戸籍関連史料に残された事例では3—24年間のものがある[13]。男帰女家婚は朝鮮時代に入っても続けられ，1414（太宗14）年の記事ではこれについて以下のように論じられている。

> 議政府は議論して次のように王に申し上げた……「わが国の典章文物は，みな中国を手本としていますが，ただ婚姻の礼だけは，なお旧俗によって，陽を以て陰に従う男帰女家婚を行っており，子や孫が生まれれば外家で成長するため，人は本宗の重要なことをわかっていません。（『太宗実録』巻27 太宗14年正月己卯）

ここに端的に記されているように，男帰女家婚の習俗では，子供は少なくともある程度の年齢までは母の実家で成長するため，嫁入婚の場合と比べてはるかに母方親族との関係が濃く，また男子は結婚後，妻方親族との関係が密になる。

こうした男帰女家婚は，王朝が支配層における『朱子家礼』の実践や，儒教的価値観に沿った社会風俗を志向するようになると，改正すべき雑俗とみなされるようになった。特に太宗代（1401—1418）には，婚俗の改正とともに，母方・妻方親族に対する服喪規定を軽くすることによって，本宗の重要なことを明らかにし，風俗を正さなくてはならない，という方針を打ち出している[14]。また太宗代には，士大夫家の婚礼は『朱子家礼』に則って行わなくてはならないとしたが[15]，男帰女家婚では婚姻の儀式を妻家で行い，その後新婚夫婦は妻家で暮らすのであるから，嫁入婚を前提とした中国の婚礼を普及させるのは困難であった。続く世宗も太宗の方針を引き継ぎ，1435年には，官僚・庶人の婚姻の儀式次第を規定したが[16]，士大夫家でこれを実施する者はほとんどいなかったとみられる。

では『朱子家礼』に則って定められた婚礼と，男帰女家婚俗のそれとは，具体的にどう異なっていたのだろうか。まず前者の手順を簡単に整理すると，以

下のようである[17]。

婚約　納采　新郎側から新婦側に婚姻を請う書を送る。
　　　納幣　新郎側から新婦側に幣帛を送る。
成婚　親迎　新郎が新婦の家に迎えに行き，新郎の家に連れて戻ってくる。
　　　婦見舅姑　親迎の翌日，新婦が舅と姑に挨拶する。
　　　婦見家廟　その翌日，新婦が新郎家の廟に拝謁する。
　　　壻見婦之父母　新郎が新婦の家に行き，新婦の父母に挨拶する。

納采・納幣がいわゆる婚約の次第であり，親迎以下が成婚の次第である。続いて，男帰女家婚の場合を見てみよう。ただし，その儀式次第全体を記した記録は現存しないため，以下は高麗～朝鮮前期の関連史料[18]によって構成したものである。

婚約　新郎・新婦の父が仲媒人を介して婚姻を決め，新郎側から新婦側に婚書と幣物を贈る。
成婚　初日　夕方，新郎は父や従者を連れて妻家へ到来する。妻家では盛饌をととのえてもてなし，新郎新婦が同寝する。
　　　2日目　妻家に多くの賀客が集まり宴会を開く。
　　　3日目　新郎新婦のために大卓を準備し，妻家で宴饗する。新郎と新婦はこの時はじめて相見の礼を行い，ともに合졸酒を飲み，食事をする。宴饗が終わると，残った食べ物は夫家に送る。
　　　初謁舅姑　新婦が夫の両親を訪問する。

嫁入婚を背景とした『朱子家礼』に基づいた婚礼では，新婦が新郎に連れられて夫家に入る「親迎」が成婚儀式の中核となっている。一方，男帰女家婚を背景として高麗・朝鮮で行われてきた婚礼では，妻家で新郎を迎えて夫婦となり，お披露目の宴会を開く。両者の間にはこのような根本的な差異があり，「親迎」の実施は婚姻習俗の変化をせまるものであったため，王権側の意志にもかかわらず『朱子家礼』に則った婚礼はなかなか普及しなかったのである。17世紀の学者柳馨遠（1622－73）は，当時の多くの士大夫家の婚姻において男帰女家婚が行われ，「親迎」の礼があまり実施されていなかったと記してい

18世紀後半　金弘道『檀園風俗図帖』から　「新行」の図

る[19]。

　しかし一方で，婚礼のあり方を改めようとする動きも継続されており，様々な方法が模索された。まず16世紀後半には，「半親迎」と呼ばれるやや折衷的な儀式がつくり出された。従来の男帰女家婚の婚礼では，婚姻三日目に新郎新婦が初めて相見し，また結婚後しばらくしてから新婦が舅姑を訪問するのが一般的であったが，これに対して，夫婦が相見礼以前に同寝するのは礼に適っておらず，また新婦が舅姑に挨拶をするのが遅すぎるという批判があった。この問題を解消するため，婚姻の日，同寝する前に新郎新婦の相見を行い，翌日に新婦が舅姑を訪問し挨拶するという，「半親迎」の儀式がつくられたのである。この場合も結婚直後の夫婦の生活は妻家で営まれたから，男帰女家婚自体は継続されたようであるが[20]，従来の婚礼を少しでも『朱子家礼』に近づけようと創出された「半親迎」は，次第に士大夫家で行われるようになっていった[21]。

　さらに17世紀半ば以降には，朝鮮後期を代表する朱子学者宋時烈（1607—

89）をはじめとした忠清道の朱子学者たちの主導で,「仮館親迎礼」という変則的な儀式も行われた。その特徴は，新婦家の近くに仮の婿館を設け，新郎が新婦を妻家からこの婿館に連れてきて婚礼を行うところにある。「仮館親迎礼」は，新郎新婦の相見・同寝という婚礼の中核部分を妻家で行うという，従来の男帰女家婚の婚礼で問題とされていた部分を解消すべく試みられた。「仮館親迎礼」自体は，仮の館を準備するなど手順が煩雑なことから，あまり広くは行われなかったが[22]，「半親迎」に続き，『朱子家礼』の婚礼の形式に近づけようという具体的な努力がこの時期にみえていることは注目される。

　こうした動きは，両班社会における朱子学実践の浸透とともにあらわれてきたものであり，17世紀半ば以降の父系血統の重視，宗族の形成といった趨勢の中で，男帰女家の婚俗と婚礼もある程度の変化をみるようになった。正祖代に活躍した丁若鏞（1762―1836）は当時の婚礼について，都の士大夫の家では，新郎新婦は相見礼のみ妻家で行い，当日中に夫家に行くと述べている[23]。18世紀末〜19世紀初頭になると，都の士大夫家の婚姻は嫁入婚の形態に近づき，儀式も『朱子家礼』の形式に近づいたことがうかがわれる。しかし，都の士大夫家においてすら新郎新婦の相見礼を妻家で行っていたのであれば，完全に『朱子家礼』に則った婚礼を行った家は相当少数にとどまったであろう。山内弘一は，忠清道や慶尚道に居住した19世紀の学者たちの言説をあげて，当時の士大夫層の間で「親迎」礼が普及していなかったとみられることを述べている[24]。ただし，朝鮮前期まで一般的であった男帰女家の婚姻形態は，妻家居住の期間が短縮され新婦が夫家に入るようになっていったという点で，大きく変化した。また，地域や家門による差異も考慮されなければならないが，婚姻の際の儀式にもある程度の変化がもたらされた。こうした婚姻の変化は，前述のように両班社会における宗族の形成と深く関連していると考えられるが，同様の背景のもとに生じた変化として，相続慣行の変化を挙げることができる。

3. 財産相続と祭祀相続

　高麗・朝鮮時代の社会における相続慣行はどのようなものだったのだろうか。

1485年に頒布された『経国大典』の刑典私賤条では，財主が定めていなかった場合は，嫡出子女の間で均分し，祭祀継承者には5分の1を加える。また良民の妾の所生子女には7分の1，賤民の妾の所生子女には10分の1を分給する，とされている。つまり，正妻の子供たちの間では，男女にかかわらず均分というのが基本的な概念であった。このような相続のあり方は，祖先祭祀の継承と密接にかかわるものであった。すなわち，朝鮮では17世紀半ば頃まで，祖先祭祀を多く子女間の持ち回りで行っており[25]，このことが財産の子女均分相続と表裏の関係にあると考えられている。

この相続慣行が変化し，女子分を減らした差等相続が本格的にあらわれてくるのが17世紀後半頃である。全羅道の扶安を本貫とする扶安金氏家の分財記のうち，1669年に金命説が自らの子孫に対して作成した遺訓は，その事情を詳細に語っているので，以下に一部引用しておく。

> わが国の宗家の法が廃れてすでに久しい。祭祀を衆子の間で輪番で行うことがあらゆる士大夫家で定例となっており，変えることはできない。女子は，嫁に出た後には他の家門の人となり，夫に従う義が重んじられる。それゆえ聖人の定めた礼においても嫁いだ娘の扱いを下げ，情・義ともに軽いものとしたのである。世間の士大夫家では，女婿の家も祭祀を輪番で行うことがよくあるが，他家の女婿や外孫らの場合をみると，押しつけ合って祭祀を行わないことが多くあった。行ったとしても祭具や供物が清潔でなく，礼に真心から慎み敬う気持ちがこめられておらず，かえって行わない方がよいほどである。わが家ではかつてこのことを先祖たちに誇り，すでに私の兄弟たちが次のように定めた。断じて女婿・外孫の家に祭祀を輪番させないこととし，これを定式として代々守っていくこととした。父子の情理は息子と娘に分け隔てないといっても，生前に奉養する道がなく，死後に祭祀を行う礼がなければ，どうして財産だけを息子と同等に分け与えることができようか。女子には農地や奴婢の3分の1を分け与えることとしても，諸々の情・義に照らして考えれば少しも問題ない。女子や外孫らが，どうしてあえて分をわきまえず相争う心を持つだろうか。(「金命説

伝後文書」[26]）

　当時の世間の士大夫の家では，女婿や外孫も含めた輪番奉祀が行われていたが，金命説家では，他家の女婿・外孫らが祭祀をおろそかにしている例を見て，女婿・外孫には奉祀させないこととし，娘の相続財産を3分の1とすることを遺訓とした，という。文中でも言われているように，これは輪番奉祀から女婿・外孫を排除し，娘の相続財産を減らした初期の事例であろう。17世紀後半以降，類似の記録が散見され[27]，女子は嫁いで夫の家に行った後は実家の祭祀を行うことが難しいため，輪番奉祀から除外して相続財産も減らすという同様の事情が述べられている[28]。

　先に述べた婚姻の変化と併せて考えれば，この頃には，朱子学実践が進む中で『朱子家礼』に則った婚礼に近づける努力がなされており，男帰女家の婚俗は，次第に妻家での新婚生活期間が短くなる傾向にあった。その結果，居住地が妻家と離れる場合が多くなり，また朱子学的規範が浸透していくに従って父系血統のつながりが重視されるようになり，女婿が妻家の祭祀を受け持つことが困難に，かつ不自然に感じられるようになっていたのであろう。

　こうした傾向はこの後さらにすすみ，18世紀半ば頃以降の事例では，祭祀相続に関しては多くが長男単独奉祀となる。そして財産相続においては，奉祀条（祭祀を行うために設定された財産）が拡大されて相続財産の中で大きな割合を占めるようになり，それを奉祀者である長男が相続することによって宗家財産の規模が維持された。一方，当然長男以外の男子の相続財産の割合は大きく減少したが，18世紀後半以降も次男以下の相続分は存続し，女子の相続分も多くの場合完全に消滅してはいない[29]。長男相続分の比重を増し，宗家としての財産を築き維持することは，財産の細分化を防ぎ，家勢を維持する上で必要であったが，次男以下の男子が生活を営んでいくためにも相続財産が必要とされたのである。

　おわりに

　以上で述べてきたように，高麗・朝鮮前期社会では，親族関係において，父

系親族と非父系親族の比重にあまり差がなかったが，17世紀中葉頃以降，父系親族の結束が強まり，それと並行して男帰女家婚俗や婚姻の儀式，男女均分の相続慣行が変化していった。男帰女家婚の特徴である結婚後の妻家居住は，その期間が次第に短縮され，婚姻儀式も，完全ではないにしろ，嫁入婚を前提とした『朱子家礼』の形式に近づいた。また祖先祭祀を輪番で行う慣行を背景とした子女均分相続は，女系子孫の祭祀からの排除とともに，女子の相続財産を減らした男子均分相続となり，さらには長男が単独奉祀して財産も大半を相続するようになっていった。このようにして宗家財産が確保され維持されるようになり，宗家を核として共通の父系祖先をもつ父系血縁集団が形成され，同族意識が強まっていった。

　こうした社会変化の背景として，朝鮮王朝が初期から浸透をはかってきた朱子学理念の影響をあげることができるが[30]，変化が17世紀中葉という時期から顕著化していることには別の要因を考える必要があるだろう。朝鮮王朝は，16世紀末の豊臣秀吉の侵略に加え，17世紀前半には後金を建国した女真族の侵入を受け，国土も民も著しく疲弊した。秀吉の侵略後には，耕作地面積が以前の3分の1以下になったといい，両戦乱による戸籍の焼失や住民の移動によって身分が動揺し，社会的混乱におちいった。そうした中，両班層も経済力の低下は免れえず，財産の細分化，零細化を避けるために，相続のやり方をかえる必要に迫られたと考えられる。また「両班」とは，法的な規定により保障される身分ではなく，社会慣習を通じて形成された階層であった。それゆえ戦乱後，身分が動揺し，両班階層を称する者が増加すると，両班としての社会的認知を得るためには，あるべき両班の姿，すなわち朱子学的規範に則った生活を営む姿を示す必要があった。朝鮮後期の婚姻や相続，そして親族関係の変化は，様々な要因から複合的に起こってきたものであり，未だその全てが明快に説明されているとは言えないが，以上述べたような社会背景が大きく影響したことは疑いなかろう。

　注
　1)「両班」は，本来は官僚を意味するが，朝鮮時代の両班層は士大夫層，知識人

層と言いかえることが可能な，支配階層である。両班については主に宋俊浩『朝鮮社会史研究』一潮閣，1987，ソウル，宮嶋博史『両班』中公新書，1995による。
2) 盧明鎬「高麗の五服親と親族関係法則」『韓国史研究』33，1981，ソウル，同「李資謙一派と韓安仁一派の族党勢力―高麗中期親族の政治勢力化様態」『韓国史論』17，1987，ソウル，同「高麗時代郷村社会の親族関係網と家族」『韓国史論』19，1988，同「家族制度」国史編纂委員会編『韓国史15』，1995，果川，許興植『高麗社会史研究』亜細亜文化社，1981，ソウル，崔在錫『韓国家族制度史研究』一志社，1983，ソウル，李樹健『韓国中世社会史研究』一潮閣，1984，ソウル，など。
3) 武田幸男「朝鮮の姓氏」『東アジア世界における日本古代史講座10』学生社，1984。
4) 吉田光男「韓国の士族・氏族・族譜―儒教の社会化」『アジア遊学』50，2003。
5) 『高麗史』巻21世家21神宗元年5月己亥。
6) 『高麗史』巻130叛逆伝4林衍。
7) 前掲許興植。
8) 井上和枝「高麗時代の女性の地位について」『史学研究』190，1990。
9) 張炳仁『朝鮮前期婚姻制と性差別』一志社，1997，ソウル。
10) 豊島悠果「高麗時代の婚姻形態について」『東洋学報』88-4，2007。
11) この妻妾分弁論議について，熾烈な権力争いの末に兄弟たちを排斥し即位した太宗が，父太祖の妃のうち，自らの母韓氏のみを正妻として認め，継妃康氏とその王子たちを排斥することを意図して進めたものであるという見解がある（前掲井上）。そうした政治的意図も，時代の背景として併せて考慮されるべきである。
12) これと同じ意味を持つ用語として婿留婦家婚があり，また率婿婚・テリルサウィ（데릴사위）も同様にとらえられている。
13) 前掲崔在錫，211頁および盧明鎬論文1995，86-91頁。
14) 『太宗実録』巻28太宗14年10月戊子など。
15) 『太宗実録』巻8太宗4年8月己丑。
16) 『世宗実録』巻67世宗17年2月辛未。『世宗実録』五礼，および1474年に編纂された『国朝五礼儀』にも「宗親及文武官一品以下昏礼」として収録されている。
17) 『世宗実録』巻67世宗17年2月辛未
18) 『高麗史』巻29世家29忠烈王5年正月丙寅，『高麗史』巻46世家46恭譲王3年12月癸丑，『高麗図経』巻22雑俗1，『太宗実録』巻35太宗18年正月癸酉，『世宗実録』巻36世宗9年4月壬戌，『世宗実録』巻43世宗11年2月辛巳，『中宗実録』巻97中宗36年12月庚辰，『明宗実録』巻9明宗4年4月辛丑，『慵齋叢話』巻1，『大東野乗』巻57清江先生鯸鮧瑣語，『増補文献備考』巻89礼考36私婚礼など。

19)『磻渓随録』巻 25 昏礼申明親迎之礼
20) 張炳仁「朝鮮中期婚姻制の実像—半親迎の実体とその受容の与否を中心に—」『歴史と現実』58, 2005, ソウル。
21)『大東野乗』巻 57 清江先生鰆鯖瑣語など。
22) 張炳仁「朝鮮中期士大夫の婚礼形態—仮館親迎礼の施行を中心に—」『朝鮮時代史学報』45, 2008, ソウル。
23)『与猶堂全書』第 3 集嘉礼酌儀, 婚礼
24) 山内弘一「朝鮮王朝における儒教的婚礼の普及について—両班知識人の親迎論との関連から—」上智大学文学部史学科編『歴史家の散歩道』上智大学出版, 2008, 220-21 頁。
25) 前掲崔在錫, 第 4 篇「朝鮮時代の家族制度」第 7 章「相続制度」, 文叔子『朝鮮時代財産相続と家族』(景仁文化社, 2004, ソウル) 第 4 章「財産相続と祭祀」Ⅳ「輪廻奉祀解消過程と差等相続制」。なお, 17 世紀半ば以前で長男を奉祀者として設定した例も少数確認される。
26) 韓国精神文化研究院『古文書集成 2』扶安・扶安金氏編, 1998, 581—582 頁。
27) 例えば, 1688 年の李楷妻鄭氏の相続文書「李楷妻鄭氏分給文記」(李樹健編『慶北地方古文書集成』嶺南大学校出版部, 1891, 247 頁) や, 1701 年の呉載勲兄妹の相続文書「呉載勲男妹和会文記」(『全北大学校博物館図録』1998, 315 頁) など。
28) こうした実家の輪番奉祀からの娘 (女婿) の脱退は, (実家側による排除ではなく) 女婿からの申し出という形で 16 世紀後半にもその例が見えている。遠方居住により奉祀が不可能であることを理由とし, 祭祀条分を返納している (「黄蘋・田蘋許上明文 (1572)」『慶北地方古文書集成』674 頁)。前掲文叔子, 注 26 の指摘箇所参照。
29) 山内民博「李朝後期における在地両班層の土地相続—扶安金氏家文書の分析を通して—」『史学雑誌』99-8, 1990。
30) こうした面を中心に論じた単著として, マルティナ・ドイヒラー, 李勲相訳『韓国社会の儒教的変換』アカネット, 2003, ソウルなどがある。原著 Martina Deuchler, *The Confucian Transformation of Korea : A study of society and ideology*, Cambridge, MA : Council on East Asian Studies, Harvard University, 1992.

参考文献

日本語

朝鮮総督府中枢院『李朝の財産相続法』1936

四方博「李朝人口に関する一研究」『京城帝大法学論集』9，1937

旗田巍『朝鮮中世社会史の研究』法政大学出版局，1972

武田幸男「浄兜寺五層石塔造成形止記の研究」『朝鮮学報』25，1962

濱中昇「高麗時代の姓氏の記録，「古籍」について―『世宗実録』地理志姓氏条の史料的性格」『朝鮮学報』123，1987年

山内民博「李朝後期における在地両班層の土地相続―扶安金氏家文書の分析を通して―」『史学雑誌』99-8，1990

山之内弘一「朝鮮王朝後期の宗族制度の確立と祭礼説―四代奉祀と不遷の位をめぐって（其之1・2）」『漢文学解釈与研究』9・10，2006・2008

吉田光男「朝鮮近世士族の族的結合と「邑」空間―慶尚道丹城縣の安東權氏の場合」『東洋史研究』58-4，2000

同　　「朝鮮近世の継後養子と父系系譜の継承意識―階層・身分との関係を中心に」『朝鮮学報』213，2009

韓国語

孫晋泰　1948「朝鮮婚姻の主要形態である率婿婚俗考」『朝鮮民族文化の研究』

金斗憲　1940『韓国家族制度研究』ソウル大学校出版部

盧明鎬　1987「李資謙一派と韓安仁一派の族党勢力：高麗中期親属の政治勢力化様態」『韓国史論』17

李樹健　1984『韓国中世社会史研究』一潮閣

同　　2003『韓国の姓氏と族譜』ソウル大学校出版部

鄭容淑　1988『高麗王室族内婚研究』새문사

朴恵仁　1988『韓国の伝統婚礼研究』成東文化社

歴史学会編　1992『韓国親族制度研究』一潮閣

李海濬　1995「親族と村落構造の変化」国史編纂委員会編『韓国史 34』

張炳仁　2005「朝鮮中期婚姻制の実像―半親迎の実体とその受容の与否を中心に―」『歴史と現実』58

同　　2008「朝鮮中期士大夫の婚礼形態―仮館親迎礼の施行を中心に―」『朝鮮時代史学報』45

権純馨　2006『高麗の婚姻制と女性の生』慧眼

李鍾書　2009『高麗・朝鮮の親族用語と血縁意識』新旧文化社

日本中世後期の婚姻と家

久留島典子

はじめに
日本前近代の家の特徴

　日本の婚姻史研究は，高群逸枝の膨大な研究成果を基盤に，その批判的検討も含め，大きな展開を遂げてきた。高群は，大きくいえば，妻方居住の母系家族形成である招婿婚から，家父長による夫方居住の嫁取婚へという，婚姻史学説を提示したが，その後の日本における婚姻に関する史的研究は，婚姻のみを問題にするというより，前近代では家族・親族組織が大きな社会的意味を持つが故に，女性史・家族史研究として深められ，そのなかで，高群の説も批判あるいは継承されていった。なかでも古代史・平安時代史研究では，関口裕子・義江明子や服藤早苗の一連の研究，中世史研究では脇田晴子・田端泰子の研究など，近世史研究では長野ひろ子・長島淳子等の研究など，これまでに大きな成果をあげている[1]。さらに家族史研究という点では，日本史研究という枠をこえた比較史の視点から，社会学や法学，人類学などの多様な分野の研究者も参加して活発な議論が行われ，近代家族も含めた厚い研究蓄積を有するにいたった[2]。また，分析概念としてのジェンダー概念が日本の歴史学界に導入された後は，その視角からの研究が，前近代においても出されるようになってきた[3]。

　さて，日本前近代史に限っても膨大な数に及ぶ婚姻史研究の研究史をここでまとめることはできないが，日本前近代の家の特徴について，以下のような諸点がこれまでの研究によって明らかにされたといえるのではないだろうか[4]。

　①婚姻と血縁関係を基本とする同居集団[5]であり生活組織である。
　②双系的である。

③所有主体であり，生産機能を持つ経営体である。
④永続的社会組織である。
　このうち，①については，多くの地域・時代においてあてはまる家や家族の定義であるといえるが，②③④はそうとはいえない。②の双系的とは，非単系的とも言い替えられるが，家の継承者が，男系血縁者を主としながらも，厳密にはそれに限られないということである。この点は男子のいない家の継承に典型的にみられる。すなわち養子は必ずしも父方親族である必要はなく，妻の近親者，つまり母方親族であってもよいし，娘と結婚した聟の場合は，父母どちらの親族でもなく，ただ聟養子であればよいという点がまさに非単系といえよう。したがって夫妻がもともと同族という婚姻が多くみられるように，同じ父系出自集団内での強い婚姻禁忌もなく，父系出自集団という意識そのものがそれほど強固とはいえない[6]。夫婦を中心に双方の親族が意識されてはいるが，水平的に拡がる親族組織が必ずしも特別に重視されるというわけではない[7]。むしろ一世代一組の嫡系夫婦が世代を超えて垂直的に連続する広義の生活組織という点にこそ，日本の家の典型的特色があるといえよう[8]。この点がまさに④を意味しており，農家や商家などは狭い意味での①生活組織のみならず，③の所有財をもとにした生産組織，経営体であり，村や都市の共同体がこうした生活・生産組織である家を基本構成単位として，永続的に成立していることから，社会組織なのである。さらに武家や公家の家の場合は，天皇や将軍，藩主の家との主従関係を，世代を超えて形成して家の存続を図り，家と家の関係が政治的・権力的構造そのものであることからすれば，まさに社会組織の核といえる。このような社会組織としての家は，近世においては階層を超えて存在し，家名・家産・家業・祖先祭祀などを継承していくが，それ以前では，家内部に家を包含する，あるいは多くの非血縁者を持つなど，複雑な構造を示す場合が多い。

家と家父長制

　注意しなければならないのは，①〜③の要素の限りでは，必ずしも家は家父

長的性格を必然とするものではないにもかかわらず，多くの場合，家は男を継承者・代表者とし，家父長的に編成されていることである。

　これは，家が社会組織であるが故に，朝廷の家父長制的官職体系を始めとして，それから派生する種々の集団自体が帯びざるを得なかった家父長的原理を，家そのものも刻印されていると考えることができよう[9]。つまり，古代・中世初期において，「家」というより，もう少し大きな「一門」「門中」といったほうがよいかもしれないが，それは自立した一族集団を軸として成立するのではなく，官職体系に参入するための激しい競争を軸として展開した結果，「家」として結実するのである。そしてその官職をいかに相続していくかという形で，日本の家は種々の特色を帯びていくことになる。先に日本前近代の家の特徴としてあげた②も，この官職相続を優先した結果，血縁・非血縁にこだわらないという，親族組織としてはかなり異色の特徴を持つに至ったと考えられる。すなわち，いかに上級権力とつながり，その権限分与を保持していくかという点が，日本前近代の「家」の編成原理だったといえる。

　官職補任に準じる武家の主従関係，さらには村や都市の共同体も，男を正式構成員とする形で成立し，個々の家の家父長的性格はそのもとで成立・強化されていったのである。この点に関係しては，権力と家の自立性の相克として私自身も「婚姻と女性の財産権」において論じたことがある。

　ところで，上記①②が古代から近代・現代にまで長期にわたって確認できるのに比して，③や④の要素を持つ家，すなわち垂直的に永続する家という概念は，歴史的な経緯を経て次第に成立したものと考えられる。貴族層（公家）の場合は，服藤早苗の研究によって，9世紀末から10世紀末には成立し，11世紀末には確立したとされているが，家名・家産・家業・祖先祭祀を備えた家の完成型ともいえる姿が明瞭になるのは，公家でも14世紀に下るとする高橋秀樹『日本中世の家と親族』の所説もある。農家や商家についていえば，その一般的な確立は近世中・後期を念頭においたものといえる。また武家については，荘園公領の郷司職・地頭職など職を持つ在地領主という意味では，中世初期から成立していた家がある。

一方，後述するように，多くの武家は南北朝期，あるいは戦国期を経て姿を現し，典型的な形はやはり近世になってからである。とすると，近世半ば以降になるとどの階層においても明確な形をあらわす家が，いかにして成立してくるのか，その焦点は中世，特に中世後期ということになる。

　そこで，以下報告では，14世紀から17世紀初め頃までの，いわゆる中世後期から近世初頭の時期を対象とし，史料的な制約から武家を中心に家の成立と婚姻の様相について考察していくこととする。なお，村落や都市における庶民層の家や近世以降については，最後に触れたい。

1. 中世益田氏の家の成立と婚姻関係

　中世武家の家のあり方や婚姻に関係して，田端泰子の一連の研究をはじめ多くの研究で取り上げられているのが，中国地方の戦国大名毛利氏の婚姻・養子政策である。

　ここで毛利の家と称したが，その家が明確な形を表すのは実は南北朝の争乱を経た後である。紙数の都合上，詳しい考察は省略するが，史料をみていくと，南北朝期に北朝方として戦った毛利元春が記した事書[10]によって，それ以前の文書が解釈され，系図も多くはそれに拠って編纂されていることがわかる。現在ある系図は，あたかも一つの毛利家が代を重ねてずっと続いているかのようにみえるが，それは結果であって，実際にはさまざまな家が分立しており，かつ系図では表現されない婚姻関係や養子関係が存在したと推測できる。少なくとも中国地方の武家では，15世紀はじめまでこのような状況であったことは確かで，つぎにみる石見の武家益田氏でも同様であった。

　詳しい考察はやはり省略するが，鎌倉時代の益田氏では，女子を介した所領の移動や女子も含めた分割相続が頻繁にみられ，代々続く家は未確立であった。鎌倉末には幕府から本宗家として把握される家が確認できるが，南北朝期の政治的分裂の中でその家も消え，一族の益田兼見の家が，室町幕府から所領安堵を新たに得て，この後益田本宗家として代々継承されていく。さらに15世紀前半には，分割相続により分立していた庶家が，本宗家当主と代々主従関係を

結ぶ形で，家臣の家として継承されていくのである。

　益田氏では，兼見以降，嫡子のみならず嫡孫への譲状も作成されており[11]，「嫡々相伝」「子々相伝」の正統性観念，高橋秀樹のいう嫡継承観念（前掲高橋著書）が強まっていることは確かである。ただし，幕府をはじめとする上級権力からの安堵獲得のための対応が，結果としてこの観念を強化したと考えられる。南北朝期や戦国期など，上級権力が動揺・分立する争乱期には，武家はむしろ意図的に分立することで，最後に勝ち残った側についた家筋が続くことに賭けるという，まさに生き残り戦略をとったことには注意を要しよう。

　以上，毛利・益田両氏の家の成立を簡単にみたが，つぎに室町期益田氏の婚姻関係をみてみよう。

室町前期の婚姻

　鎌倉時代の益田氏では，一族間の結婚が広く行われていたが，前にも触れたように，日本においては同姓不婚の禁忌はなく，一族内の婚姻はこの後も続く。系図によれば，兼見の子や孫の代である応永年間には，益田氏の娘が三隅氏・吉見氏・周布氏といった一族・近隣武家と婚姻関係を結んでいるが，ちょうど同じ時期，益田氏は彼らと相互協力を約す一揆契約を取り交わしている[12]。この一揆契約は，自他の区別が明確となった各家相互の協力関係締結であり，従来の一族内一揆とは質的に異なる段階を示しており，これ以降も継続していく。田端泰子『日本中世の女性』が，毛利氏について安芸国人たち相互の婚姻関係がその同盟持続を支えていたと指摘するように，一揆を結ぶ国人の間で婚姻関係も結ばれていることが，益田氏のいる石見西部地域においても確認できるのである。

　一方，この室町前期の益田氏においては，別の意味を持つ婚姻も存在した。この頃益田氏は，隣接所領の本主家に益田氏の血統につらなる養子を送り込み，他の競合する勢力を押さえて所領獲得の手がかりを得ていたが，その際，正統性の根拠として益田氏と本主家の婚姻を利用した可能性が高いのである。

　つまり，室町前半期，益田氏の婚姻は，一族・近隣武家間の一揆結合を支え

133

る意味を持つものがある一方，他氏他家との婚姻・養子関係によって，所領を集積する機能を果たす場合があった。

室町後期～戦国期の婚姻

　室町初期，益田氏は石見西部の分郡守護大内氏の一族とも婚姻関係を結び，応永の乱後の大内氏一族内の争いで，一定の政治的役割を果たしている。しかし室町後半期になると，守護家といった家格が次第に定まり，益田クラスの国人家が大内氏と直接婚姻関係を結ぶことは難しくなる。この家格とは，上級権力の分与を軸に「家」が生成展開した結果，どのレベルの権限が分与される「家」かが固定化して成立した「家」の体系である。この体系のなかで，益田氏は大内氏一族に出自を持ち，自らとほぼ同格の有力家臣家陶氏との姻戚関係を強めていく。両氏は重縁関係にあり，同じく大内氏の有力家臣である内藤氏とも姻戚関係を結んで，三者は陶氏が厳島合戦で滅びるまで親密な関係を続けていた（和田「陶氏のクーデターと石見国人周布氏の動向」）。

　このように益田氏の場合，婚姻関係によって政治的関係を強めるべき対象は，一族や近隣の領主たちから，大内氏家臣団へと拡大していった。そして，大内氏が滅亡した後は，それが毛利氏家臣団に変わる。戦国末期から近世にかけて，益田氏と毛利氏の一族あるいは重臣家との婚姻が多数みられる。やがて近世の体制のなかで，毛利氏が大名家としてその地位を確立すると，毛利氏の子女は他の大名家と婚姻・養子関係を結ぶようになり，毛利家家中の外へと親族関係を拡げていく。一方益田氏の場合は，家格に応じた毛利氏庶家や重臣家との婚姻・養子関係を持つことが系図上で確認でき，原則として親族は家中の内に留まるようになる。

　以上，益田氏を例に，室町期以前における武家の家成立と婚姻についてみてきたが，これを前提に，つぎには戦国期の婚姻と家の様相を，武家・公家についてみていこう。

日本中世後期の婚姻と家

系図 Genealogy 1

135

2. 戦国期公家・武家の婚姻
家のあり方と女子相続

戦国期公家の婚姻については、後藤みち子が公家日記を素材に具体的に論じており、①戦国期には、嫡子一人を残して男子は僧侶か他家の養子となり、室町期にみえた結婚している兄弟の存在がなくなる。②次期家長と家「妻」を夫方家の内外に公表する意味で、嫡子が妻を迎える際に嫁取の儀式を行う[13]。③基本的に一夫一妻制で、再婚時も嫁取儀式を行っている、といった諸点を指摘している。

このうち①の傾向は出現時期の幅はあるが、将軍家・守護家など武家でも確認でき、足利義教・義昭など還俗して将軍となった例はよく知られている。また今川義元は、兄氏輝の死去によって還俗し今川家を嗣いでいる。またこうした家の女子の方は、後北条・武田・今川三氏の婚姻のような、いわゆる政略結婚も含めた同格の家に嫁ぐ者、一族庶家を含めた家臣家の妻になる者、男子無き家では婿養子をとる者もいた一方、幼少時入寺する者も多く、男女ともに、家督継承者として結婚するか、不婚かの二つの途に限られていた。

室町時代に萌芽が見られる家格は、近世の武家社会では確固たる存在となり、そのなかでの婚姻や養子関係を通じて、垂直方向でつながる家の継続・維持を図る傾向がいっそう強まる。これは家が早く固定化された公家の家では、既に中世後期には確認できる現象である。その様相をみると単純な男系ともいえず、特に武家では婿養子も多々みられることは多くの研究で指摘されている。ただし建前としては、異姓他人を養子とすることは次第に規制され、元和元(1615)年発布の禁中并公家諸法度では、養子について「同姓を用いらるべし、女縁その家督相続、古今一切これ無き事」という条項がある[14]。武家でも同様で、同姓養子優先の原則はあったが、一族に適当な養子候補者がいない場合、家の継続を最優先として、婿養子や嫡出である当主娘の所生男子を養子とする選択がなされた。血の重みとは、男系のみでなく女性によっても伝えられるとの意識が、人々の間で一般的だったからだ（林「近世前期の島津氏系譜と武家相続・女子名跡」）。

しかし戦国期までは，女子への譲与はもっと明瞭に確認できる。たとえば大友氏重臣戸次鑑連（道雪）は男子がいないため，息女誾千代女に家伝来の武具や所領，居城備付の兵糧・武装まで一切を譲り，大友氏からも承認を得ている例などがある[15]。この時の譲与物は後に誾千代女の夫となった婿養子宗茂に継承され，この夫婦が近世柳川藩立花家の祖となったことは有名である。近世になると系図では女性の相続は意図的に略されるのである。

一夫一妻制

つぎに問題になるのが③の一夫一妻制である。近世武家社会では，慶長20（1615）年発布の武家諸法度第八条「私に婚姻を結ぶべからざる事」という規定により婚姻許可制が行われており，そのもとで一夫一妻制が原則であったとされる（福田「一夫一婦制と世襲制」）。

では戦国期はどうか。婚姻関係の選択は，毛利・益田氏でみたように，武家にとって勢力伸長のための重要な鍵である。したがって戦国大名は分国法に婚姻規制法を規定するなど，家臣の婚姻関係掌握をめざす[16]。しかし大名自体の権力集中が未確立な段階では，実態として許可制とよべるほどのものはない。それでも武家において正式な妻が多く存在するとしたら，それは制度によってではなく，政治的な緊張関係のなかで，同格あるいは格上の他家から妻を迎えるが故に，そうした位置づけが必要になるという個々の関係のためではないだろうか。

この点は，南北朝期以降長らく正式な妻が存在しない状態であった天皇家の例が参考になる。天皇家が日本という地域内では，ヨーロッパの王族相互の婚姻関係のような，家にとってのいわば対外的政治関係をもたなかったために，天皇の性は家内の主従関係の枠に閉じこめられていたのである。それが再び政治性を帯び天皇家に正式な妻があらわれるのは，江戸幕府が確立し二代将軍徳川秀忠の娘和子が後水尾天皇の中宮になった時だという（高橋『中世の家と性』）。

この天皇家の例が示すように，妻と，使用人である家の女房は，その役割が

互換可能であり，使用人には代替されない夫—家父長と比較すれば，ジェンダー非対称であることは明白で，この点は充分に注意されなければならない（西尾「田端泰子氏と中世女性史研究の現在—ジェンダー史研究の展開を視野に入れて」）。一夫一妻制という一瞬近代的かと錯覚する響きに惑わされることなく，それがいかなる条件で成立していたのかを多面的に究明することが重要である。

おわりに——近世への展望

17世紀後半以降の宗門人別帳の傾向から遡って類推すれば，戦国期の庶民層—百姓・町人の婚姻は基本的には嫁取婚で，形成される家は原則的には男系直系家族と推測できる。では，このような庶民層の家や結婚を権力はどのように把握し，そのことが逆に庶民の家や結婚の形に，どのような影響を与えたのだろうか。

近世初頭の元和3（1617）年に発布された吉川広家箇条[17]では，武士に対する婚姻許可制を規定した後，「このほか百姓・町人も，あるいは庄屋・年寄ほどの者も，他所と縁辺申し合わすべきと存じ候はば，郷中は代官，町中は町奉行をもって，相伺うべき事」（書き下し文とした）とあり，百姓・町人でも村・町の役人層の婚姻については許可制を考えていたことがわかる。この後，全国的に作成されるようになる宗門人別帳では，役人層に限らず百姓・町人すべてに対して，原則として婚姻登録制を実現したものといえよう。

さらに，いわゆる太閤検地が百姓の家の形成において大きな影響を与えたことは否定できず，15世紀半ばから18世紀半ばに進行したとされる，いわゆる複合大家族から単婚小家族への移行をどのように評価すべきかという大きな問題が存在する。「夫婦かけむかい」とよばれる小家族は家父長権の発動が緩く，家父長権のもと下男下女労働によって経営が行われる大家族より，男女はより「平等」になったという考え方がある。一方，小家族において，男は検地帳に登録され経営権・所有権を握るが，女は家内を取り仕切る妻の役割自体が価値を低下させた結果，男への従属性を強め，「ジェンダー関係の垂直化」が生じ

たという見方もある。後者の見方は，広汎な階層における「自立化」が，権力
から家父長制的に編成された男系直系家族を中心とする家の成立であったがた
めに，身分差・階層差の縮小・平準化は，一方でジェンダーの非対称性をより
大きくする垂直化方向で働いたという指摘である（長野『日本近世ジェンダー
論』）。伝統的家族よりむしろ近代的家族のほうが，男女の地位を非対称的なも
のに固定化していったという，最近の近代家族に対する見方に対応していると
もいえる。

　いずれにしろ，近世・近代において，家名・家産・家業・祖先祭祀をもつ
「家」は現実に広く階層を超えて一般化しただけでなく，規範化，内面化され，
家の一員となる婚姻は聖化され，あたかもすべての人びとがその内にあって安
穏に暮らせるかのように，家からなる社会が理想化されたことは確かである。
しかし現実には不婚の人間も多く，永続的な家とは，系図等に投影された幻想
にすぎないとも一方でいえる。戦国時代はそうした動向の始点といえるのかも
しれない。

　注
　1）中世については参考文献参照。これ以外にも参照されるべき文献は多い。
　2）比較家族史学会監修『シリーズ比較家族史』（既刊19冊）はそのまとまった成
　　果である。
　3）最近では，ジェンダー史学会所属の執筆者を中心とする『ジェンダー史叢書』
　　8冊（明石書店，2009～2011年）も刊行された。
　4）「家」・「イエ」（概念としての家を特に「イエ」とよぶ研究者もいる）の定義に
　　ついては，論者によって異なるが（高橋『日本中世の家と親族』，参照），以下の
　　①③④は長野ひろ子の定義（長野『日本近代ジェンダー論』，8頁）をもとに整
　　理したものである。
　5）「同居」といっても，同一屋敷地内の別棟居住か，竈を同じくする同居かと
　　いった差異には，婚姻後の居所を重視する高群逸枝以来の研究史において，細か
　　な注意が払われている。
　6）中世以降も「双系的」と表現することについては，批判も予想される。たとえ
　　ば高橋秀樹は，家・一族・親類を一元的に「双系的」と表現する近年の研究状況
　　を批判し，家や一族は，やはり父系出自集団であり，父母双方の血縁者および姻
　　族を広く含む親族とは異なるとしている（高橋『日本中世の家と親族』，299頁）。

確かに家や同族が，原則として父系制原理による集団であることは間違いない。しかし，同姓養子つまり父系同族の男子しか養子と認めないとされる中国などと比較すると，家継承において夫妻との血縁を重視し，夫方の遠い血縁者よりはむしろ妻方の近い血縁者を選択する意識は，双系的ともいえる性格を持つのではないだろうか。夫妻を中心に双方向に拡がる親族が，日本の家においては重視されている点に注目して「双系的」という表現を用いる論者が多いと考えている。

7) この点については，時代的，地域的，階層的差異が大きく，一族・一門・同族団など一族組織，あるいは水平的に拡がる親族組織が特に重視される場合がある。ただし，日本においては，階層横断的に，父系出自集団に回帰していくような観念が再生産される構造はなかったと考える。

8) 永野由紀子は，長子単独相続制の究極形態ともいえる近世・近代初頭の姉家督をとりあげ，この点を論じている（永野「イエ存続戦略としての姉家督──近・現代の東北農村における婚姻と相続」）。

9) 家父長制は国家権力とは別に，家独自に成立する家父長の権威を基盤とする制度であるとの理解にたてば，家を代表して国家権力から編成される側面は，むしろ非家父長制的性格をあらわすといえ，家父長制的官職制度という言葉自体が転倒しているとの批判をうけるかもしれない。確かに家父長権と国家権力の関係は難しい問題であり，父系血縁原理の徹底していると考えられている中国社会は，国家権力に家父長権が制約された，非家父長制的社会とも規定できるのである。しかし，双系的な社会のなかで，家父長権を強化させ，父子継承を優位に導く動因として，家父長自体の権威に内在しない国家的な官職制の圧力を想定することは，むしろ必然的なことではないかと考える。先進的な政治システムとして律令制的官職制を導入した日本のような地域にとって，それは当初から家父長制的性格を持ち，そうした国家のシステムが家と家父長を成立させ，その強力な後ろ盾となっていく側面があることは否定できないのではないだろうか。

10) 『大日本古文書　毛利家文書之一』15号。

11) 永徳3 (1383) 年の祥兼（益田兼見）譲状（益田家文書61号）には，「兼世此の後男子を儲くると雖も，長寿丸嫡孫たる上は，相続ぐべし」とある。

12) 応永十二年正月十八日五氏連署起請文（新出周布文書168号）。

13) 他の儀式として，公家・武家間の婚姻など両家が懇意でない場合，「舅入」（妻の父が夫方を訪問し夫婦や夫方親族と共飲食する），「婿入」（夫が妻の父方を訪問し共飲食する）を行った例が紹介されている。

14) この第六条の制定意図について，摂家の養子に天皇の皇子がはいることを防ぐためではないかという指摘がある（『日本歴史大事典』小学館，高埜利彦執筆）。当時の公家において男系養子を厳格に志向する状況にあったとは考えにくい。ただし，観念的には中国的な同姓養子の規範性が浸透していた可能性がある。

15) 天正三 (1575) 年五月二十八日戸次道雪譲状，（同年）六月十八日大友宗麟・

同義統連署状（立花文書）
16）田端泰子は，分国法の女性に関係する規定を網羅的に抽出し考察しているが（田端『日本中世の女性』），婚姻許可に触れている分国法として今川仮名目録，結城氏新法度を紹介している．特に今川氏の「私として」の婚姻を禁止する法令は，武家諸法度に継承されたといえる．
17）佐藤進一他編『中世法制史料集第3巻武家家法Ⅰ』13，吉川氏法度

参考文献
久留島典子「婚姻と女性の財産権」『男と女の時空―日本女性史再考3―』藤原書店，1996
後藤みち子『中世公家の家と女性』吉川弘文館，2002
高橋秀樹『日本中世の家と親族』吉川弘文館，1996
高橋秀樹『日本史リブレット29　中世の家と性』山川出版社，2004
高群逸枝『招婿婚の研究　高群逸枝全集2・3』理論社，1966
田端泰子『日本中世の女性』吉川弘文館，1987
田端泰子『日本中世女性史論』塙書房，1994
田端泰子『日本中世の社会と女性』吉川弘文館，1998
長島淳子『幕藩制社会のジェンダー構造』校倉書房，2006
長野ひろ子『日本近世ジェンダー論』吉川弘文館，2003
永野由紀子「イエ存続戦略としての姉家督―近・現代の東北農村における婚姻と相続」国方敬司他編『家の存続戦略と婚姻』刀水書房，2009
西尾和美「田端泰子氏と中世女性史研究の現在―ジェンダー史研究の展開を視野に入れて―」『女性歴史文化研究所紀要』第20号，2012
林匡「近世前期の島津氏系譜と武家相続・女子名跡」『九州史学』152号，2009
福田千鶴「一夫一婦制と世襲制」『歴史評論』747号，2012
服藤早苗『家成立史の研究』校倉書房，1991
脇田晴子『日本中世女性史の研究』東京大学出版会，1992
和田秀作「陶氏のクーデターと石見国人周布氏の動向」『山口県地方史研究』70号，1993・10

（付記）本報告は拙稿「中世後期の結婚と家―武家の家を中心に」（仁平道明編『東アジアの結婚と家』勉誠出版，2012）の一部を省略し，注を増補したものである．

第2セッション「10〜18世紀　家と婚姻・相続」の成果と課題

野村育世

　第2セッションは，家と婚姻，相続をテーマとし，中国，韓国，日本それぞれの社会の歴史的変化が報告された。中国では宋代，韓国では朝鮮王朝時代後期，日本では室町時代後期から江戸時代にかけて，婚姻や相続の在り方が大きく変化し，女性の権限が制限されていったことが明らかにされた。

中　国

　中国は，古くから一貫して父系制が強固なイメージがある。実際，漢代から清代までの長きにわたって，滋賀秀三『中国家族法の原理』に説かれているような，祖先と同じ「気」を持つ男性子孫のみが祭祀を継承し，財産を相続し，女子はそこから完全に排除されるという原理が存在し続けた。しかし，五味知子の報告「中国「近世」の女性と家」では，その原理と必ずしも合致しない実態が述べられた。

　中国家族法の原理は人々の中に深く浸透していたが，現実的な対応としては，原理からの逸脱が多々あった。逆に言えば，厳しい原理は，柔軟な運用なくして，長期の持続は不可能だったということだろうか。

　また，五味報告において，従来「中国人」という一つの均質なグループが存在するがごとく論じられ，ジェンダー，エスニシティ，文化，地域といった概念をしばしば欠いてきたという指摘がなされたのは，重要な視点であろう。さらに，フロアから出された，中国史では嫡男子の優位という方向に進まなかったのはなぜか，という質問は重要である。これについては，科挙と能力主義を挙げて説明がなされたが，より深めて考えるべきである。

韓　　国

　続いて韓国史からは，豊島悠果による「高麗・朝鮮時代の婚姻と相続―朝鮮後期の変化を中心に―」という報告がなされた。朝鮮伝統社会と言えば，これまで一般に，父系制が強固で，儒教イデオロギーが強く，女性の立場が弱いイメージがあった。だが，意外にも，父系血縁集団や嫁入婚の成立，女子相続の減少は日本より遅く，（王家以外は）17世紀中葉以降，朝鮮王朝時代後期の両班社会のことであるという。

　先行する高麗時代は，父系だけでなく，非父系の親族関係の重要度が高く，「父系が優位に立つ非単系」「双系的親族関係」などと言われるような社会であり婿取婚，一夫一妻制，男女均分相続が行われていた。

　17世紀中葉に変化した理由については，16世紀末の豊臣秀吉による侵略と17世紀前半の女真族の侵入による国土と民の疲弊，戸籍の消失などの社会的混乱，そうした危機への対応が挙げられ，様々な要因から複合的に起こってきたものであるとの説明がなされた。

　日　　本

　最後に，日本についてである。日本の伝統社会は，中国や韓国で宗族が重視されてきたのに対し，「家」が重視されてきた。そこでは，「家」を存続させるため，女子に婿を取って「家」を継承させたり（婿養子），外孫に相続させたり，あるいは母方親族や血縁ですらない他人を養子にして「家」を継承させることなどが一般的に行われるという顕著な特徴が見られる。

　久留島典子報告「日本中世後期の結婚と家」は，中世後期の石見の在地領主益田氏を中心に，多岐にわたる論点で実証的に中世後期（14－15世紀）から戦国期（16世紀）を経て近世（17世紀～）に向かう日本の「家」を追っている。久留島の「家」論の特徴は，一貫して，家の成立と変化を上位の政治権力との関わりで把握していくところである。双系制的な基盤のある社会の中から，政治的な動機で家父長制的「家」が形成され，その際に擬制的関係が多用されるのである。

ただし，久留島報告では，「父系制」「双系制」などの概念に混乱が見られた。これらの概念は，もともと，歴史学のオリジナルではなく文化人類学から借用した概念なので，人類学における最低限の定義を踏まえた上で用いられるべきであろう。そうでないと，例えば，中国家族法の原理からすれば，婿養子や他人養子による継承を認める日本の「家」は父系制ではない，といったことになってしまう。

男子がいない場合の婿養子による継承は，世界的に父系制のヴァリエーションとしてしばしば見られるものである。人類学では次のように考えられている。

> 父系制の規制の下では男子が生まれれば何ら問題はないが，もし女子しかいない時は，婿をとるというような形で女性を間にはさんで父系系譜を存続させることが規則として認められている社会も多い。さらに，子どもがいない時は非親族を養子として獲得し継承者を確保することもよくみられる。　　　　　　　　　　　　　　　　　　　　　　　（小池誠 1996）

日本の「家」が父系制の組織であることは論をまたない。中国社会が父系制の完成モデルというわけではなく，ともに父系制のヴァリエーションとして，比較する視点が必要である。

まとめと展望

以上の三報告から見えてきた第2セッションの論点と課題を，次にまとめておきたい。

① 歴史的変遷への着目

従来，父系制が強固な社会というイメージが強かった東アジアだが，当然ながら，それぞれの社会において父系制は固定されたものではなく，歴史的な変化があることが明らかになった。そして，三国の歴史の過程には，共通性と差異がある。変化の時期はそれぞれ，宋代，朝鮮後期，平安～江戸初期と，大まかに言えば近い時代かもしれないが，やはり時期にも期間にも違いがある。今後は，より詳細な事象を取り上げての比較研究の進展が期待される。

韓国と日本では，もともとあった双系制社会の基盤の上に，後から父系制が

形成されたという点でよく似ている。しかし、父系制の形成は韓国の方が遅く、17世紀になってからである。しかし、韓国では父系出自集団たる宗族が規定的で、日本では家と、それぞれ異なっている。これらの相違はなぜ生じたのだろうか。また、今回は言及されなかったが、沖縄には門中という父系出自集団があり、こちらも注目したい点である。

② 儒教イデオロギーの問題

実は、本セッションを作っていく過程で、儒教の問題をどう扱うかが議論になった。私は「はじめに儒教ありき」ではなく、儒教も歴史の中に位置付けるべきであり、イデオロギーはそれを必要とする社会において初めて利用されて社会的に影響力を持つものと考えている。儒教そのものは、古代からあるが、少なくとも日本では大きな影響は持ちえなかった。

宗族の形成について、中国では宋代、韓国では朝鮮時代後期に画期があった。これらの時代に共通しているのは、科挙に合格した士大夫が国家の中枢を担うようになった時期ということである。彼らが依って立つ支配イデオロギーが儒教であり、ここに儒教の問題が浮上する。一方、日本の場合、科挙はついに導入されず、前近代を通じて官職は基本的に世襲されるものだった。この点は、中国や韓国との大きな違いである。

日本において、儒教の本格的な導入は江戸幕府成立時であった。儒教のもつ男尊女卑的なイデオロギーは、それぞれの父系制、家の中で如何に機能したであろうか。

③ 確立した父系制の中の柔軟な構造

父系制がそれぞれ成立した後も、その原理原則にあてはまらない柔軟な対応があったということが、中国史を始めとして三報告に共通してみられた。

④ 家父長制

1996年に東京で開催されたアジア女性史国際シンポジウムでは、「家父長制と女性」という分科会が行われ、日本中世・近世・近現代の家父長制、インドのヒンドゥー家族法、また韓国の家父長制といったテーマで報告がなされ、議論が交わされた。今回の第2セッションは、その後をうけて、という形になっ

たものの，今回は家父長制というタームがほとんど用いられなかった。これは何故であろうか。実は既に1996年のときに表面化していたように，研究の精密化によって家父長制概念の使用が難しくなってきたことはある（長野1997）。しかし，難しいから避けてよいというわけではない。家父長制概念は，フェミニズムや女性史によって，男性の権力を直接に問題にするタームとして定置され，重視されてきた視点である。使用しないのであれば，その理由を説明する必要がある。1996年と比べて，今回のセッションは，フェミニズム的には鎮静化しているのだろうか？　少なくとも，このタームには，高群以来の女性史研究者が，自分自身が直面する現代の「家」＝家父長制と，対峙する姿勢を根底に持ち，家父長制に対する鋭敏な感覚をもって，歴史に向き合ってきた，熱い想いが込められていることは，想起されるべきであろう。

⑤　そして女性史へ

第2セッションでは，報告の中に女性の姿が見えにくかった。もちろん，父系制の形成は女性史にとって基本的な問題だが，その中で女性の地位がいかに変化したか，それが女性にとって何だったか，その中で女性はいかに生きたか，といった視点がなかったのは惜しまれる。女性たちが生きる生々しい姿を，もっと見たいと思った。

それに関連して，フロアから小浜正子が，宋代以降に言われるようになった男は外，女は内という観念が，いまだに日本では社会的影響力を失っていないのはなぜか，それを議論していったらよいのではないか，という意見を述べていた。女性が主語として語られてこその女性史である。女性史を目指すのであれば，本セッションの成果を，いかに女性史として結実させていくのかが，今後の課題となるであろう。

注

小池誠執筆「父系制」比較家族史学会編『事典家族』弘文堂，1996年

長野ひろ子「家父長制と女性―課題と論点―」アジア女性史国際シンポジウム実行委員会編『アジア女性史　比較史の試み』明石書店，1997年，（のち長野『ジェンダー史を学ぶ』吉川弘文館，2006年所収）。

東アジア伝統社会における家と女性
――第2セッション・コメント――

吉田ゆり子

はじめに

　本稿は，第2セッション「10～18世紀　家と婚姻，相続」に関し，近世史研究の立場から若干のコメントを行なうことを目的とする。その際，第2セッションの趣旨説明にある「家の変化を，婚姻や相続，祭祀，さらに家父長権のあり方の変化から分析し，3国の社会構造や儒教などのイデオロギーが家の構成や夫妻や親子関係に与える影響を考え」[1]るという企図と問題を共有していた共同研究「東アジア伝統社会における女性の相続と財産分与に関する研究」（2007年度サントリー文化財団補助事業）[2]で得た知見を踏まえ，「家」の継承と女性に対する財産分与の問題を考察する。さらに，日本・中国・韓国を貫く共通のイデオロギーとしてつとに論じられる儒教思想が，日本近世社会にどのように受容され，女性の社会的位置づけを論じようとしたかを，17世紀から18世紀半ばにおける儒学者の言説の枠組みと変遷について概要を述べ，今後の見通しを述べておきたい。

1．家の継承

　まず，継承されるべき家という概念が，歴史的にいつ頃形成され，どのような内実をもって継承されてゆくのか，家の継承をめぐる論点についてである。中国では，宋代に小家族が成立し，家の継承（「承継」）は「人のあとを継ぐ『承嗣』」，「祭祀を受け継ぐ『承祀』」，そして「財産を受け継ぐ『承業』」が一体となったものと観念され，家が絶える「戸絶」を回避するために娘に遺産が渡される可能性もあるという[3]。韓国では朝鮮後期に家と宗族の形成がみられ[4]，日本の場合は，「家」とは「家名・家産・家業・祖先祭祀をもつ」もの

で，太閤検地にともなって大家族から小家族への移行が進むものの，近世・近代に広く階層を超えて一般化したとまとめられた[5]。

「家」という概念を三つの国で簡単には対照することはできないが，日本近世社会では「家」の属性として掲げられる「家業」という点に特徴があると考える。16世紀終わりから17世紀後期にかけて，日本では下人や名子・被官が主家から自立してゆく過程が広く進行していった。それまでは夫婦を形成することができなかった下人が夫婦を形成し，あるいは夫婦を形成して小屋に住むことが認められても，自らの子供は主家の下人として育てざるを得ないような名子・被官が，自分の子供を育て，自分の跡を継承させることができることになったのである[6]。こうして，自ら生業を行なうことで形成した財産や遺物を子に伝え，子は親の霊を弔う位牌や墓を建て祭祀を行なう。さらに，こうした行為が代々継承されることで，その継承性を象徴する「家名」が生まれるのである。

しかし，織豊政権は「家」を単位に「役」（夫役）を賦課したため，「家」と，家族の生活を成り立たせる営みである生業が一体化して「家業」となり，子供に継承されることになる。徳川幕府は，「家」に「役」（夫役）を賦課することで，「家業」と結びついた「家」を身分として編成したのである。こうして，日本近世の「家」は属性として「家業」という概念を随伴することになるのである。

ただし，日本近世社会の場合，「家」の継承とは，中国のように「人のあとを継ぐ『承嗣』」と「祭祀を受け継ぐ『承祀』」と「財産を受け継ぐ『承業』」が一体となったものとは，必ずしもいうことができない。士農工商という四民の中でも，「農工」（百姓・職人）は，生業（家業）の根源を支える所有（土地・道具）が，家業とともに家産として受け継がれる。ところが，「商」は，家業は入夫が継承し，家産は家付き娘が所有するという所有と業（経営）が分離した相続が多くみられる。これは，家業である商売は，経営能力のある者がになうべきであるという考えが根底にあるため，家業の継承者が実子である必要性がないからである。無能な子供に経営を任すより，能力のある人間に委ね

た方が「家」にとって都合がいいという，合理的な考えである。極端にいえば，すべて能力のある男性を入夫にして家業を継承させるという家訓を遺した家もあったといわれる[7]。これに対して，家産は血脈が重視され，子供に継承されるのである[8]。このように，「商」においては，「家業と家産の分離」，経営と所有が分離していたということができるのである[9]。

　こうした「家業」の観念は，明治初期に明治政府によって実施された身分制の解体によって社会的に意味を喪失する。職業は，身分に関わらず自由に選択できるようになり，勿論「家」についた「家業」，つまり「家」の属性ではなくなるのである。

2．財産分与のあり方

　次に，「家」の継承者と家産の分与についてである。中国では，「戸」を承継する人は実の息子であるが，すべての男子が嫡庶に関わらず財産を平等に相続する権利があるが，女子への財産分与にあたる「女子分法」に関しては，いまだ論争があるという[10]。韓国では，男女に関わらず分割相続であったものが，財産である土地の狭小化を回避する手段として単独相続となった上，17世紀後半以降，朱子学的規範の浸透により輪番奉祀から女婿がはずれてゆくに伴って，娘の財産相続分も減少してゆくという[11]。日本では，南北朝時代まで女性も分割相続の対象となったが，鎌倉時代中期以降には女性の一生の間だけとの限定を受けた一期分(いちごぶん)が行われるようになり，ついに江戸時代には全く排除されることになる[12]。このような過程をたどるのは，武家社会において軍役を負担できない女性が「家」の当主となることができないためではないかとの仮説が示されている[13]。しかし，武家以外の百姓・町人の家においても江戸時代には女性が家の相続から排除されることから，これを説明するために，儒教的な観念の浸透によって，女性の社会的な地位が低下したためではないかとみる傾向もある。

　このように，女性が家の相続から排除されてゆく要因については，いまだ確定した解釈はなされていないのが現状である。ただ，日本では，嫁入婚のもと

では，娘に分与した財産が夫家に移動することを回避するために，女子一期分という形で娘の死後は実家に返却させる方法がとられたとする解釈は，実家の財産保全という意味で合理的な志向であるともいえる。また，韓国においても，嫁入りした後に女婿に実家の祭祀を輪番で担わせることは事実上難しいために，奉祀のための財産分与という考え方のもとで，女子分が消滅してゆくという説明も合理的である。今後，さらに事実関係を確認しながら，考察が深められることが求められよう。ただ，その際にも，女子の財産として広くみられる持参財産としての財産分与や後家分と，相続による財産分与とは区別して考えるべきである。持参財産は，婚姻後に婚家の没落，夫との死別や離婚等の不測の事態に対応して女子の生活を保証する意味で分け与えられるもので，結果的に女子の婚家での地位の安定をもたらすといわれている。この点は，後家分についても同様で，夫と死別した女性の扶助費を土地などの形で与えたのが後家分である。このような女性の生活資金として分与された財産と，親の世代交替にともなう財産分与とは，基本的に目的とするところが異なると考える。

3．東アジアにおける「儒教イデオロギー」と日本近世社会の独自性

第2セッションの趣旨説明文にもあるように，「東アジア」という枠組みで日中韓をとらえる時，常に浮上するのが「儒教イデオロギー」である。とくに韓国の財産と祭祀の相続の変化を考える際，「朱子学的規範が浸透していくに従って父系血統のつながりが重視されるようになり」と，儒教イデオロギーの浸透が家と相続のあり方に変化をもたらしたと述べている。たしかに，儒教や儒学書が韓国や日本に与えた影響は甚大であることは否めないが，それがどのような形で受け入れられたのか，あるいは受け入れられなかったのか，具体的に検討をする作業は十分になされているとはいえない。

日本においても，従来から，五経の『礼記』（または『儀礼』）・『詩経』，『列女伝』等を参照した女訓書がみられ，日本の家や相続，人々の意識に影響を与えたといわれてきた。しかし，すでに尾藤正英氏や渡辺浩氏も指摘するように，17世紀に日本で受け入れられた儒教とは朱子学だけではない上，その受容の

過程で朱子学を排除し，孔子・孟子等の古学に学ぼうとする動きとなっていったことは，よく知られた事実である[14]。このように，日本に中国の儒教がストレートに入ったのではなく，日本社会に適合的な形で独自な古文辞学派を生むことになるのである。

古文辞学派を代表する荻生徂徠は，「農は田を耕して世界の人を養ひ，工は家器を作りて世界の人につかはせ，商は有無をかよはして世界の人の手伝をなし，士は是を治めて乱れぬやうにいたし候」[15]と，士農工商の四民それぞれに職分があるといい，町人の家を存続の危機に臨み，心学を説いた石田梅岩は「職分を知らざるものは，禽獣にも劣り（中略）商人とても，我が職分を知らずは，先祖より譲られし家を亡すに近かるべし」[16]と，人には自らの職分があり，その職分を知らねば家を滅ぼすことになると述べているように，職分を果たすことで人は社会に位置付いているという考えが示された。こうした職分観念によると，女性は社会的にどのような位置づけとして理解されていたのであろうか。儒教を受け入れながらも，日本独自な職分観念により社会編成を説明する中で，女性の位置づけに触れた思想家の言説を分析していこう[17]。

(1) 中江藤樹（1608 ― 48）『鑑草』 正保 4（1647）年執筆（翻訳・講評本）

中江藤樹『鑑草』は，「女中方の勤戒」とするためとして，中国明 17 代崇禎帝の時代の進士顔茂猷が編述した『迪吉録(てっきつろく)』の「女鑑門」を翻訳し，朝鮮世宗時代に官命により編纂された『三綱行実図』・前漢劉向撰『列女伝』から善悪の例話や『大和物語』など加えて，藤樹自身の講評を加えた書物である[18]。中江藤樹が，36，7 歳の時に執筆し，正保 4（1647）年秋 40 歳で刊行した。全体として，『迪吉録』に流れる勧善懲悪，因果応報の思想を根底とし，中国明代の女性に対する訓戒を収録し，講評部分に藤樹の考えが示されている。

藤樹の考えは，一貫して人間の本心には「明徳仏性」が備わっていることを前提としている。したがって，他人の本心にある「明徳仏性」を信じながら，自らの本心を開花させることで，嫁した女性と親・夫・子・親族・一族との関係を作り出す方法を述べている。しかし，「明徳仏性」を開花させるために，

女性に一方的な自己犠牲を強いるのではない。むしろ、天道による報い＝「福」の到来を対価として掲げ、ある意味では因果応報、功利的・打算的ともいえる形で善行を薦め、導いているのである。

なお、藤樹は、女性とは嫁すものであり、「夫婦一体」、「子孫繁昌」の「理」が存するというが、女性に勤むべき役割や「職分」がある、という考えはみられない。

(2) 熊沢蕃山 (1619-91)『女子訓』

『女子訓』は、蕃山が幕府の嫌疑を受けて幽閉される直前の貞享2 (1685) 年に執筆され、元禄4 (1691) 年に刊行された。[19] 巨勢子暎（卓軒）の序文によると、女性が書物を開いて婦道を学ばない現実に警告を発してまとめられたもので、「一周南、二召南、三大和西銘、四惑問上、五惑問下、六昔物語、七鑑草、凡七巻」の全7巻を「女子訓」と名付けて出版された。ただし、現存する『女子訓』では、蕃山自身の執筆は「周南之解」の一部のみであり、「周南之解」と「召南之解」として完成させたのは、弟子の中三畏である。そこで、蕃山の思想を知るために、「周南之解」の「苤苢（おおばこ）の詩」までを対象として検討しよう。

周知のように、「周南」「召南」は周代『詩経』の「国風」（各国の民間で唄われた歌謡の内、陝西省以南の地の歌から採録されたもの）に所収されている。『詩経』「国風」は、朱熹の『詩集伝』により「淫奔の詩」と評価されたが、「国風」の中でも「二南」については、理想の王である文王の徳の化が及ぶところとし、夫婦の情愛を詠んだ詩ともされている。これを、蕃山は、儒家が理想とする周代の文王と后妃を聖人・聖女として讃え、その行為を一般的に男性、女性の理想像として詩を解釈したのである。

その結果、「男は男事を勤め、女は女事をなして」と、「男事」（外）と「女事」（内）の区別を指摘し、「男事」とは、治者については「国家のつとめ・弓馬の稽古・文武のつとめ」を果たすこと、民間は「家業」をつとめることであるとし、「女事」は治者・民間に関わらず葛から布を織る作業、家の内である

と述べた。また，男女の「徳」に言及し，男は「至健」・「知仁勇」であること，女は「窈窕（美しくおだやか）」，「淑（しとやか）」，嫉妬の心がないことが理想とされた。そして，男女それぞれの「職事」をつとめ，せわしなくゆとりをもって「家業」「産業」をつとめる世が理想であると述べていることがわかる。

(3) 山鹿素行（1622―85）『山鹿語類』

　山鹿素行は，寛文3（1663）年から談話を門人に編纂させ，寛文5年に『山鹿語類』として完成した[20]。尾藤正英によると，素行はだれからも思想的に影響を受けずに「朱子学を批判し，これに代る思想的立場を求めよう」[21]とした人物だという。ただし，その方向性は孤立したものではなく，陽明学に転向した中江藤樹や熊沢蕃山，古代儒学の原典に向かった伊藤仁斎などと同じ傾向にあったといわれる。

　山鹿素行の社会編成に対する基本的考え方は，職分論にあるといえる。『山鹿語類』巻21「士道」によると，「或は耕して食をいとなみ，或はたくみて器物を作り，或は互に交易利潤せしめて天下の用をたらしむ，是農工商不得已して相起れり」と，「農工商」は天下の用を充足するために必然的に生まれた人々であるというのに対し，「士」は「不耕不造不沽」であり，「士として其職分なくんば不可有」と，「士」の職分を探す。そして，「士の職と云は，其身を顧み，主人を得て奉公の忠を尽し，朋輩に交て信を厚くし，身の独りを慎で義を専とするにあり」という。「農工商は其職業に暇」がないため，こうした「人倫」を全うできないが，「士は農工商の業をさし置て此道を専つとめ」ることで「人倫」の乱れを罰し，「天倫」の正さを保つことができる。そのため，武士は，外形では「剱戟弓馬の用たらしめ」，内では「君臣朋友父子兄弟夫婦の道をつとめ」ることを「職業」とするとした。このように，社会を構成する諸身分に明確な「職分」，役割が存在するというのが，素行の考えであった。

　こうした職分論の中で，女性はどのように位置づけられたのであろうか。素行の女性論は，『山鹿語類』巻16「父子道」と巻19「夫婦之別」に著されている。これをみると，まず女子を教戒する道は男子と異なるところはないとして，

男子と同様に教戒すべきことを述べる。具体的には,「家を治め身を守り婦道をよくする」こと,夫の家では,閨門の内は「婦」(妻)がすべて司るゆえ,「家法」をよく心得て,「婦の法を軌とすべき」であり,母として子孫に教戒を残すことを道とするという。つまり,女性は閨門の内(家)を治め,身を慎んで,妻としての道をつとめることが求められるとした。この素行の「夫婦之別」に著された教戒は,次に述べる貝原益軒の「女子を教ゆる法」に大筋として受け継がれていく。

(4) 貝原益軒(1630－1714)

女性に対する考え方を示し,その社会的普及に大きな力をもった『女大学宝箱』に所収された「女大学」の思想を考える際,そのもととなった貝原益軒の『和俗童子訓』所収「女子を教ゆる法」[22]にみられる思想の枠組みに注目する必要がある[23]。

貝原益軒は,福岡藩士で儒学者・本草家・庶民教育家として知られた人物である。益軒が日常道徳を記す著書は,近世社会に広く読まれたばかりでなく,明治26(1893)年に『益軒十訓』[24]として1冊にまとめられるほど長く読まれた。『益軒十訓』にも収められた『和俗童子訓』は,子供を養育する父母に向けた教訓書であったが,その一部である「女子を教ゆる法」には,益軒の女性に対する考え方が凝縮されている。

すなわち,益軒は「士農工商」・「四民」,すなわち男性は,閨門の外に居て,それぞれの「家事」(家業)を勤める存在であるとする。これに対して,「婦女」は閨門の内に居て,親・姑・夫によく仕え,織り縫い・紡み績ぎ,食をととのえることを「職分」とする[25]。つまり,社会は士農工商がそれぞれの「家業」を「職分」として勤めることで構成されているが,その四民とは男性を意味しているのであり,女性は士農工商の「家業」を「職分」とするのではなく,四民の別なく「婦女」としての「職分」を有する存在とみなされた。この考え方の大枠は,前述した山鹿素行にみられるものである。ただ,素行と益軒の相違点は,益軒が女性に「五つの病」があり,その病の内,愚かであることが最

も重大な女性の欠点としたところである。益軒は,『和俗童子訓』において,いかに教育により人間のもって生まれた本性を正すか,男女を問わず子供の教育の必要性を述べることに主眼があった。しかし,『女大学宝箱』の「女大学」として出版者により改書された時,女性の本性が男性に劣るという価値観のみ一人歩きし,社会通念となって女性を虐げる言説として普及することになったのである。

おわりに

　以上,日本・中国・韓国をめぐる家と女性の歴史を,とくに共通のイデオロギーとして論じられる儒教イデオロギーに注目し,17世紀半ばから18世紀前期に至る日本における儒学者の女性をめぐる言説を概観した。ここでは,詳細な検討は省略したが,「詩経」「内則」「家礼」等,中国伝来の古典的書物に依拠しながらも,その解釈には日本独自な社会背景と思想が反映されていたことを確認しておきたい。閨門の内と外というとらえ方は共通しているものの,男性が担う「家」の職分=「家業」を勤める者が社会を構成するという考え方は,身分制社会である日本近世社会の特徴ということができよう。こうした考え方のもと,閨門の内に居る女性は,「家業」の担い手ではなく,身分に関わらず衣服を整え,内を治めることが職分とされたのである。

　それでは,閨門の内を治める女性の社会的位置は,日本・中国・韓国に異なる点はないのだろうか。閨門の外の世界は,それぞれの社会体制や構成原理の違いが直接的に反映する。しかし,閨門の内に関しては,社会制度の違いがどのような形で反映していたのであろうか。同じ儒学の書物を用い翻訳しながらも,その解釈において異なる点がないか,改めて三つの国で対照研究を行うことが求められよう。そして,その言説が社会通念としてどのような形で定着してゆくのか,さらに丁寧な検討が必要である。

注

1) 日中韓女性史国際シンポジウム『女性史・ジェンダー史からみる東アジアの歴

史像　報告原稿集』所収「主催者挨拶」，2013 年 11 月 16 日。
2) この共同研究は，16 - 19 世紀における日本・中国・韓国の伝統社会における家の継承と財産分与の同質性と差異性を比較検討することを通して，東アジア伝統社会の比較研究の基盤を構築し，三国相互の歴史認識の深化に寄与することを目的として，韓国・中国・日本の 6 人の研究者（文叔子・鄭肯植・李長利・大口勇次郎・臼井佐知子・吉田ゆり子（代表））によって行われた。また，2009 年 3 月 21 日には，シンポジウム「問題としての「家」再論―存続装置としての養子システム，比較史的視点から―」（科学研究費補助金基盤研究（A）「ジェンダーを巡る＜暴力＞の諸相 - 交差・複合差別における『家族親密圏』の学際的研究」（代表粟屋利江，2008 ～ 2013 年度））において，引き続き「相続と養子」に焦点を絞って，文叔子，鄭肯植，柳谷慶子，大森映子の参加を得て考察した。
3) 五味知子報告「中国『近世』の女性と家」。
4) 豊島悠果報告「高麗・朝鮮時代の婚姻と相続 - 朝鮮後期の変化を中心にして」。
5) 久留島典子報告「日本中世後期の婚姻と家」。
6) 吉田（鈴木）ゆり子「百姓の家と家族」『岩波講座　日本通史』近世 2，1994。
7) 横山百合子「近世後期江戸における町人の家とジェンダー」『ジェンダーで読み解く江戸時代』三省堂，2001。
8) 片倉比佐子は，「男子優先」の「家の血筋重視」という（「江戸町方における相続」『論集近世女性史』吉川弘著文館，1986）。
9) 吉田ゆり子「町人の家と女性」（同著『日本近世の家と女性』山川出版社，2015 年 5 月刊行予定）。
10) 前掲五味報告。
11) 前掲豊島報告。
12) 前掲久留島報告。
13) 脇田修「身分制と家」総合女性史研究会編『日本女性史』近世 3，東京大学出版会，1982。
14) 尾藤正英『日本封建思想史研究』青木書店，1961，渡辺浩『近世日本社会と宋学』東京大学出版会，1985。
15) 『徂来先生答問書』
16) 『都鄙問答』
17) 詳しい言説の検討は，拙稿「女性の職分と社会通念」（前掲『日本近世の家と女性』所収）を参照されたい。
18) 『鑑草』岩波書店，1939，解題による。
19) 『蕃山全集』第 2 冊，蕃山全集刊行会，1941。『女子訓』の書誌学的検討は，別稿「女性の職分と社会通念」を参照されたい。
20) 『山鹿語類』岩波書店。
21) 尾藤正英「山鹿素行の思想的転回（上）」『思想』560，1971，同『日本の国家

主義』岩波書店,2014 所収。
22)『養生訓・和俗童子訓』岩波書店,1961
23) 貝原益軒の女性論を検討した高美正氏によると,益軒は四民にそれぞれ社会的役割(職分)が存在すると指摘し,同じように女性には女の職分があると述べたと指摘している(高美正「貝原益軒の女性観」『女大学資料集成』別巻,大空社,2006)。
24)「家訓」「君子訓」「大和俗訓」「和俗童子訓」「楽訓」「五常訓」「家道訓」「養生訓」「文武訓」「初学訓」。
25) 前掲『養生訓・和俗童子訓』。

第 Ⅲ 部

第 3 セッション (19 〜 20 世紀)

移動と労働

第3セッション趣旨説明

江上幸子（文責），池川玲子，坂井博美，早川紀代

　東アジアは伝統的にほぼ「海禁政策」をとってきた。人々が海外に出ることを原則として禁じ，それが国の安定につながるとしたのである。しかし19世紀半ば以降，西洋列強がアジアへの進出を広げ，開港場を増やし植民地支配を強化すると，東アジアの人々の「移動」が激しくなった。そして20世紀に至ると，日本が東アジアへの侵略を進めるのに伴ない，移動の形も変化した。

　東アジアではまた，「男は外，女は内」というジェンダー規範が強かったため，当初の移動は男性が中心だった。しかしやがて，女性もさまざまな動機や形態で移動を始めた。本セッションでは，近代における東アジア女性の移動について考えていく。

　近代の東アジアの移動には，留学，移住，移民，出稼ぎ，求職・就職・転勤，結婚などによるものがある。女性の移動としても，より良い生活を求めた単身あるいは家族と同行の移民，植民地支配などによる貧困化によって生き残るための移住，教師や看護婦など新しいポストを求めた移動，政治的な状況や権力による強制的な移住などがあげられる。日本・朝鮮・中国・台湾を環流する，売買春（性の売買）を目的とした強制を含む労働移動も看過できない。男性に比べ数は限られるものの，女性の留学も近代の早い時期から行われている。しかし，売買春や留学による移動は別の機会に譲り，今回は「移動と労働」をテーマとした。移動のほとんどに労働が伴なっており，女性の労働には雇用労働ばかりでなく，家内労働，家族労働（農業労働），ケア労働（家事・育児・介護）などがある。

　さまざまな形の女性の移動に関して，つぎのようなファクターを考慮する必要があろう。

第1に，前住地（あるいは国家や民族）における男女の権力関係はどうなっているか，女性に対する抑圧はどのようなものかなど，「性差別の問題」について考えなくてはならない。また，その権力関係が移動によってどのように変化したのかも見なくてはならない。

　第2に，移動先（地域や国家）において前住者と移動者との関係はどうであるかなどの，「民族差別の問題」を考慮に入れる必要がある。その民族関係は，男女によって差異があるのか，あるとすればどのような差異なのか。また，複数の民族が混在する場合，異なる民族の状況に違いがあるのかも考慮すべきである。

　第3に，売買春に顕著に見られるような経済格差の問題，すなわち「階級差別の問題」に目を向けなくてはならない。階級格差は女性の移動にどのような影響を与えているだろうか。たとえば，専門職としての女性の移動と，性売買に関わる女性の移動には明らかに階級格差がある。

　第4に，たとえば戦時期に日本軍の性暴力を受けた女性たちは，性・民族・階級という3種類の重層する差別を体験している。性・民族・階級の差別はどのように関連しあい，どのように女性に収斂して表れるのだろうか。

　最後に，移動した女性たちについて，単に「犠牲者」として視たり「民族主義」の問題として論じたりするのみでなく，女性側の主体性や加害性についても考察しなくてはならない。女性たちの行為や戦略などが，どのようにジェンダー構造の変容に作用したのか，あるいはその可能性があったのか。また，それらがどのような加害をもたらしたのかも問われなくてはならないだろう。

満洲農業移民におけるジェンダー
―― 政策・実態・メディア ――

池川玲子

はじめに

本論のテーマは「大陸の花嫁」、すなわち「満洲国」に"移動"した農民の女性配偶者である。

最初に本論で用いる用語について説明しておきたい。満洲とは、18世紀から19世紀にかけて現在の中国東北地方からロシア沿海地方にあたる地域をさして、日本人が使いはじめた地域名である。北京条約（1860年）による沿海地方のロシアへの割譲以降は、東三省地域を指すようになった。ここに日本が立てた「満洲国」を、中国では「偽満洲国」と称している。その傀儡性は疑いを入れないが、本報告では、歴史的用語として、「満洲国」をカッコつきで使用する。また1934（昭和9）年から「満洲国」は帝政に転換し「満洲帝国」となるが、煩雑さを避けるため「満洲国」で統一する。

満洲農業移民とは、1932（昭和7）年の「満洲国」建国直後から1945年までの14年間に、日本内地から「満洲国」（一部は内モンゴル地域へ）へと移住した人々のことである。「大陸の花嫁」は男性移民の配偶者またはその候補者を指して使われた。1939年以降は、移民は開拓民に、移民地は開拓地と改称された。また当時から現在に至るまで、満洲開拓という呼び方と満蒙開拓という呼称が混在している。本論ではこれらの言葉を文脈に応じて適宜使い分ける。

満洲農業移民についてはすでに大きな研究蓄積がある。特に1990年代以降、第一次史料の精力的な復刻作業（不二出版『満州移民関係資料集成』など）を追い風にして、政治経済史の領域だけでなく、文化史領域でも研究が進捗した。また国内のみならず、英語圏さらには中国・韓国語圏でも研究が出始めた。中韓の研究者による日本語での研究も登場し、一国主義的な研究の枠組みは見直

しを迫られている。さらに残留日本人問題や引揚者の記憶の問題など，現代と「満洲国」の関わりを問う視点も確立してきている。

そのような研究状況の中，「大陸の花嫁」研究は，1990年代初頭に一つのピークを迎え，その後も研究の深化がはかられてきた[1]。2010年代も引き続き，筆者のプロパガンダ映画研究や，伊藤めぐみの花嫁学校研究など，新たなアプローチが試みられている状況である[2]。

以上を受け，本論では，先行研究において手薄となってきた「大陸の花嫁」の再生産労働，特に出産・育児問題に目を向け，政策・実態・メディアという三つの方向から検討を加える。

1. "移動"からみた満洲の歴史

「満洲国」以前の人的移動

最初に，"移動"という観点から，当該地域の歴史を整理しておきたい。満洲は清朝（1644－1911年）発祥の地である。漢人移入は禁止（封禁）されていたが，18世紀中ごろからはロシアの脅威への対抗もあり黙認されるようになった。朝鮮人も古くからこの地域と往来していた。特に19世紀半ばからは，自然災害の影響もあり，間島（現・吉林省延辺地区）への本格的な移住がはじまった。清は，日露両国による朝鮮・満洲への進出を警戒するため，さらに間島開発のために朝鮮人の移入を歓迎した。

封禁政策が放棄された20世紀初頭には，ロシアの中東鉄道（東清鉄道，東支鉄道）建設にともない，ロシア人，漢人労働者が大量に流入した。鉄道が敷設されたことにより未耕地開拓も格段に進んだ。

日露戦争に勝利した日本は，ロシアから旅順・大連を含む関東州の租借権，旅順—長春間の鉄道経営権などを得る。1906（明治38）年に南満州鉄道株式会社（満鉄）が設立される。関東州の警備と満鉄線の警備を担う現地部隊が関東軍である。日本は，満洲における権益を本土につなげるために，1909年，清国といわゆる「間島協約」を締結する。翌年，韓国併合。朝鮮総督府による土地調査事業などによって没落した朝鮮人農民が間島地方に流出する。政治亡

命者による独立運動も間島を中心に展開されていくことになる。

中国ナショナリズムの高潮と満洲事変

1915（大正4）年の対華21か条，1919年のベルサイユ条約による山東省のドイツ権益獲得と，日本は着々と中国に地歩を固めていく。中国のナショナリズムは，これに反発する形で高潮した。5・4運動に引き続き，1920年代には，内における国家統合，外に対する国権回収を目指した国民規模の運動が本格化する。一連の中国ナショナリズムの動きは，「満蒙」（満洲と東部内蒙古地域）を特殊地域として中国本部から切り離し，ここでの特殊権益を確保するという日本側の方針と激しく対立するものだった。

1928（昭和3）年，関東軍は，北伐軍に敗れた張作霖を用済みとみなして爆殺し，満洲の直接占領を狙うが失敗した。

1931（昭和6）年9月，関東軍は満洲事変（9・18事変）へと暴走する。この事実上のクーデターを，メディアと，メディアに煽られた日本の大衆が熱烈に支持した。翌年には清朝最後の皇帝・愛新覚羅溥儀を執政とした「満洲国」が立てられた。

事変当時の満洲地域における中国人人口は3000万人。日露戦争からの四半世紀で2000万人増加し，その入植地域はすでに地域全土に広がっていた。朝鮮人数は63万人。日本人は23万人に過ぎなかった。

2.「大陸の花嫁」役割の変遷

「満洲国」の事実上の支配者であった関東軍は，この地域を，総力戦準備のための軍需資源供給地かつ対ソ戦を中心とする戦略基地と見做し，終始，純軍事的見地にたって移民事業をコントロールした。ために移民事業は，戦況に連動しながら変容を迫られることとなった。先行研究では一般的に，移民事業を，試験移民期・本格移民期・移民崩壊期の三期に分けている。以下では，この三期それぞれにおける「大陸の花嫁」の役割について叙述する。

試験移民期

1932（昭和7）年の「満洲国」建国と同時に移民事業の体制も整っていく。関東軍が政策立案を行い、天皇制農本主義者・加藤完治の「加藤グループ」がイデオローグとして活動し、拓務省が事業運営を担うという三者分担体制である。同年、試験移民として武装した男たちが送り出される。入植地は、現地人所有の既耕地を強制的に買収したものが多かった[3]。

「反満抗日」を掲げたパルチザンや現地農民の激しい抵抗がはじまる[4]。団員達にはストレス性の病状が現れ犯罪も多発した。関東軍は、男たちを慰撫するために女性の招致を決める[5]。1934（昭和9）年からはじまる「大陸の花嫁」の到着は、侵略される側にとって最大の脅威だった。それは帝国の暴力的な収奪が、肥大化し日常化し永続化することを意味していた。

この後、中国人農民、朝鮮人農民の多くが、悪条件の土地に強制的に移住されることになった。安全農村[6]、集団部落[7]という名の、事実上の収容所に移動させられたケースも多い。

本格移民期

1936（昭和11）年の2・26事件により、満洲移民に反対してきた高橋是清蔵相が暗殺された。関東軍による満洲移民案はすぐさま7大国策の一つ「満洲農業移民20カ年百万戸送出計画」へと格上げされた。それは、一つの家族5人と計算して20年間で500万人の日本人を植民するというプロジェクトだった。これをもって日本人女性たちを満洲へ移動させ、日本人の男性移民と結婚させ、そこで日本人の子どもを増やし、もって「満洲国」の永続的な支配を確立するという「大陸の花嫁」送出が国家的課題となる[8]。

拓務省計画では、移民は、①単身男性による先遣隊が入植地に入り、②翌年から本隊を招致、③共同経営からはじめ数年かけて個人経営へ移るとされていた。

実情はどうであったか。「満洲国」の北安省（現・黒竜江省）の通北県に作られた埼玉村開拓団（先遣隊の入植は1937年、本隊の入植年度は1939年）の

団員の一人は，戦後，以下のように回想した。

　先遣隊はあまった精力は通北の町にゆき，娼家にあがって間に合わせた…略…家族招致は個人住宅が完成しないうちに行われた。一度に一五〇家族くらいドッと押し寄せて来たので，こうなると仕方ない。とりあえず一同を共同宿舎に収容するより仕方なかった。…略…極度に不自由な性の営みを，ある一組の夫婦が始める。すると，物の気配につれられて，広い宿舎で，何十組かの若い夫婦が，一斉に熱気溢れる行為を始めるのであった[9]。

　この文章からは，ジェンダーと民族を二本軸とした植民地支配の構造が浮かび上がる。移民事業は，花嫁とともに娼婦の存在を必要とした。二種類の女は，快楽の提供と生命の再生産という側面から，それぞれ支配システムを支えていた。

　日中戦争の長期化に伴い，農村不況の元凶とされた過剰人口問題は，徴兵・徴用によって解消されていく。プッシュ要因を欠く中，移民送出達成率が急落する。分村移民が立案されるが，はかばかしい結果は得られなかった。ここにきて兵役前の青少年からなる満蒙開拓青少年義勇軍案が浮上し，1938（昭和13）年に第一陣が送られた。これとセットで彼らの将来の配偶者問題がクローズアップされていく。当時の人口政策の根底には優生思想があり，大和民族の「純潔」のためには，義勇軍と同数の日本人女性が必要とみなされていたのである。

　1939（昭和14）年12月，「満洲開拓政策基本要綱」が日本と「満洲国」で同時に閣議決定された。ここではじめて独身女性を「満洲国」に送り出すことが，女子拓殖事業の名前のもとで政策化した。「大陸の花嫁」送出は公共事業となり，公共事業の常として動き出した歯車を止めることは至難となる。

移民事業崩壊期

　太平洋戦争期と重なる1942（昭和17）年から敗戦までの期間は，移民事業崩壊期と分類される。国内労働力は，小学生を軍需工場で働かせるほどに不足

した。当然ながら日本から「満洲国」へ移動する移民数は激減した。にもかかわらず毎年2万人以上の入植者が計上されている。そのうち8～9割までが，3年間の現地訓練を終え，開拓団へ移行しはじめた義勇軍だった。そして開拓団員となった彼らのために，1942年からの5年間で，6万人以上の女性が必要とされていた。つまり「大陸の花嫁」事業が本格化したのは，移民崩壊期のことである。ちなみに1938年以降の開拓団の総数は以下の通り。移民崩壊期に団数の爆発的な増加が生じていたことがわかる。

1938（昭和13）年　49団
1941（昭和16）年　151団
1943（昭和18）年　550団
1945（昭和20）年　800団超

太平洋戦争下の「満洲国」は，総力戦のための食糧と資源の供給基地と位置づけられた。すべての在満農家に増産が義務付けられ，1942（昭和17）年11月には，出荷督励として，隠匿農産物の強制的な回収が行われた。また翌年には，農村に出荷量を強制的に割り当てる報恩出荷が実施された[10]。

「満洲国」の全農民人口の内，中国人農業人口の割合は96％に上っていた。続いて朝鮮人。日本人農民の占める割合はわずかだった。したがって供出物のほとんどは被支配民族からの収奪だった。彼らは，耕作地を奪われ，移住を強制され，その上に農産物をも奪取されたことになる。ただし日本人移民とても，戦時農政の網の目から逃れられたわけではない。特に1943（昭和18）年以降は根こそぎ動員と呼ばれる男性の応召が続いたため，各開拓団では女性たちの労働が必要となった。「大陸の花嫁」は，産み育てる母でありかつ働く農婦でなければならなかった。

以上，「大陸の花嫁」の役割を概観してきた。ここから浮かび上がってくるのは，大日本帝国にとって「大陸の花嫁」とは，子どもを産む軍需物資に他ならなかったという事実である。「大陸の花嫁」と，日本の植民地・占領地全体に配置された日本軍「慰安婦」とをともに視野に含めれば，日本の戦争とは子宮と膣の配置に他ならなかったとすら思えてくる。

3. 映画と「大陸の花嫁」
プロパガンダ映画概観

「大陸の花嫁」を含め，満洲移民事業は法的な強制力を持たなかった。ゆえに，メディアによるキャンペーン，学校教育，各種の講習会，報国農場隊（1945年までに，開拓地に74場が設営され，「内地」から派遣された青少年が農場経営全般を担当した。女子隊員は潜在的な花嫁候補であった)[11]，「大陸の花嫁」養成機関（日本国内の拓殖訓練所や現地に設けられた開拓女塾）など，さまざまなレベルで，人員の確保に向けた仕掛けが張りめぐらされた。

ここでは移民宣伝を担った多くのメディアのうち，映画について概観する。移民に関連して作られた映画は，ニュース映画を除いても50本を下らない。そしてそれらの製作傾向と作品内容には，移民の三期に連動した明らかな推移が見られる。

試験移民期にはそもそも，移民に関連した映画はわずかしか製作されていない。本格移民への移行期にあたる1936(昭和11)年にようやく，満洲のイメージビデオ的な作品が登場してくる。この時期に，日本国内の婦人会組織が関わったと思われる満洲関連映画が作られていることは注目に値する。満洲事変で落命した女性を讃えた『靖国神社の女神』（合同映画，原案：関東局，1936年）や，『往け健児満洲へ 愛国婦人会』（日活，1936年）などである。残念ながらいずれもフィルムの現存は未確認である。

本格移民期に入ると，一転，多種多様な移民関連映画が製作されるようになる。特徴的なのは，大手映画会社が手掛けた劇映画の製作がこの時期に集中していることで，主なものとして，『大陸の花嫁』（松竹，1939年），『白蘭の歌』（東宝・満映，1939年），『沃土万里』（日活，1940年），『大日向村』（東京発声，1940年）がある。劇映画以外で目立つのは満蒙開拓青少年義勇軍に題材をとった作品である。『若き開拓者 満蒙開拓』（産業組合中央局），『我等は若き義勇軍 現地訓練冬の巻』（拓務省），『少年拓士の日記』（満鉄，1940年）など，その数は10本を超える。対して「大陸の花嫁」を題材にとったものは案外に少ない。知り得る限りでは『国策結婚』（満洲移住協会，1938年），『大陸花嫁』

171

(文化起業，1938年），『大陸の花嫁学校』（ミヅナカ映画部，1939年）の短編3本のみである。いずれもフィルムの現存は確認できない。

　移民崩壊期になると，劇映画，ドキュメンタリー映画ともに，日本国内では，移民に関連した映画はほとんど作られなくなる。代わってこの時期に移民映画製作を担ったのが，「満洲国」の首都「新京」（現・長春）に本社を置く巨大プロパガンダ映画組織・満洲映画協会（以下満映と略記）であった。確認できる範囲で3本の作品が製作されている。『開拓地の子どもたち』（1942年か？監督：円城寺進），『開拓の花嫁』（1943年，監督：坂根田鶴子），『穀倉満洲』（1944年，監督：円城寺進）である（この他，満映のニュース映画には，開拓地関連の話題が数多く含まれているが，ここでは言及しない）。

　このうち『開拓地の子どもたち』と『開拓の花嫁』は，ともに，先述の北安省の埼玉村開拓団でロケを行っている。そもそもが姉妹版として製作されたという証言もあるが，本論では『開拓の花嫁』を主たる分析対象とする[12]。

4. 開拓地の保健医療体制

映画における万全さのアピール

　数多い移民プロパガンダ映画において特に強調されていたのが，医療体制の万全さである。

　例えば記録映画『開拓突撃隊』（芥川光蔵，鉄道総局・満鉄，1937年）には，堅牢な作りの医院が映し出される。「内科・小児科」の札が下がった診療室では，生後まもない移民夫婦の赤ん坊が診療を受けている（図版1）。劇映画ではどうだろうか。長野県での分村移民を題材にした『大日向村』には，移民を検討している村民たちの間で「お上の補助金と満拓公社の給付金で今度の分村にも病院が建つことになっている」，「へえ，それじゃあここよかよっぽどましだ」という会話が繰り広げられている。「満洲」現地でロケをしたことで話題となった『沃土万里』には，移民地の近辺で部落を形成している「満人」が，お産のたびに日本人産婆を呼びに来るというエピソードが登場している。

図版 1

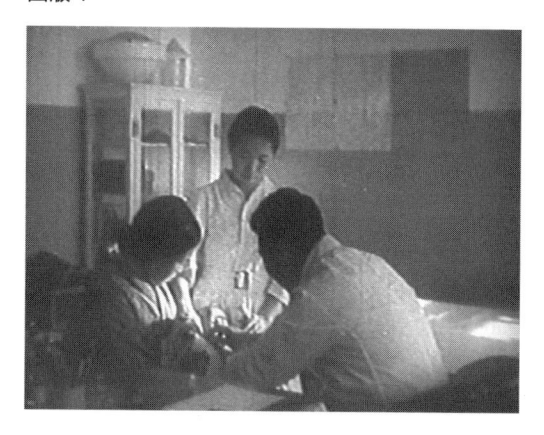

再生産労働の実情

しかし，映像で繰り返し保障されてきた万全な医療体制は，現実とはほど遠いものだった。病院建設どころか，国策化に伴う移民の大量流入に，医師・看護婦といった医療スタッフの派遣すら追いつかなかったためである。獣医，歯科医，薬剤師の再教育や，義勇軍訓練生の医学部進学によって専用の医師を速成することが図られたが，弥縫策に留まった。医療スタッフと花嫁の確保を同時に行うべく，花嫁募集にあたっては，看護婦，産婆資格所有者が特に歓迎された。1943（昭和18）年には，加藤完治が主宰する内原義勇軍訓練所病院に看護婦養成所が設立されると報じられている[13]。看護婦教育と同時に妻としての訓練を行うことが目指されていたと推測されるが，その後の成り行きは不明である。

当然ながら，現地での出産や子育ては極めて厳しい状況にあった。以下の短い報告文からは，「大陸の花嫁」たちが農作業に追われる中で，次々と生まれる子どもたちを扱いかねているという実情が浮かび上がってくる。

> 現地出生は出生率も大であり，乳児死亡も内地より低率で10％に達しない。しかし離乳期より3年未満の死亡は相当多く，死因も消化器伝染病（赤痢・疫痢）41.6％を占め，死亡期も90％は6月乃至10月の農繁期に生

じている[14]。

　妊娠・分娩の状態も問題だった。1942（昭和17）年の『満洲開拓年鑑』によれば，入植後に経産婦の正規分娩率は10％も低下してしまい，不正分娩率（＝死流産・早産の合計）は19.4％に上る。入植後に初産を迎えた花嫁の場合はより厳しく，死流産は25.3％，早産は20.8％という高率である。彼女達の正規分娩は53.9％に過ぎない。

　よく知られているように1941（昭和16）年の「人口政策確立要綱」によって，避妊行為は禁止されていた。また先述のように，若い男性を先に送りその後数年して女性たちを送るという移民システムの都合上，男性の買春とそれに起因する性病罹患率の高さは当然視されていた。

　つまり移民崩壊期の「大陸の花嫁」の再生産労働状況とは，医療は手薄で親世代の手助けはなく，妊娠・出産のコントロールの手だてはなく，性病罹患の危険にさらされ，農耕をこなしながら家事・育児をこなさねばならないという過酷なものだったということになる。

「開拓地保健婦」というアイデア

　この状況に危機感をいだいたのが，満洲国立開拓研究所の研究官・村上賢三だった。村上は，共同炊事の実施，託児所設置など，労働と育児を両立させるための様々な提案を行った。そしてさらに移民地専用の保健婦＝開拓地保健婦の養成を提案した。

　保健婦という職業は，欧米のHealth VisitorやVisiting Nurseに範を得て日本に導入された。活動の中心は，母子衛生活動，無医村での医療活動，結核患者の訪問指導などで，1930年代後半には農村における乳幼児死亡率の改善を実現している。しかし彼女たちは，次第に，戦時厚生事業の一端を担いはじめる。政府は保健婦を「産めよ殖やせよ」政策のエージェントとして利用したのである。安全な妊娠・出産・育児は，長年にわたって女たちが希求し続けてきたものであった。皮肉にも，それを実現したのは，命を蕩尽する戦争だった。

　1942（昭和17）年，村上によって，満拓公社立開拓地保健婦養成所が設立

された。生徒は在満開拓地の主婦・女子青年団の8名。1年間の養成を経て，各地の団に派遣された[15]。そのうちの一人岩山キミの派遣先が，埼玉村開拓団であった。続く2期生は，「内地」から募集した27名だった。しかし養成所は翌年閉所となった。1943年に開拓保健団が設立されたためである。開拓地の保健指導・予防衛生・医療関係者の養成・配置を一元的に統括する法人であったが，設立以降の詳細は不明である。いずれにしろ，800団を超える開拓団に配属された開拓地保健婦の数は，せいぜい数十名に過ぎなかったと推測される。

　忘れてならないのは，これら開拓地に向けた保健医療対策関連費用が，「満洲国」という名の植民地からの収奪によって確保されていたということである。「1940年から，開拓団に対する医療費助成は，日満両政府の均等分担」となっていた。そして「日本人開拓民1人当たりに擁した診療所の比率は，満洲地方に住んでいた中国人より，はるかに多かった」のである[16]。

5. 坂根田鶴子『開拓の花嫁』

『開拓の花嫁』という映画

　1943（昭和18）年の満映作品『開拓の花嫁』は，以上のような「大陸の花嫁」の再生産労働状況を前提として読み解かれねばならない映画である。約20分の白黒短編で，先述のようにロケ地は「満洲国」に実在した埼玉村開拓団。監督は日本人女性として最初に監督昇進を果たした坂根田鶴子である。

　「満洲国」政府の宣伝研究誌『宣撫月報』には，この映画の狙いが「日本に対して拓地紹介の一助たらしめる」ことにあると明記されている[17]。つまりこれは，「大陸の花嫁」を募るためのプロパガンダ映画だった。当然ながら，映画の中で紹介される開拓地とは，母性保護，乳幼児保護が万全に行われており，女性たちが増産に向けて働ける条件が整っている，そのような場所でなくてはならなかった。したがってこの映画の中には，共同炊事，共同託児所といった，村上提案がすべて描きこまれていた。しかし映画に書き込まれたそれらの施設は，現実の埼玉村開拓団には存在していなかった。つまりはヤラセであった。

『開拓の花嫁』と開拓地保健婦

では，開拓地保健婦についてはどうだろうか。先述のように，埼玉村開拓団は，保健婦が配属された数少ない開拓団の一つだった。しかし坂根は，その保健婦・岩山キミを自作に登場させなかった。

埼玉村開拓団には花嫁候補の若い女性を集めて現地訓練させるための施設・開拓女塾が併設されていた。坂根はここの塾生たち幾人かに演技をつけ，シナリオに基づいた演技をさせている。保健婦役を演じたのも塾生たちの一人である。すなわち一見ドキュメンタリーのように思える『開拓の花嫁』は，実は劇映画として作られているのである。

図版2

図版3

特に保健婦が登場するシーンは技巧を凝らしたものとなっている。先述の『宣撫月報』には，この映画の梗概が掲載されている。梗概中，保健婦が登場するのは共同託児所のシーンのみで，「共同託児所へは幼児が託される。保健婦と手助けの女子青年団のお姉さん達がてんてこ舞いだ」と書かれている。

その託児所のシーンには何人もの若い女性たちが登場しているが，保健婦であるという視覚的指標は観客に提示されていない（図版2）。誰が開拓地保健婦であったのか。それはラスト

176

近くの収穫祭のシーンで明らかにされる。やぐら上には，ねじり鉢巻きの男たちに交じって一人の女性の姿が映し出されている（図版3）。託児所で子どもたちにおやつを与えていたメガネの女性である。祭装束ではなく白い襟の黒いスーツ。これは開拓地保健婦の制服的なファッションだった。現在に至るまでも神事には女人禁制の場が多い。特に戦前には，やぐらに女を上らせないことが当然視されていた。やぐらの周りで踊っているのは，全員がせいぜい十代半ばまでの子どもたち。開拓地で生まれ育った子どもたちを，男性たちに交じってただ一人の女性が見守るという絵。坂根は，この絵の中に，開拓地保健婦の使命と立ち位置，そしてフェミニストとして主張を詰め込んでいる。

満洲移民のジェンダー

　しかしそれは，なんという矛盾に満ちた絵であったことか。日本の軍隊は兵站思想が希薄であったことで知られるが，満洲移民事業においてもそれは同様だった。植民地から吸い上げた費用と労力を投入したにもかかわらず，開拓地における医療施策は，移民の数，そして現地で生まれる子どもの数に追いつかなかった。女・子どもをケアするために，今度は，プロフェッショナルな医療技術を持つ女性たち＝開拓地保健婦が投入された。そして保健婦を含む開拓地医療の完璧さをアピールするためのプロパガンダ制作には，女性映画監督が起用された。

　彼女が作った映画のラストを飾るのは「満洲国」生まれの大勢の子どもたち。その一人一人が，かけがえのない大切な存在であったことは言うまでもない。しかし彼らは同時に，大日本帝国が，「大陸の花嫁」の子宮を使って現地で生産した武器でもあった。家族の私的な幸福と侵略戦争を遂行する国家の悪が，二つながら，彼らの幼い身体に凝縮されていた。

　敗戦時，関東軍と日本政府は，日本人農業移民を，軍略的に遺棄した。彼らを消耗可能な武器として認識していたからこそ，大日本帝国は，簡単に彼らを捨てることができた。

　「満洲国」には国籍制度がなかったこともあり，人口データについては不明

な点が多い。1942年の時点で，全人口約4500万人。内訳は中国人4160万人（94％），朝鮮人151万人（3.4％），日本人は107万人（2.4％）とされている。ソ連侵攻時の日本人人口は，155万人。うち開拓団人口は27万人。そのうち応召中の男性が4万7000人。つまり在団者は22万3000人。このうち，死者8万人，残留者10万人とされている。ではその中の子どもの割合は？　何歳の子どもが何人命を落としたのか？　これに関するデータは存在しない。現地で誕生した子どもの数についてすら，現在に至るまで不明である。埼玉村開拓団の中で，子どもを連れて引き揚げることができたのは一家族だけであった。

注
1) 陳野守正『満洲に送られた女たち　大陸の花嫁』梨の木舎，1992，相庭和彦他『満洲「大陸の花嫁」はどうつくられたか―戦時期教育史の空白にせまる』明石書店，1996，杉山春『満州女塾』新潮社，1996，広瀬玲子「女性にとって15年戦争とは何であったのか―「満州」認識を中心に―」『アジア女性史比較史の試み』明石書店，1997，田中益三「＜小メディア＞の誘惑と作為―大陸の花嫁をめぐる表現」『朱夏』第10号，1998　など。
2) 池川玲子『「帝国」の映画監督　坂根田鶴子―『開拓の花嫁』・一九四三年・満映』吉川弘文館，2011，伊藤めぐみ「戦時下における警察官家庭婦人協会家庭学校の活動―『無産花嫁学校』から『大陸の花嫁学校』へ―」『総合女性史研究』第30号，2013　など。なおこれらの先行研究状況については，シンポジウム予備報告会において検討した。
3) 移民による土地収奪に関しては劉含発「満洲移民の入植による現地中国農民の強制移住」『現代社会文化研究』No.21，2001年8月を参照のこと。
4) 大規模なものとして1934年の土龍山事件。
5) 試験移民期をジェンダー視点から検討したものとしては，加納実紀代「満洲と女たち」『岩波講座　近代日本と植民地5　膨張する帝国の人流』岩波書店，1996　など。
6) 朝鮮総督府による集団部落の初期の形。金永哲『「満洲国」期における朝鮮人満洲移民政策』昭和堂，2012　を参照。
7) 「満洲国」政府による。1939年までに13451か所に設置された。「匪民分離」工作（抗日勢力と一般人を分離するというもの）のもと，日常生活の隅々まで監視の対象となった。
8) 植民地朝鮮においても，男女を満洲農業移民として送出するという事業が実施されたが，本論ではここに踏み込む余裕がない。

9）石川道彦『永遠にさよならハルピン 満州移民救援記』まつやま書房，1982，33-34 頁。
10）戦時農政については鈴木孝史『日本帝国主義と満州 1900-1945』下巻 塙書房，1992，『20 世紀満洲歴史事典』吉川弘文館，2012 を参照した。
11）前掲陳野，65-70 頁。
12）『開拓地の子どもたち』で中心になったのは，元パイロットの国民学校教師・猪岡（西崎）キクであった。彼女については，加納実紀代『越えられなかった海峡』時事通信社，1994，田中益三『長く黄色い道 満洲・女性・戦後』せらび書房，2006 が検討している。また彼女の出身地である埼玉県児玉郡上里町のウェブサイトには『郷土の偉人 西崎キク』という特設コーナーが作られている。http：//www.town.kamisato.saitama.jp/ijin/ （2014 年 11 月 15 日閲覧）
13）「内原に看護婦養成所」『朝日新聞』，1943 年 4 月 24 日朝刊 3 面。
14）『満洲開拓年鑑』満洲国通信社，1941，404 頁。
15）的野義夫編著『満洲拓殖公社立 開拓地保健婦養成所誌』非売品，1979，11 頁。
16）沈潔『「満洲国」社会事業史』ミネルヴァ書房，1996，267 頁。
17）高原富次郎「時局下の啓発映画（一）」『宣撫月報』1944 年 3 月，40-42 頁。

女性と強制移住
―― 中央アジアにおける高麗人女性の暮らしと記憶 1937-1953 * ――

奇桂亨（キ ゲヒョン）
李宣定（イ ソンジョン）訳

はじめに

　1937年8月21日，スターリンの強制移住令によって，長い間極東沿海州を暮らしの基盤として生きてきた高麗人〔旧ソ連地域に住む朝鮮民族の自称―訳者注，以下同〕に対する大々的な強制移住措置が行われた。高麗人の強制移住は，極東地域における「日本の間諜活動を防止する目的」のために断行されたが，大きくはスターリン時代に「階級の敵」，「人民の敵」として分類された人々に対する大々的な弾圧政策と一連の民族政策の脈絡で理解することができる。これまで高麗人の強制移住については，様々なテーマについて詳しく紹介されてきた。カザフスタンとウズベキスタンを中心に，中央アジアとロシアの高麗人三世，四世研究者のみならず，ロシア，日本，そして韓国の研究者によって，主要な核心テーマ，例えば，強制移住の原因，規模，過程，結果などについて有意義な研究成果がでている。特に，ソ連解体とともに文書館の史料が開放されたため，スターリン弾圧の犠牲者を含め，高麗人強制移住に関する秘密文書が刊行された。これまで徹底的に隠されていた多くのテーマに関する学問的な接近が可能になったのである。それは，ニコライ・ブガイ，ウラジミル・キム，ウラジミル・リ，エフゲーニー・キムなどによる秘密文書（つまり，1992年に出た，いわゆる「白書」とその後刊行された多量の関連史料）の紹介や研究作業，1997年強制移住60周年と2007年強制移住70周年を歴史的に顧みる大小の学術会議，また，国史編纂委員会の在外同胞史叢書シリーズに相当反映されている[1]。

　しかし，強制移住以前の極東沿海州における高麗人の状況とソビエト党・国家の視点，スターリン体制における高位指導部レベルでの強制移住決定と具体

的な施行政策,強制移住の進行過程と問題点,粛清と弾圧時期における他の少数民族の強制移住との関連性など,より深い研究が課題として残されている。

　ところが,強制移住史研究においては「民族」に関する議論が支配的だったという事実を指摘しなければならない。研究論文のみならず,メディアにおいても,高麗人は離れてきた「歴史的祖国」を忘れられない,あるいはソビエト連邦の市民としての「ソビエトへの郷愁」を有する複合的アイデンティティの所有者として描かれる傾向がある。さらに研究者はその一面だけを強調することによって,高麗人は「韓民族(または韓人同胞および民族主義)」〔高麗人とは旧ソ連在住の朝鮮民族を指し,韓人とは広く朝鮮民族を指す〕あるいは「ソビエト理念」というアングルからの部分的な姿のみが浮き彫りにされる。高麗人と彼らの歴史的記憶を民族主義「議論」に閉じ込めたり,スターリンによる強制移住の「犠牲者」と「受難者」という面のみを浮き彫りにするならば,高麗人のアイデンティティの複合的な側面を把握できない。

　また,ジェンダー的(あるいは女性の)視点からアプローチした研究が少ないことも指摘されるべき問題である。強制移住研究は,「民族」としての高麗人やスターリン「弾圧政策」を強調してきたため,また高麗人の代表性が主に男性世帯主にあるために,高麗人女性の具体的な暮らしがどのような変化を辿ったのかは明らかにされてこなかった。無論,高麗人家族,高麗人女性の生活実態と意識,高麗人の結婚移住女性に関する研究も進められたが,それはソ連解体以降に限定されている[2]。また,生活文化と言語保存などを含め,民族アイデンティティ関連の研究があるものの,残念ながらその中で女性の声を探すことは容易ではない[3]。

　強制移住を含め,移住全般において,女性に対する問題意識の欠如や研究不足は,移住研究が比較的早い時期から進んできた欧米においても,ほぼ同じ状況である。このテーマが重要な問題として浮かび上がったのは,グローバリゼーションの拡散とともに現れた多様な形態の移住に注目した活動家の問題意識と社会的議論が学者の研究に反映され,重要な問題として浮上したためである。

自分の意思にしろ,他人の意思にしろ,国境を超える人々の半分は女性である。結婚移住と労働移住,それ以外に人身売買のような正常でない移住の様相にみられる,自分の慣れ親しんだ暮らしから離れざるを得なかった女性の移住が,どれほど階級的かつジェンダー的性格を持っているかを解明する問題が研究者の視野に入り始めたのである[4]。「強制移住のジェンダー化」現象の多様な理論と実際の問題を研究したドリーン・インドラがよく指摘しているように,女性移住をめぐる議論と移住慣行の間に存在する非常に大きい溝は,これまで夫(あるいは父)の「代表性」の後ろで静かに佇む(あるいはそう見えた)女性に国籍,市民権のような包括的範疇が与える意味を根本的に問いかける。また,時空間によって多様に表れる移住は,固定的というよりは「状況的」であり,その形態は単純なものではなく,「多面的・多層的」な様相を帯びるということを真摯に検討しなければならない[5]。

最近になって,社会制度と文化が「決定的に」移住女性と移住男性を形成し,影響を及ぼすという主張に挑戦する研究,例えばキャロリン・ノーストロム(Carolyn Nordstrom),ウェノナ・ガイルズ(Wenona Giles),チャールズ・スミス(Charles Smith),イネス・ゴメス(Inés Gómez)のものがある。社会制度と文化以外にも,階級,政治,法などが移住女性と移住男性とでいかに違う働きがあるのかについて,ダイアナ・キャマック(Diana Cammack),パトリック・マトロウ(Patrick Matlou),ヘヴン・クロウリィ(Heaven Crawley)らによって具体的に議論されている。さらに,これまでの女性移住に関する議論と研究が,主に,西欧の社会的議論とイシューに合わせられたため,「往々にして西欧以外の地域における女性移住の様相を看過」してきたということもアツコ・マツオカ(Atsuko Matsuoka),ジョン・ソレンソン(John Sorenson),ルシア・アン・マックスパデン(Lucia Ann McSpadden)たちによって問題視された。特に,西欧の強制移住研究には,女性移住者のイメージを暴圧的な勢力による無力な「犠牲者」として描く傾向があるが,これもまた移住女性を単純化することで,女性たちの間に存在する階級,文化,情況の多様性を見失いがちだということが指摘されている[6]。その中で最も注目

すべき研究として，ナタリア・コスマルスカヤを挙げることができる。彼女は，ポストソビエト空間における女性移住研究に着手し，ロシアのジェンダー関係の研究は「深刻に議論されたことがなく」，民族とジェンダーの交差点に関する研究は「胎動期」にあると指摘した。彼女は，ソ連時代に中央アジア地域に居住し，ソ連解体とともにロシアに帰らざるを得なかったロシア女性の移住問題を取り扱いながら，移住女性を「民族とジェンダーの交差点」に位置づけ，女性移住の様々な偏差に対して真摯な問いを投げかけた。彼女の研究は，強制移住時期における高麗人女性史研究に多くの示唆を与えてくれる[7]。

本稿は，強制移住した中央アジア高麗人の行為と歴史的記憶をジェンダー的視点から再構成しようとする試みである。また，ジェンダー的視点から史料を読み直すことによって，歴史に埋もれた女性の声を探り，意味を付与したいと考える。さらに，高麗人女性に対する深層インタビューを通して，限られた史料を補うことができれば幸いである。本研究は，史料的な限界があるものの，何よりも民族議論に閉じ込められた高麗人研究における空白を埋める作業の一環である。しかし，これは，民族議論に対するアンチというよりは，民族とジェンダーとの間にある交差点を見出すことで，中央アジア高麗人の複合的，多面的アイデンティティに接近しようとする試論である。中央アジア高麗人の多面的アイデンティティに対する歴史的理解を高めたい。

1. 行為者としての経験と女性の声[8]

ウズベキスタンに追放された高麗人は，主にアラル海沿岸のゴロドナヤ・ステップにあるチルチック左岸の開墾されてない土地に定着した。ウズベキスタン全域に高麗人を配置する作業は，当初の計画より多い44地区に配置を拡大することとなった。その中で17地区は高麗人のみで構成され，残りの27地区は現地人と混住する混合地区だった[9]。高麗人は新たに造成された50のコルホーズと他の民族が混ざっている既存のコルホーズ222か所に配置され，居処が決められた[10]。また，真っ先にカザフスタンに輸送された1万名の高麗人がウズベキスタンに再配置された。

高麗人は当該地域の人民委員部，共産党中央委員会，さらにスターリン個人宛に多数の嘆願書を送り，「新しい場所」に定着するために努力していたことがよくわかる。彼らは，沿海州地域に帰らせてほしいという嘆願も送ったが，嘆願の主な内容は「新しい場所」での定着に関するものだった。高麗人は播種する穀物，農機具，農耕に必要な基金を要請すると同時に，強制移住の過程で離れ離れになった家族との再会を要求し，強制移住の過程で生じた損失を挽回できるよう嘆願した。ところで，歴史における行為者としての女性の経験と声を追跡しようとする際，これらを裏付ける史料はあるのか，そして，あるのならば，分量はどれくらいなのか。残念ながら，それは破片的だといえる。何故ならば，筆者が利用した強制移住の史料や刊行資料は，モスクワの主要機関（党，国家）の高位指導部および実務者と，中央アジア・極東沿海州地域の関連実務者の間の往復文書（決定，命令，報告書，書信など）が大半を占めており，基本的に第三者の記録であるため，高麗人の状況を間接的に表しているだけだからである。もし，高麗人の状況が浮かび上がるとしても，男性家長の代表性が目立つため，女性の声を探すことは極めて困難である[11]。

　2010年，「未来のための記憶」プロジェクトの研究者が中央アジアにおける強制移住の経験を総体的に分析すべきだという問題意識で，口述史の方法を用いて大規模プロジェクトを行ったのは，強制移住がもつ史的限界のためでもある[12]。同じ脈略で，最近ウズベキスタンの歴史家も口述史の重要性を認識し，一連の本を出版している[13]。

　かかる史料的限界のため，強制移住の名簿，嘆願書，申告書などの公文書から女性の存在を発見することは，破片的な史料であっても非常に重要な意味を有する。こういった文書は，女性こそが誰よりも厳しい状況にあったことを示唆するということで意味深長である。この種の文書の書き手は，移住の過程で夫が死亡したとか，政治弾圧を受け強制収容所に収監されたなどの理由で，一人で家族を扶養しなければならない境遇の女性，つまり，寡婦，別居中の女性，家族を養う少女家長などであり，これは強制移住過程における厳しい状況をよく表すものでもある。高麗人のハンマイは，放送インタビューで，身寄りが全

くない絶望的な状態にあった自分の母親を思い浮かべながら,「海の真ん中に置かれた橋の上に立っていた」と回顧した[14]。

　特に,高麗人の中でも,寡婦,別居中の女性,老人,病人,孤児などが崖っぷちに立たされた人々であるといえる。女性たちは家族の離散に対する不満,心配,さらに恐怖を如実に表した。女性たちが経験した心理的トラウマは,混血であれ,純血であれ違いはなかったように見える。夫や妻が高麗人の場合には,彼らは必ず移住しなければならない人々に属した。最も悲劇的な状況は,幼い子どもの運命であった。普通の場合ならば,幼い子どもは母親の下に残されるはずである。しかし,ここに人種的な考慮が作動した。母親がロシア人なら,子どもも極東沿海州に残ることができたが,母親が高麗人なら,ウズベキスタンやカザフスタンに送られた。こういった決定は,女性が幼い子どもに及ぼす影響力の大きさを考慮した措置であったと推測できるが,施行過程においては簡単な問題ではなかった[15]。

　たとえば,1937年9月27日にプロホワは,ウズベキスタンのチナズスキ区域の内務人民委員部局長に宛てた嘆願書で自分の逆境を訴えている。ロシア人の母と高麗人の父の間に生まれた彼女は,極東の沿海州でロシア人の夫と結婚して暮らしていたが,自分の親と一緒に列車で護送される状況に置かれたとみられる。彼女の身分証はすでに担当者に取り上げられた状態だった。夜,職場から帰った彼女の夫は,是正を要求し3人委員会に抗議した[16]。後ほど身分証の返却を通知されたが,妻は列車の出発直前まで身分証を返してもらえなかった。結局,いざこざの末,夫は妻の親をウズベキスタンに送り妻と一緒に帰ることを計画したが,妻が身分証を返してもらえなかったため,彼らは離れてしまったとみられる。プロホワは,自分が妊娠中であり,気候が合わず体調を崩したため働けないと訴えながら,夫のところに帰らせてほしいと嘆願書を出した。彼女は嘆願文の最後に自分は「農民出身」であり,親が貧しかったため「15歳から自立してきた」と明かした[17]。

　同嘆願文は非常に注目すべきものである。ニコライ・ブガイの研究によると,すでに1930年代初頭に極東沿海州で「階級の敵」,「不純分子」として分類さ

れた最初の高麗人集団が炭鉱と伐木作業場などの場所に強制移住をさせられた
ケースがあった[18]。おそらくプロホワは，自分が幼い時から生粋の無産階級で
あることを前面に出し，決して不純分子ではないということを強調したかった
だろう。彼女は，自分に高麗人の血は混ざっているかもしれないが，「独立し
た」人間として父母とは無関係であることを主張しようとしたとみられる。そ
の後，プロホワはどうなったのか。それ以降の公文書の中で彼女の姿を見つけ
ることはできなかった。おびただしい数の嘆願書は，受け付けられたとしても，
全てが解決されるとは限らないため，我々は妊娠中の彼女のその後の人生が平
坦なものではなかったと推測できる。

　一方，次の嘆願書には，ソビエト体制に強い確信と自負心があった状況の下
で，強制移住をさせられた現実を受け入れられなかった高麗人女性の姿がみら
れる。極東アムール鉄道庁の経理業務を担当してきた高麗人女性が，1936年
に出張でハバロフスクを訪れ，強制移住をさせられたケースである。嘆願書に
よると，彼女はこれまで「働いてきた中で懲戒を受けたり，注意を受けたりし
たこともなく」，普段から自分を「誠実で運のいいソ連市民」であると思って
きた。彼女は韓国語もできず，1918年以降ずっとロシアの人々と生きてきた。
さらに，彼女はロシア人の夫グルセンコが労働者出身で，ボロネジ技術大学校
を卒業した人材であり，アムール鉄道庁のある極東に出張に行ったとし，夫の
もとに帰らせてくれるように懇願する[19]。

　この女性の場合は，早くからソビエト化され韓国語がわからず，高麗人とい
う民族的アイデンティティよりソビエトのアイデンティティを内面化したもの
と考えられる。これは，当時の極東沿海州の高麗人の間で，世代やジェンダー
における違いが存在したことを証明しており，さらに社会主義革命によって誕
生したソビエト体制に心情的かつ実質的に同調した高麗人の場合，自分が不純
分子ではないということを強調するためにもソビエト人であることを一層際立
たせる必要があった。

　このように家族の離散に対する複合的感情，強制移住させられることに対す
る恥辱，スターリン体制に対する恐れ，同時に共産主義に対する憧れなど，さ

187

まざまな感情が交差する高麗人女性の嘆願書のみならず，高麗人の夫と結婚し，ウズベキスタンに強制移住させられて苦痛を受けたロシア女性の嘆願書に注目する必要がある。以下に述べる二つの嘆願書は，全て1938年の初めに作成されたものであるが，二人ともロシア人女性で，高麗人の夫との間に子どもがいるケースであり，強制移住させられた女性が民族とジェンダーが交差するきわめて矛盾した状況に逢着する場面が確認できる。プラスコビヤ・コロクスはウズベキスタン共和国の内務人民委員会宛に，ナジェジュダ・カラシュニコワはウズベキスタン共和国の最高会議のアフンババイェフ委員長宛に嘆願書を送ったが，非常に対照的な内容が目を引く。1923年に高麗人セルゲイ・コロクスと結婚したプラスコビヤは，ウズベキスタンのブレフスク駅のカウツク第八国営農場の第二団地に強制移住させられた。ところが，夫は到着してすぐ肺炎と腸チフスで死亡し，彼女は幼い子ども3人をもつ33歳の寡婦となった。長男はわずか14歳で，彼女は結核にかかり療養所に来ていたため，子どもは国営農場に残されたと考えられる。嘆願書の要旨は，極東の実家に帰り治療してから戻ることを許可してほしいということだった。彼女は決然と「私は決して子どもたちを孤児にしたくない」と叫び，病から回復したいと話している。極東では少なくとも親戚の助けで子どもを飢えさせないで済むからであった[20]。

　これとは対照的に，ナジェジュダ・カラシュニコワの夫は，高麗人として極東の内務人民委員部国家保安委技術局で通信分科長として働いていたが，スパイとして逮捕されハバロフスクに送られた。9歳，7歳，そして5か月の赤ん坊をもつ彼女は，義父母に助けを求めたが（舅は高麗人，姑はロシア人），彼らさえもウズベキスタンに強制移住させられるという困難な状況に遭った。彼女は義父母とともにウズベキスタンに渡り，そこで建設現場のタイピストの職を得た。ところが，赤ん坊を失った後，彼女は自分の親戚がいる故郷に帰る決心をする。しかし，「収容所（高麗人は居住地が制限された区域で暮らしたため収容所といったのは適切な表現であった―筆者注）から完全に出たという証明書がなく」帰ることができなかったため，彼女は離婚することを決心する。そして，嘆願書には「私は独立した人である。私は夫に対する責任を果たすこ

とができず，罪のない子どもたちが苦痛を強いられることは不合理だと考える」と書いた。さらに，最後にナジェジュダは，自分は労働者家族の出身であり，弟はスタハノフ運動の参加者であると明かし，自分は夫の罪について全く知らない，「夫のつらい過去と過ちのためこういった状況に遭った私は，彼を夫として受け入れることを拒否する」と主張する。さらに，彼女は夫の罪が明らかになれば，「祖国のために厳しい処罰が下されることを願う」と嘆願した[21]。

　ナジェジュダが書いた嘆願書はどこまでが本音だろうか。彼女は，夫に対する厳しい処罰を本当に願っただろうか。たとえ，夫に罪がなくても，1937－38年の粛清と暴圧の状況を潜り抜けることは難しいと思い，子どもたちだけでも守るという母親としての判断が作用したのではないだろうか。元来，母親がロシア人の場合には子どもが極東沿海州に残ることができたが，ナジェジュダの場合，夫が「人民の敵」として強制収容所に入れられた可能性が大きかったため，離婚しても子どもを連れていくのは困難であり，子どもは孤児院に送られた可能性が大きかったのではないかと推測される[22]。

　一方，カラカルパク自治共和国のコムソモール同盟員のクセニヤ・キムがスターリンに宛てた嘆願書には，サハリンからウズベキスタンに強制移住する過程で母親を亡くし，子ども同然の父親と6人の弟を養う19歳の少女家長の姿が表れる。彼女は過重な負担のせいで勉学の機会を失うかもしれないという憂慮からスターリンに助けを求めている。彼女は，「同志は万人に自由，つまり勉強をして楽しく生きる権利を与えてくださった。私は弟たちの世話で学べない境遇にある。しかし，弟たちをわけも分からない死の淵に放り出すなら，果たして私は勉強に集中できるだろうか！　私は弟たちがまともに教育を受け，共産主義方式によって育つことを」願うと強調しながら，祖母に助けを求めるためにカラガンド市に行く交通費1千ルーブルを支援してほしいと懇願する度胸をみせる[23]。

　ところが，極東からウズベキスタンのナマンガン地域の「国境守備隊」コルホーズに移住したエレナ・フェドートワがスターリンに送った1938年12月3

日付の嘆願文はもっと大胆である。嘆願書の序文に，彼女は自分の高麗人の名前はテン・エレナだと明かし，自分は極東でトラクター運転手として生きてきたと書いている。彼女はその間自分に定められたノルマを完遂し，前進すること以外に望むものはなかったとする。ところが，ウズベキスタンに来てからは，全てが意のままにならなかった。祖父が亡くなり，父母は気候が合わず入院し，まだ学生の妹の面倒を見てくれる人は誰一人いない。彼女は3年間妹を養ってきたが，もはや頼るところもなく，ほとんど飢えているというつらい事情を伝える。にもかかわらず，エレナは，自分が社会主義体制とスターリンに対する信念をもっていることを強調しながら，次のように嘆願書を結んだ。「何としてでも私はここでトラクターの仕事を続けなければならない。我々に仕事を与え，ソビエト国家とスターリン同志を戴くボルシェビキ党から支給された複雑な機械を，私は堂々と使いこなさなければならない。スターリン同志，我々はどれほど幸せか。我々の幸せはいつまでも続くだろう。スターリン万歳!」[24]。

　以上の嘆願書には，次のような共通点がある。前半では，個人的に置かれている状況に対する説明を，後半では，決まってスターリン体制に対する信頼，共産主義に対する期待，幸せな未来社会に対する希望が描かれている。女性たちは自分が不純分子ではないだけでなく，共産主義を支える無産階級としてソビエト体制に適合していることを何度も強調しており，それによって確保した自分たちの暮らしに対する愛着と自負心を見せようと努力した。少なくとも嘆願書における女性たちは，よりよい暮らしの条件を求めて沿海州に移住した人々である。ロシア語を習得した比較的若い女性として，ソビエト体制の堂々とした主体であることがわかる。しかし，階級的な色合いやソビエト的なアイデンティティを強調し，配偶者との絶縁および体制に対する絶対的な信頼を表明したのは，おそらく崖っぷちに立たされた女性たちが選ばざるを得なかった生存戦略ではないだろうか。「人民の敵」の家族として，転出と転入が制限される特別居住者の身分で，女性たちは移住許可証を得るためにどんな方法でも講じる必要があったのだろう。生き残るという「本能」が支配する時期に，女性たちの嘆願書が特に家族の身分にこだわっていたのは，寡婦，別居中の女性,

少女家長，囚人の妻という状況が影響を与えたと考えられる。ソビエト時代における女性の口述証言や嘆願を分析する際には，背景を理解し，多角的，多面的に接近する必要性が強調される[25]。

2. 定着と移住の記憶

では，強制命令によって「新しい場所」に定着した当時の状況に対する人々の記憶は，どのような様相をみせるのか。おそらく，強制移住史に関する研究が十分に蓄積されていない状況の下で，記憶の歴史を語るには無理があるかもしれない。とはいえ，最近，スターリン時代を経験した人々の多様な暮らしの記録が刊行されることによって，スターリン時代を再解釈する可能性が出てきているということを考えると，高麗人の強制移住の経験と記憶を再構成しうる可能性もなくはない。最近の研究で強調されるのは，その記録に刻まれている経験と記憶と「記憶の政治」が共に作動するということである[26]。記憶の空間とは，多くは「記念碑」や「博物館」であるが，例えば，ヘルベックの場合のように個人の日記帳の類に現れることもある。強圧的なスターリン体制を生き抜いた人々の逆説的な状況が顕著に表れる空間としての日記帳は，「私」自身の内的な秘密を込めているが，「我々」の中に包摂されている存在として，徹底的にソビエト体制を内面化している「私」の再現になってしまう[27]。

実際，高麗人女性に会って深層インタビューをしたり，個別的なアンケート調査をする際に，難問に突き当たるのがこの記憶の問題だった。人間の記憶は基本的に不完全であり，選別的である。では，どの地点で，記憶の歪曲と漏れ，違いが生じ，選別されるのか。集団の記憶は，個人の暮らしにどれほど，そして，どのように作用し，影響を及ぼすのか。さまざまな深層インタビューの中から，二人を中心に説明してみたい。ひとりは公的な暮らしを送り，もうひとりは平凡な主婦だった。

パク・ベラは，前者のケースに該当する[28]。ウズベキスタン社会ではよく知られた人物であるパク・ベラのインタビュー内容は，もう一人のウラジミル・キムのインタビューが「民族的鬱憤」と「恨」で充満していることと比較する

写真：＜母国訪問団＞晩餐会で太極旗を持っているパク・ベラ

と[29]，大きな違いがある。パク・ベラは 1938 年 11 月，強制移住の苦難が続いていた時期に末っ子として生まれ，8 歳で父を亡くし，母の下で成長した。彼女は，近辺のカラカルパク自治共和国の首都ヌクス教育大学で化学生物学を専攻して教師になり，ヒバの第三シュコーラ〔八年制あるいは十年制の初・中等教育機関〕，その次は中等師範学校で学生を教えることで自分の教歴をスタートさせた。その後，彼女の教歴で最も重要なターニングポイントとなる孤児教育に飛び込む。孤児の「母」と呼ばれるようになる彼女は，孤児に対する特別な教育哲学を有していた。彼女は，当時厳格で体罰が厳しいことで悪名が高かった孤児院の教育カリキュラムに舞踊と音楽を取り入れる教育刷新を断行した。孤児教育の功労を認められた彼女は，1992 年に「ウズベク共和国人民教育賞」を授与され，ウズベキスタン上院議員（2004 - 2009）を歴任し，「ウズベキスタンの英雄」（2001）称号を受けた[30]。パク・ベラとの深層インタビューでは，大きく三つの特徴を指摘することができる。彼女は，スターリン体制の強制移住に関しては，あまり語ろうとはせず，ソビエト国家が注入した社会主義体制の平等神話を多分に内面化しており，ウズベキスタンとの協力と友愛を強調し

192

ていた。パク・ベラは，強制移住やスターリンに対しては簡単に触れるだけで，深い話を避けた。「あの時はみんながつらかった。私はあの時代に『否定的』な記憶をもっている……高麗人の強制移住に関して私が知っている知識は，学校で教わった内容であり，大人になっては主に本を介した間接的なものである。小さいとき家で『強制移住』や『粛清』ということはほとんど聞いた覚えがない。当時はみんなが恐れていた」[31]。

　ところが，ソビエト体制下で自分が成し遂げた部分に関しては，きわめて強い自負心を有していた。つまり，「ソ連体制で教育を受けて成長した私の立場からすれば，その過程においては，男女平等が実際に行われていたと思われる。女性は社会主義建設に積極的に参加したため，いかなる差別も受けなかった……個人的にも私の人生は成功だった。家庭では，夫と3人の子どもがいつも私を手伝ってくれたし，社会制度の恩恵をたくさん受けた……私の国家アイデンティティは非常に多様である。朝鮮（コレア）は私の歴史的祖国である。ソ連時代の我が祖国はソ連であり，ソ連が解体したいまの我が祖国はウズベキスタンである。ウズベキスタン人は強制移住させられた高麗人をよく助けてくれた善良な人々である」[32]。彼女が高麗人としてウズベキスタンの「上院議員」かつ「英雄」になれたことは確かに感無量の成果である。そして，そういった特別な経験は，おそらく彼女の記憶形成に影響を与えたと考えられる。特に，多民族社会であるウズベキスタンに暮らしたくさんのウズベキスタン人の友達と共に成長した彼女が，彼らの文化に接し，理解したという点は，高麗人女性の多重的アイデンティティを理解するにあたって，多くの示唆を与えてくれる。

　もうひとつの例として，主婦として平凡な暮らしを送ったチョン・エカテリーナのケースがある。彼女もまた韓国語を完全に忘れたが，離れてきた場所の記憶を保存するために，歳時風俗を守り，テンジャン（韓国味噌）を作った。彼女は強制移住をよく覚えており，自分の娘と孫によくその時代の話をしていた。革命前に生まれた彼女は，20代後半まで極東沿海州に住んでいたが，1937年に強制移住させられウズベキスタンに追放された。数学者である夫は強制労役に引っ張られ，幼い娘を連れてウズベキスタンに渡るしかなく，ひと

りでつらい暮らしに耐えた。後ほど彼女はウズベキスタンで夫と再会した。彼女にもウズベキスタン人は移民者である高麗人に土地を分けてくれるとても親切な人々として記憶される。彼女には，強制移住のすべての苦難に耐えて生き残ったという事実が重要であり，そういった脈略で彼女はスターリン時代における肯定的な記憶のみを思い浮かべようとした。生き残ることが主要な目標であった彼女は，子どもたちをよりソ連社会に適応させるために力をつくし，家では専らロシア語のみを使わせた。彼女の希望通り，子どもたちは一生懸命に勉強して大学を卒業し，ウラル地域の都市で成功した暮らしを送っており，彼女自身も「成功的な人生を送った」と回顧した[33]。

　平凡な主婦だったチョン・エカテリーナの例からもわかるように，高麗人は他の少数民族より教育水準が比較的に高く，農村よりは主に都市に居住し様々な可能性を模索した。例えば，ゲルマン・キムは，中央アジアにおける高麗人の場合，都市人口の増加速度が速いのが特徴であると指摘している。ウズベキスタンにおける高麗人の場合，強制移住当時と比較すると，1960年代の高麗人人口はおよそ2倍に増加した（つまり，1938年に74,500名，1959年に138,000名，1979年に163,000名に増加）。一方，人口増加とともに，すでに60年代から都市人口が優勢する現象が表れた。すなわち，1939年にはわずか15.4％が都市に居住していたが，1959年から1979年の時期における都市居住者の比率は23.1％から40.7％に増加し，1989年には79.8％が都市に居住したとされている[34]。

　これは都市での働き先が増えたということであり，高麗人の教育水準も高くなったことを意味する。1989年の数値ではあるものの，高麗人の教育水準はウズベキスタンの平均に比べれば1.8倍高く，ソ連全体に比べれば1.6倍高い。1989年の人口調査当時は，65－69歳の年齢帯100名のうち8名は，大学の高等教育を受けた者だった。実際に「祖国訪問団」のウズベキスタン高麗人女性の場合にも，多くが中等以上の教育を受けており，大学レベルの高等教育を受けた者も含まれている。パク・ベラ，ギガイガル・リナ（29年生まれ，教師）キム・アンナ（29年生まれ，コルホーズ責任者），ティアン・ラリサ（33年生

まれ，音楽）のように大学を卒業した女性は少数に当たるが，ソン・ジョンリム（33年生まれ，小売業），キム・タチアナ（32年生まれ，小売業）の場合のように，八年制／十年制の初等・中等教育を受けたケースがほとんどだった。教育の水準は職業構成にも変化をもたらした。

　高麗人女性の経験と彼女たちの記憶の中に強制移住がいかに刻印されているかを具体的に究明することは難しいだろう。しかし，ソビエト時代の経験の中で，そして，多民族，多人種のユーラシア的環境の中で「記憶の政治」が作用し，高麗人女性はソビエト体制が付加しようとした，あるいは付加したかったイデオロギーを内面化する傾向があったということができる。特に，強制移住以降，「無」から始めざるを得なかった環境，居住以前の自由が剥奪された特別移住者の身分で決められた地域から離れることができなかったこと，夫または父の不在中に一人で家族を扶養するつらさ，同時にソビエト的人間モデルを作りだそうとする社会主義体制下の教育環境などは，おそらく「記憶の政治」が作動する主要な要素になったと考えられる。特に，強制移住以降，高麗人は中央アジア地域の稲作，綿花栽培，野菜や果物栽培などにおいて，高度の力量を表したと評価されているが，男性が労働軍として連行され農業を離脱した戦時にもその力量は減ってない。第2次世界大戦期に19－50歳の高麗人男性は前方の軍服務が禁止された代わり，後方の炭鉱，伐木地，セメント工場，機械工場などに配置される労働軍として連行された。ウズベキスタンの高麗人は，強制移住後の10年間は主に農業に従事したが，高麗人は社会主義労働英雄称号を授与されるほどの能力と技量をみせた。たとえば，農業分野における高い寄与によって，ソ連時代に130名以上の高麗人が社会主義労働英雄の称号を授与された。コルホーズ北極星の代表であるキム・ピョンファは二度もこの称号を授与された。高麗人は，主に教育，文化，保健および学問分野，社会活動において頭角を現した[35]。この時期に労働軍として連行された男性に代わり女性はコルホーズで多量の穀物を生産し，他の民族より社会主義労働英雄を最も輩出できる土台を作り上げた。

　「記憶の政治」は，中央アジア移住した（あるいはそこで生まれた）一世，

二世の高麗人女性にどのような記憶を刻印したのか。厳しい状況で，生き残るというたった一つの本能が存在した時期，彼女たちには，民族アイデンティティを脱ぎ捨ててソビエト体制に順応するソビエト人に生まれ変わることが重要な生存戦略だった。こういった脈略からパク・ベラやチョン・エカテリーナなどがスターリン時代と強制移住に対して，可能な限り「肯定的な記憶」を残したがっていたものと推定することができる。また，当時は女性が不在の男性に代わり主体的行為者として生き残らなければならないという切迫した必要の時期でもあった。こういった経験は次世代の高麗人女性に重要な記憶として作用したと考えられる[36]。

　女性たちは離れてきた場所についての記憶を伝える「伝統の担当者」として語られる。ところが，高麗人のアイデンティティに注目してきたハン・バレリの主張によると，強制移住に対する記憶とジェンダー的特徴を説明するためには，ソビエトイデオロギー，強制移住以降におけるウズベキスタン社会の変化（産業化，都市化），そして，女性の役割と家族機能の変化に関する分析が加えられなければならない。彼の主張によると，女性は普通「伝統文化の伝達者」といわれるが，高麗人女性の場合には，それとは異なる「新しい文化に適応」する傾向が大きいという立場である[37]。その一例として，高麗人女性は配偶者を選択する際に，家父長的な伝統が残るウズベク人よりは，カザフ人やロシア人と結婚することを好んだ傾向があると指摘されている（40％強）[38]。同時に，高麗人女性はロシア人，ウズベク人，カザフ人，タジク人などの周辺民族との接触によって，彼らの文化を受容する文化変容過程を経験し，特に，この過程で最も重要とされたのは，ソビエト文化の受容にあった[39]。

　ソビエト文化は，いわゆる「標準文化」であり，高麗人女性はロシア語，ロシア「文化と生活」を共有し，ソビエトの規範的文化を志向した。中央アジアへ強制移住させられて70年が経つ間，移住女性はたくさんの変化を経験した。たとえば，ソン・ジョリムやキム・タチアナのケースを除けば，大半の高麗人女性は韓国語を駆使することはできなかったが，ほとんど毎年テンジャンを作り，キムチを漬けて食べていることを誇りに思っていた。同時に，民族の境目

に立っていた高麗人女性は，ロシア語を駆使しながらも，ウズベキスタンの伝統料理である羊肉の炊き込みご飯を楽しみ，ウズベキスタン人の友達を訪問する「ユーラシア的」アイデンティティを抱える人々として存在する。ソ連解体以降，極東沿海州に再移住した7－8万名の高麗人のケースに関しては，また別な具体的な研究が必要である[40]。

おわりに

　長い間，高麗人の強制移住の歴史を理解するもっとも重要なキーワードは「受難史」だった。実際に，輸送列車で運ばれる過程における高い死亡率，スターリンの粛清の一環として行われた高麗人知識人の銃殺，暮らしの場所を失った喪失感，定着初期の高い死亡率，労働軍の劣悪な条件，居住地の制限，監視と統制などの条件は，「受難」と「犠牲」というキーワードを連想させる。1937年の強制移住命令によって，中央アジアに定着した高麗人は，ソ連の「民族政策」と「移住政策」の交差点に立っていた。高麗人は新しい「人民の敵」であり，排除すべき「民族」と想定されると同時に，荒蕪地を開墾できる労働力を提供する「住民（人口）」でなければならなかった。疑われる「民族」として限定された住居地域で監視と統制を受け，労働軍に徴用される「特別移住者」でありながら，同時に社会主義労働英雄称号を最も多く与えて懐柔した「人力」であった。ところが，多人種・多民族のユーラシア空間は，キム・ピョンファやイ・リュボブ（最初の高麗人女性社会主義労働英雄）のように積極的な「行為者」の努力が実を結ぶ場所でもあった。「民族政策」と「移住政策」の交差点における高麗人女性はどのような意味をもっているのか。強制移住というつらい経験は，新しい場所で高麗人社会を形成するにあたって，女性の役割を大幅に拡大する可能性を与えたと解釈することができる。

　本稿では高麗人「強制移住の歴史」を「ジェンダー」というアングルで捉えようと試みた。筆者は，強制移住と定着の経験は当該社会の歴史と文化によって，非常にさまざまな違いが生じ得るという移住史研究者の問題提起をもって，高麗人の強制移住問題を再検討しようとした。本論文で，筆者は，沿海州で生

まれようが，強制移住以後ウズベキスタンで生まれようが，苦痛や怨恨に満ちた強制移住女性の話より，何とかして生き残ろうとした女性の話を取り出したかった。本論文では夫と死別したり，夫が強制収容所や労働軍に連行された後，家族を養う女性たち，身寄りもなく家族を養う少女家長たちの経験と彼女たちの記憶を追跡しようとした。筆者の関心は死に至る切迫した状況や崖っぷちに立たされた極限の苦痛にあるものではない。むしろ，人生に希望の光が消え去ろうとするその瞬間，諦めずにソビエト政府に嘆願書を書くなど，何かしらの行動に出た女性の声を水面に引き上げたかった。単なる苦痛や怨恨ではそういった行動は起こせないからである。ジェンダーと民族の交差点で，女性たちはそのどちらにも埋もれなかった。

＊本稿は，「ジェンダーの視角からみた中央アジア高麗人移住」『歴史学報』212集，2011，61-91頁，および『日中韓女性史国際シンポジウム報告原稿集』所収の拙稿に加筆，修正したものである。

編者注

奇桂亨原稿には，第1節として「ソ連の移住政策と民族政策」が含まれていた。内容は以下のようなものである。〈ソビエト体制の初期，政府は少数民族に「民族ソビエト」を構成させ，民族語や民族文化を奨励したが，スターリン独裁体制の強化とともに，民族主義は危険視されるようになる。国民は身分証制度と居住許可制度で厳重な管理下に置かれた。強制移住政策は1930－40年代に新しい「人民の敵」を設定し，多数の少数民族を隔離する排除政策として実行された。極東沿海州高麗人の強制移住はスターリンの移住政策と民族政策の交差点にあった。〉非常に興味深い内容であるが，当論稿は指定枚数の2倍以上ある長文であったため，執筆者の了解を得て，割愛した。

注

1) スターリン時代に犠牲にされた高麗人に関する史料刊行作業の重要性はいくら強調しても足りない。クーデガイ，スゼムラナ，カニング編著『朝鮮人―ソ連における政治的弾圧の犠牲者たち 1934-1938年』1-14巻。韓国で翻訳された強制移住史に関する史料集；ウラジミル・キム（キン・ヒョンテク訳）『ロシア韓人強制移住史―文書で見た半世紀後の真実』キョンダン，2000。ニコライ・ブガイ（リュ・ハンベ監修，チェ・ジョンウン訳）『在ソ韓人たちの受難史―解説および関係公文書』世宗研究所，1996。リ・ウラジミル，キム・エフゲーニー（キム

ミョンホ訳)『スターリン体制の韓人強制移住』建国大学出版部, 1994。それ以外に『2007年高麗人強制移住70周年記念学術会議プロシーディング』, 国史編纂委員会編『ロシア・中央アジア韓人の歴史 (上・下)』2008-2009, イ・チャンジュ編著『ロシア韓半島韓民族通史—韓民族ユーラシア・ディアスポラ, そして北韓政権創出前後の悲史』ウリシデ, 2010。

　ウズベキスタン高麗人の場合, 強制移住および定着過程に関するウズベキスタン共和国中央国立文書館史料の一部が国史編纂委員会の資料室に複写本の形で保管されている。Ф. P-90, оп. 1, оп. 2, оп. 8, оп. 9; Ф. P-314, оп. 1; Ф. P-86, оп. 10; Ф. P-658, оп. 3; 史料の一部が含まれている次のサイトも参照。http://www.alexanderyakovlev.org/fond/issues/62150

　その他, 韓国国内の研究も多く蓄積されており, いくつか紹介したい。イム・ヨンサン, ファン・ヨンサム『(ソ連解体後) 高麗人社会の変化と韓民族』韓国外国語大学出版部, 2005, キム・ゲルマン (ファン・ヨンサム訳)『海外韓人史：1945-2000』韓国学術情報, 2010, パク・ジョンヒョ「旧ソ連極東韓人強制移住の歴史的背景とその実状」『軍事史研究叢書』第64号, 2007年8月, 1-35頁, シム・ホニョン, イム・チェイ「1930年代ソ連国家権力の危機と韓人強制移住」『軍事史研究叢書』第64号 2007年8月, 61-101頁, チョ・ホヨン「民族主義的ボルシェヴィズムとスターリン時代の韓人強制移住」『スラブ学報』第19巻第2号, 2004, 797-818頁, シム・ホニョン「ソ連韓人と強制移住についての研究」『釜山大学民族問題論叢』3, 1994, 193-209頁, シム・ホニョン「強制移住の発生メカニズムと民族関係の特性研究：ソ連強制移住事例を中心に」『国際政治論叢』第39輯3号, 2002, 197-218頁, パン・ビョンニュル「韓国人のロシア移住史」『韓国史市民講座28』一潮閣, 2001, 李光奎『ロシア沿海州の韓人社会』輯文堂, 1998。

2) 李光奎「中央アジア在ソ韓国人家族についての研究」『家族学論輯』3巻, 1991, イ・ジョンオク「中央アジア韓人家族構造の変化—解体・再結集・分節の躍動性」『社会と歴史』48号 1996, キム・キョンシン, イム・チェワン, イ・ソンミ, キム・ミョンヘ, ハン・キョンミ『在外韓人女性の生活実態および意識』輯文堂, 2005。

3) 生活文化と言語保存などを含め, 民族アイデンティティに関する研究は次を参照。鄭根埴「中央アジア高麗人の日常生活と文化」『旧ソ連解体後中央アジア韓人社会の変貌』1995, キム・キョンハク「中央アジア韓人の社会構造と文化—カザフスタンの農村を中心に」『中央アジア韓人研究』1999, パク・ミョンギュ「中央アジア韓人の集合的アイデンティティと変化」『社会と歴史』48巻, 1996, イム・ヨンサム, キム・サンチョル「中央アジア 三, 四世高麗人の意識と生活文化」『独立国家連合高麗人社会研究』2003, パン・ビョンニュル「ロシア韓人 (高麗人) 社会とアイデンティティの変化」『韓国史研究』140号, 2008, チャン・

ジュンヒ「高麗人の民族意識と伝統文化の変化」『韓国民族学会』6巻, 2002など。
4) Doreen Indra ed., *Engendering Forced Migration: Theory and Practice* (New York & Oxford: Berghahnbooks, 2008); Jana Evans Braziel & Anita Manuur ed., *Theorizing diaspora* (MA: Blackwell, 2003); Caroline B. Brettel & James F. Hollifield ed., *Migration Theory: Talking across Disciplines* (New York and London: Routledge, 2000).
5) 前掲 D.Indra ed.
6) 前掲書, pp. 63-81, 83-93, 128-145, 200-217, 242-260, 308-333.
7) N.Kosmarskaya,"Women and Ethnicity in Presentday Russia: Thoughts on a Given Theme," in *Crossfires: Nationalism, Racism and Gender in Europe*, ed. H. Lutz, A Phoenix, and N. Yudal-Davis (London: Pluto Press, 1995). エヌ・コスマルスカヤ「中央アジアのロシア人：難問題？どれほどの，誰にとっての？」『中央アジアとカフカーズ』No. 5 (6), 1999, 31-34頁も参照。
8) 筆者は本稿を書くために，2011年4月19日から25日までウズベキスタンにおける現地調査で高麗人女性たちと深層インタビューを行い，さらに，5月14日から20日まで韓国を訪問したウズベキスタン高麗人女性を対象に深層インタビューとアンケート調査をする機会を得た。特に，ウズベキスタン駐在韓国大使館が組織した「母国訪問団」に参加したウズベキスタン高麗人は延べ122名であり，そのうち女性は74名だった。彼らのほとんどは平均年齢が70-80歳だったが，1923-29年生まれ（4名，5%），1930-34年生まれ（20名，27%），1935-39年生まれ（42名，57%）に集中しており，40-41年生まれ（9名，11%）にわたっている。彼らの現住居地は，タシケント（40名），タシケント州（16名），サマルカンド（7名），ペルガナ（5名），アンディジャン（5名），ホレズム（1名）に分布されており，ほとんど都市地域の出身だった。子どもは3名以上でほとんどの場合，家庭でロシア語を使用した（ウズベク語，3名）。筆者は，高麗人女性のジェンダーアイデンティティと関連した総30個の設問を設け，アンケート調査を実施した。「母国訪問団」の分刻みの日程とほとんどが高齢者という高麗人女性の健康上の理由で（実際に，出発前に死亡したり，訪問期間中に病院の救急センターに運ばれた人もいた），アンケート作業が途中で中断されるなど，十分な代表性のあるデータを得ることは容易ではなかった（10名応答）。したがって，深層インタビューによる内容を加えて論文作成を進めた。論文で使用したアンケートと深層インタビュー資料がウズベキスタンに定着した高麗人1世，2世の女性一般を代表する事例とは言い切れないが，補助資料としては利用できると考える。母国訪問団に関しては，次を参照。http://www.friendasia.or.kr/
9)『ロシア中央アジア韓人の歴史 上巻』国史編纂委員会, 2008, 213頁。
10) ゲー・エヌ・キム『ウズベキスタンの朝鮮人難民エリートの形成，現状，展望』2010, 発言, 1-2頁。

11) 金成禮（キム・ソンネ）「女性主義の口述史の方法論的省察」『韓国文化人類学』35-2，2002，イ・ヨンギ「口述史の正しい位相のための提言」『歴史批評』58，歴史問題研究所，2002．

12) 2010年，カザフスタンの「未来のための記憶」プロジェクトは，1930-50年代にカザフスタンに強制移住してきた多数の民族に関する研究のために13か国の国際的なネットワークを通して進められた。カザフスタン，ロシア連邦，アルメニア，ベラルーシ，キルギスタン，タジキスタン，ウズベキスタン，アゼルバイジャン，モルドバ，アメリカ，ドイツ，ポーランド，トルコの移住専門家が共同で作業を行った。これと関連して2010年に一連の国際会議が開催され，カザフスタン国営TV放送ハバルを含め，各国からドキュメンタリーフィルムが放映された。ベー・ラキシェワ，デー・ポレタエフ「口述の歴史　1930－1950年のカザフスタンへの民族の追放：国際的社会学研究の経験」『ウズベキスタンにおける口述の歴史：理論と実践』タシケント，2011。カザフスタンの「社会政治研究所」ホームページで関連ドキュメンタリーフィルムを直接見ることができる。次を参照。www.ispr.kz

13) ウズベキスタン学術院付設の歴史研究所が口述史論文を集め，単行本として刊行する作業を始めた。2011年に第1巻が出版された。前掲ベー・ラキシェワ，デー・ポレタエフ。

14) カザフスタンの高麗人ハンマイ（79歳，アルマアタ居住）のインタビュー内容。「ここで彼らが問い始めた…ところが，500kmも遠く離れている私たちは，父がどこにいるのかわからなかった。想像できるか。「人民の敵」は監獄の中にいて，三人の子供がいる彼の家族はここにいるという事実を！…何もない中でどうやって人は生きていけるのか！　…ただ本能があるのみだった。私の母は，海の真ん中に置かれた橋の上に立っていた！」http：//www.ispr.kz/rus/video

15) ペー・キム『ウズベキスタン共和国の朝鮮人』1993，26-27頁。

16) 「3人委員会トロイカ」はスターリン大粛清時期に急造され，強制移住の際に生じる様々な懸案に対する判決権を有していた。数多くの人が「3人委員会」の即決審判によって監獄行，あるいは銃殺刑を受けた。ヴェー・キム『半世紀後の真実』タシケント，1999，192頁。

17) ウズベキスタン共和国中央国立文書館史料 Ф. Р-100, оп. 1, л. 4, л. 3-4，前掲ペー・キム，28頁。

18) ニコライ・ブガイ『在ソ韓人たちの受難史―解説および関係公文書』21頁。

19) ウズベキスタン共和国中央国立文書館史料 Ф. Р-100, оп. 1, л. 4, л. 39-40，前掲ペー・キム，28頁。

20) ヴェー・キム『半世紀後の真実』タシケント，1999，131頁。

21) ウズベキスタン共和国中央国立文書館史料 Ф. Р-432, оп. 5, л. 25, л.163。前掲ヴェー・キム，144頁。

22) 父母が「人民の敵」にされた場合にはその子どもはほとんど孤児院で育てられた。詳しくは次を参照。キム・ナムソプ「スターリン大粛清と'人民の敵'の子どもたち」『西洋史論』111巻，2011，53-86頁。
23) ウズベキスタン共和国中央国立文書館史料 Ф. P-432, оп. 5, л. 25, л.114。前掲ヴェー・キム，140頁。
24) 前掲ヴェー・キム，136頁。
25) Sheila Fitzpatrick and Yuri Slezkine ed., *In the Shadow of Revolution: Life Stories of Russian Women from 1917 to the Second World War* (Princeton, NJ.: Princeton University Press, 2000).
26)「記憶の政治」に関しては次を参照。キム・ハギ，キム・キボン他『現代の記憶から民族を想像する』世宗出版社，2006，アルライダ・アスマン（ビョン・ハクス，ペク・ソルチャ，チェ・ヨンスク訳）『記憶の空間』慶北大学出版部，2003，ジェフリ・K・オルリック（チェ・ホグン，ミン・ユギ，ユン・ヨンフィ訳）『国家の記憶：国民国家的観点から見た集団記憶の連続・葛藤・変化』民主化運動記念事業会，2006。
27) Jochen Hellbeck, *Revolution on My Mind, Writing a Diary under Stalin* (Cambridge, MA: Harvard University Press, 2006).
28) パク・ベラ，5月27日インタビュー。1956年に彼女がシュコーラを終えた時期はもはやスターリンが死亡した後であり，フルシチョフ政府の「雪どけ」の雰囲気の中で，高麗人は他地域に移住ができるようになった。現在，彼女はウズベク共和国女性委員会委員，ウズベク国民民主党共和国ソビエトの委員などの公的活動も活発に行っている。特に，1985年から現在まで孤児院「メフリポンリク20」の教育を担当している。
29) ウラジミル・キム，5月14，15日インタビュー；彼は強制移住中に天涯孤独の身になり，叔父の家で肩身の狭い思いをしながら育ち，孤児院に送られて幼年時代を送るなど，つらい経験をしたにもかかわらず，ソビエト体制下でついに弁護士となり，ウズベキスタン社会で成功した高麗人の典型として位置づけられた。彼は関連資料集を多数刊行しており，スターリンの政治弾圧によって殺害された人々の名誉回復運動を行っている。ヴェー・キム，エ・キム『輸送列車58 -‥永久に去りぬ』タシケント，2007参照。
30) エル・エム・ユン編『ウズベキスタンの朝鮮人移民の概説』31-38頁。
31) パク・ベラ，5月22日インタビュー。
32) パク・ベラ，5月27日インタビュー。
33) キム・エカテリーナ，5月20日・6月4日インタビュー，彼女の外祖母チョン・エカテリーナに関する回顧。
34) ゲー・エヌ・キム『ウズベキスタンの朝鮮人難民エリートの形成，現状，展望』2010，発言，2-3頁。

35) 前掲ゲー・エヌ・キム，5頁。キム・ピョンファは，彼の死後も再評価されつづけている英雄である。例えば，次を参照。高麗人強制移住に関する体験者，研究者，民間人による国際会議：キム・ピョンファとウズベキスタンの朝鮮人，報告テーゼ，タシケント，2005。
36) 高麗人3世パク・リタ，5月16日・17日インタビュー。放送局PDとして活動する彼女は，高麗人女性の独立性を高く評価した。
37) ハン・バレリ，6月4日インタビュー。
38) 民族との同化および収容というテーマに対して，類似した問題意識をもつ次の研究を参照。ソン・ドンギ「体制転換期ウズベキスタンの民族間民族意識および民族同化の変化研究—ウズベキスタンとロシア対象の設問調査を中心に」『中央アジア研究』12巻，47-69頁。
39) チャン・ジュンヒ「高麗人の民族意識と伝統文化の変化」『韓国民族学会』6巻，2002。
40) キム・インソン「沿海州韓人の再移住とロシア連邦移民，定着支援制度運営実態」ユン・インジ，パク・サンス，チェ・ウォンオ編『東北アジア移住と超国家的空間』アヨン出版部，2010，130-173頁。

参考文献
1次資料および刊行史料
ウズベキスタン共和国中央国立文書館史料
イェー・ベー・メゼンツェワ，エヌ・ペー・コスマルスカヤ「閉鎖地区を走る，生活水準，精神的状況，ロシアの住民の社会的流動」『ロシア世界』3号，1998
コスマルスカヤ「ロシア人はロシアに行くことを望んでいるか（移住状況の変化とキルギスのロシア語住民の状態）」アー・エル・ヴァトキン，エヌ・ペー・コスマルスカヤ，エス・アー・パナーリン編『自主的な運動と強制的な運動のなかで，ポストソ連のユーラシアへの移住』モスクワ，1999

研究書
国史編纂委員会編『ロシア・中央アジア韓人の歴史 上・下』国史編纂委員会，2008-2009
Martin, T., "Stalinist Forced Relocation Policies: Patterns, Causes, Consequences," in *Demography and National Security*, ed. Myron Weiner and Sharon Stanton Russell (NY・Oxford: Berghahn Books, 2001)
Martin, T., "Ethnic Cleansing and Enemy Nations," in An Affirmative Action Empire, Pohl, Otto J. *Ethnic Cleansing in the USSR, 1937-1949* (Connecticut: Greenwood Publishing Group, 1999)
Shearer, D. "Elements Near and Alien: Passportization, Policing, and Identity in

the Stalinist State, 1932-1952," *The Journal of Modern History* 76, December 2004

報告
『2007 年高麗人強制移住 70 周年記念学術会議プロシーディング』
『1997 年高麗人強制移住 60 周年記念学術会議プロシーディング』

深層インタビュー資料
　パク（朴）ベラ，パク（朴）ウラジミル，キム（金）エカテリーナ，キム（金）ウラジミル，パク（朴）ポリナ，パク（朴）リタ，キム（金）ブルツ，ソン（孫）ジョンリム，パク（朴）ガンユン，キム（金）カテリナ，キム（金）タニャ他

南洋の移民
——中華民国期中国女性の東南アジアへの移動——

金一虹（ジン イーホン）・楊笛（ヤン ディー）
大橋史恵訳

　20世紀前半，多くの中国人女性が「南洋」へと移動した。南洋とは明清期の中国から見た東南アジア一帯の呼称である。華僑移民史ではフィリピン，フランス領ベトナム，タイ，英領ボルネオ，マレー半島，オランダ領東インドが南洋に含まれる。これらの地域への移動を，人々は「下南洋」（南洋に下る）と呼んだ。近代中国において女性の大規模の海外移民が始まるのは「下南洋」以降である。以来1950年代に至るまで，南洋は中国人女性の最大の移民先であった[1]。

　本研究があつかう中華民国期は，世界の労働市場が年季契約から自由労働へと移行した時期である。この時期，政府は最も開放的な出移民政策をとり，海外華人に対しても親和的であった。

1. 民国期における中国女性南洋移民の変化

　近代における中国人の大規模な海外移民は，西洋資本の流入および中国の半植民地化の結果として生じた。海外への移民は男性が中心であり，女性の移民がある程度の規模を成したのは20世紀の初頭以降のことだった。女性の海外移民は，受動的で従属的な移動という特徴において男性とは異なっていた。しかし民国期に入るとこうした状況に変化が現れた。

(1) 少数移動から大量移動へ

　中国女性の出国は20世紀初頭から増加し始めた。女性・女児の出国が年1万人にのぼる状況が長く続き，しかも漸進的に増加した。香港経由で海外に出た成人女性数は1911年には約1万6千人であったのに対し，1937年には約8

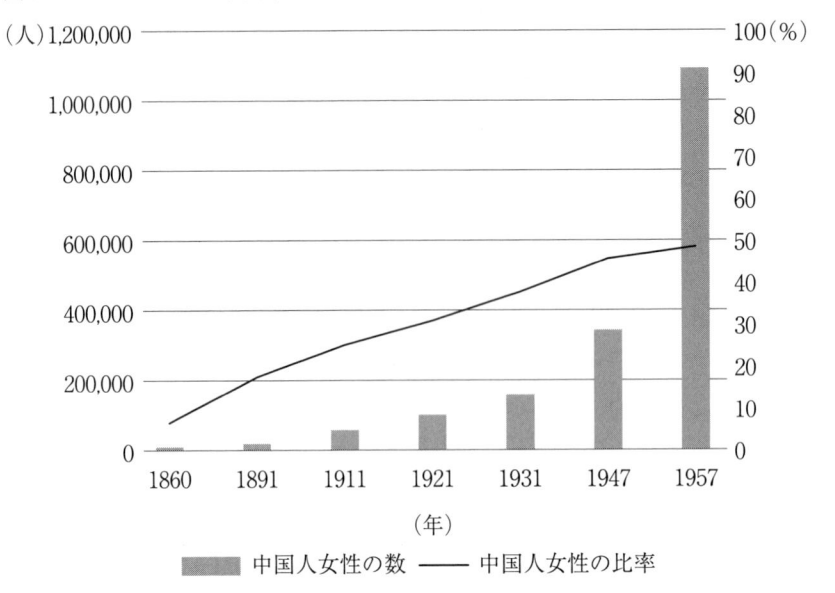

図1 シンガポールの中国系女性人口および移民人口に占める割合（1860-1957年）[2]

中国人女性の数　—— 中国人女性の比率

万1千人にまで増加した（可児1979，251頁，表48）。データが比較的そろっているシンガポールの例から1860 − 1957年の中国女性の移民数の変化をグラフ化してみると，増加の趨勢は明らかである（図1）。

　移民人口に占める女性の割合も徐々に増加した。近代中国の移民は一貫して男性苦力（クーリー）（肉体労働者）が中心であり，女性の割合は極めて低かった。例えば，1860年の中国人移民に占める女性の割合は6.49％に過ぎず，男女比は14：1であった。この不均衡は海峡植民地のどのエスニシティグループよりも大きかった。しかし1871年以降の変化を10年ごとにとらえるとこの差は大きく縮小する。女性の割合は1931年には37.31％，1947年には46.90％，1957年には49.05％となり，基本的に男女比の均衡が保たれる状態になった。

(2)「従属─強制型」から「従属─主体共存型」への移民モデルの変化
　範若蘭は，女性移民を「従属型」，「受動型」，「能動型」の三つのモデルに分

類している。従属型移民とは，夫や家族に付随して移民した女性を指す。受動型移民とは，女性本人の意思に反し，誘拐や人身取引によって出国した移民を指す。能動型移民は，自ら望んで海外に出稼ぎに出た女性や留学した女性を指す（範若蘭 2004）。本稿はこの分類法をもとに，より正確なモデルとして「強制型」「従属型」「主体型」を用いる。

　当初，中国女性の移民は，強制型が中心であった。清朝政府が「海禁政策」においてとりわけ女性の海外渡航を厳しく禁じていた時代，女性移民のほとんどは，誘拐され，海外に売られるというケースであった。民国期には合法的な移民のチャンネルができ，自由移民が可能になった。また植民地政府が女性の誘拐・売買を厳しく取り締まり，30年代後半には妓楼等の規制も行ったため，強制型移民の女性の数は大幅に減少した。

　清末期と民国期のいずれの時期にも，家族従属型移民が女性の移動の主流を占めた。1906年，1907年，1920年に香港経由で海外に渡った中国女性について香港船政司が公表した統計では，家族に伴って移動した女性および夫や親族のもとへ身を寄せた女性はいずれも50％以上であった（可児1979，211頁，表43）。

　しかし1930年代になると，生計を立てるための自主型移民が次第に増えていった。マラヤの植民地行政官の記録には，「1934年から1938年までの5年間に，19万人以上の中国人女性が汽船の船倉に乗り込んでマラヤに移住した」とある。「彼女らの年齢は18歳から40歳で，皆が異口同音に自分は寡婦であると言う。多くは農村女性か労働者であり，ゴム工業，錫鉱業，建設業あるいは工場で仕事をしていた」[3]。彼女たちのうち，本当に寡婦であったのはごく少数であった。「寡婦」と名乗ったのは，トラブルを避けるための言い分だったのかもしれない（範若蘭2004）。

　興味深いのは，妻が夫と家族を国内に残して出稼ぎをしたという現象である。例えば，広東新会赤渓一帯の女性に関しては以下のような記述がある。「彼女たちは国内では生計を立てられなくなり，南洋へ洗琉琅（錫洗い）に行った。たくさんお金が貯まったら手紙を書いて，夫や家族を南洋に呼び寄せるのだ」

(劉夫1936，25頁）。

女性が生計を立てるために自発的に移民するようになったのは，非常に意義深い変化である。特に，国内にいる時から自活していた「自梳女」[4]は，家族のためではなく「自立自主」の意思によって遠く南洋へと渡った[5]。「夫を頼って」移民したというケースでも，夫が家族の生活費を送って来ないとか音信不通になってしまったといった理由により渡航した女性や，姑との不仲により国外に夫を探しに来た女性もいた[6]。こうした貧しい女性にとっては，夫探しと生計を立てることとは不可分であっただろう。

2. 女性の移動に影響を与えた諸要因の分析

民国期，中国女性の海外移動に大きな変化が起こったことは明らかである。では，何が女性たちを大量に南洋へと向かわせたのだろうか。また，中国女性の移動モデルを変えたものは何だったのか。

(1) 西洋資本のグローバルな拡張と侵入

移民は，国際資本の海外への拡張によって生み出される。19世紀，帝国主義は軍艦と大砲の力で中国に門戸を開かせ，不当廉売品の貿易を求めた上に，労働市場を開放し海外へ苦力を送り出すよう求めた。西洋諸国が植民地開拓のために差し迫って必要としていたのは男性の肉体労働力だった。女性を植民地に輸入し苦力を繁殖させることを構想した植民者もいたが，結局「コストが高く，生産性は低い」ため，直接中国から男性苦力を輸入するのが合理的だとされた（可児1979）。このような理由により19世紀後半から20世紀初頭にかけての女性移民は少数に止まった。

中国人労働者の大量導入は，戦間期には植民地の繁栄をもたらした。植民地政府は労働力の安定的かつ持続的な供給を求めるようになった。「同国人女子が多ければ多いだけ男子移民の定着度が高まった」（可児1979）ため，南洋の植民地政府は中国女性の移民に自由で開放的な態度をとるようになった。

民国期中国は資本主義の国際システムに協調し，半植民地化はさらに進行し

た。人口移動のプッシュープル理論に沿っていえば，中国本土における生存空間の狭隘化，貧困，失業，頻発する戦乱と自然災害といった要素は，貧窮農民たちの海外移民にとって強いプッシュ要因として働いた。南洋の植民地には相対的に就労機会が多く，得られる収入も多かったため，移民を引きつけたのであった。

(2) 世界的な経済変動が男性と女性に与えた影響

資本のグローバルな拡張において，労働市場が世界経済の影響を受けるのは必然である。1929年から1933年にかけて，資本主義世界は史上最も深刻な経済危機に見舞われた。危機は東南アジアにも波及し，1930年には東南アジア華僑の失業人口は一時80万人に上った（楊建成 1984，76頁）。マラヤ，シャム，フィリピン，オランダ領東インド等の東南アジアの各国は，次々と自由移民方式を変更し，中国人移民の入国を厳しく制限した。香港船政司の統計データを見ても（図2），1929年から1938年の間に海峡植民地に入国した中国人労働者の数は急減している。ただし，女性と子どもに対しては制限が課されなかった。このため女性の移民数は減少したものの，男性移民ほど減少幅が顕著ではな

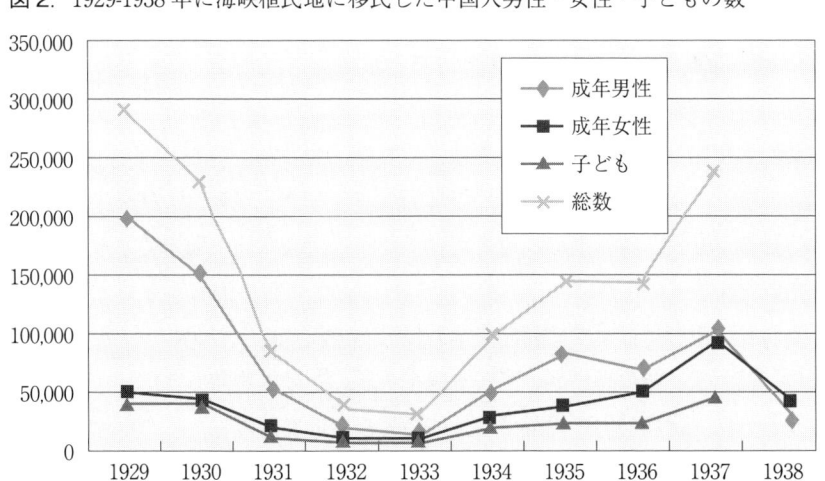

図2．1929-1938年に海峡植民地に移民した中国人男性・女性・子どもの数[7]

かった。年によっては女性の移民数が男性を上回り，1930年代にマラヤに移民した中国人における女性の割合は上昇した。この増加傾向は1938年まで続いた。

この図からは，1934年以降，景気が復調するとともに中国人移民の数が増加したこと，そして1937年に男女の移民数がもっとも接近したこともわかる。1938年には女性移民は男性移民の数を超えた。

一般に，従属型の女性移民は男性の影響を受ける。しかし1929年から1938年にかけての女性の移動パターンは，男性の移動のパターンと同調していない。このことから従属型の移動のほかに，もうひとつの移動の類型が存在することがわかる。

（3）家族制度とジェンダー規範の変遷の影響

先に述べたようなプッシュープル理論による海外移民の動的メカニズムの解釈は移民女性にも適用できる。しかし女性については，経済的要因以外に家族制度とジェンダー文化規範という影響要素も無視できない。

海禁政策解除前の清朝政府は，封建統治の存立基盤である宗法制が揺らぐことを防ぐため，女性の出国を男性より厳しく取り締まった。清朝末期に渡航禁止令は廃止されたが，依然として独身女性の海外渡航を禁止する地方政府もあった。1870年代に汕頭から海外に出た未婚女性たちは，男装するかあるいは籠の中に隠れて出国していた[8]。

女性の出国は，「男外女内」（男は外で働き，女は家にいる）「男主女従」（男が主となり，女は従う）といった伝統的なジェンダー規範および家族秩序を大きく揺るがせた。このため，政府だけでなく，封建宗族や地方勢力も禁令を定めていた。

しかし，中国にはすでに西洋資本の侵入と植民に抗う力がなかった。自然経済の衰退と伝統的倫理秩序の瓦解を阻止することは困難であった。女性の出国については，宗族勢力の内部でも二つの異なる態度が現れた。ある地方では，夫の両親に仕え，子どもや家庭の世話をすることが女性の天職であると見做さ

れたため，女性が夫について出国することさえ許されなかった。既婚男性は「単身で南洋へ渡航し，新婦は家で留守を預かった。連れて行こうとすれば，舅と姑は反対したものだった。そうなれば家への仕送りや，親を見舞いに帰省する機会が減ると考えられたのだ」（陳達 1938，151 頁）。また，他の地方では，女性が夫と一緒に出国することに宗族が賛成したが，それは一族の者が「番婆」（外国女性）と結婚し，宗族の組織原則が破られることを阻止したいためだった（顔清湟 1991，84 頁）。

中国社会の変化が伝統的倫理規範に大きな衝撃をあたえたという点は重要である。女性移民は主に福建，広東一帯の出身だった。華南沿海部は地理上の利便性に加え，商品経済が発達しており社会的流動性が高かったため，地方有力者や宗族の家族や女性に対する統制力が弱まっていた。背景には，経済的利益という現実の問題もある。女性は移住後に有償労働に従事し，送金し，時には一家の大黒柱になった。そのため，夫について出国することが歓迎されただけでなく，生計を立てるための女性の自主的な移民もまた，家族に尽くしているとして称賛されたのである（葉漢明 1999）。

3. 中国系移民女性の労働

近代の華僑社会は苦力を基盤としていたが，南洋への女性移民もまた下層労働者女性が中心であった。彼女たちの移民先での労働参加率は非常に高かった。

(1) 移民女性の就業率

出入国登録によれば，中国女性の約 4 割が南洋へ移動する時点で職業経験を有していた。1920 年に香港から出国した 16 歳以上の女性のうち，21.87％ が女中，10.5％ がお針子や料理人，9.25％ が妓女，2.8％ が農民および鉱山労働者，0.47％ が理髪師，役者，尼僧であった（可児 1979，211 頁，表 43）。

移住後の中国女性の就業率とその職業はどうだったのだろうか。英領マラヤの 1931 年国勢調査によれば，マラヤにいた計 57 万 9,000 人の中国女性のうち，職業女性は 8 万 7,900 人，農業や漁業の従事者が 25 万 1,200 人で，全部で約

33万8,000人の女性が就業していた。就業率は58.40％となる。しかし，同年の15歳から55歳までの労働力年齢の女性は32万700人しかいなかった[9]。少なくとも1万7,200人の労働年齢外の女性が生産活動に従事していたのであり，中国女性の就業率が非常に高かったことがうかがえる。

(2) 移民女性の流入先における労働と職業

女性の就業先の分布 マラヤの1921年，1931年および1947年の人口センサス資料によれば，中国人女性の就労領域は非常に幅広かった（表1参照）。1930年代以降，各業種に占める女性の割合は軒並み増加した。なかでもゴム産業とサービス業においては，1931年にそれぞれ11.28％，18.56％であったのが，1947年には29.63％，29.95％まで増加した。

1930年代以降，西洋資本は植民地への投資を調整し，海峡植民地の投資を鉱業・熱帯作物から製造業・サービス業へとシフトさせていった。この転換は移民女性の労働に変化をもたらした。なかでも製造業における女性就労は最も急速に伸び，1931年から1947年までに5.58倍に増加した。これに対して商業金融業は3.42倍，サービス業は2.94倍だった[10]。工業とゴム業の状況は下降をたどり，1947年の鉱業従事者における中国女性の数は減少したが，全従事者に占める割合は1931年に比べて11.68％増加した。ゴム業も同様である。このことから，産業構造の変化のなかで女性が衰勢にある産業に多く就労するようになっていくという傾向を読み解くことができる。

女性の従事職業の分布 移民女性たちが従事した職業のトップは農業・漁業であり，次いで女中であった。ただし女性たちは農業や女中以外にも，新たな職業空間を開拓していった。典型は錫洗いである。これは20世紀になって初めて出現した「女性職」であった。当時のマラヤは世界最大の錫産地であり，世界全体の半分以上の生産量を誇った。1930－1940年代には大勢の中国女性が錫洗いに従事した。非常に苛酷な仕事であったので，忍耐強く働く中国女性の「専売特許」となったのである。錫鉱業の全盛期には，女性の錫洗い労働者は1万人に上り，そのほかの年でも8,000－9,000人はいた[11]。

表1 マラヤ華人の就労業種分布(1921年・1931年・1947年)

業種	1921年 男性	1921年 女性	当該業種における女性の占める比率(%)	女性就業全体に占める比率(15歳以上)(%)	1931年 男性	1931年 女性	当該業種における女性の占める比率(%)	女性就業全体に占める比率(15歳以上)(%)	1947年 男性	1947年 女性	当該業種における女性の占める比率(%)	女性就業全体に占める比率(15歳以上)(%)
農業	238,428	23,539	8.98%	10.86%	292,193	38,968	11.77%	10.42%	285,124	90,243	24.04%	16.0%
ゴム					163,725	20,822	11.28%	5.57%	119,466	50,309	29.63%	8.91%
鉱業	69,149	8,312	10.73%	3.84%	73,027	9,211	11.20%	2.46%	24,609	7,301	22.88%	1.25%
錫	63,417	8,064	11.28%	3.69%	63,762	8,905	12.25%	2.38%	21,517	4,356	16.83%	
製造業	75,735	3,564	4.49%	1.64%	89,206	2,698	2.94%	0.72%	124,963	12,346	8.99%	2.15%
建築業	9,864	187	1.86%	0.09%	15,020	1,244	7.45%	0.32%	7,513	262	3.37%	0.04%
交通運輸通信	66,097	32	0.05%	0.01%	59,228	140	0.24%	0.04%	54,264	579	1.06%	0.10%
商業金融	105,029	4,841	4.41%	2.23%	141,539	5,346	3.64%	1.43%	143,625	12,987	8.29%	2.30%
サービス業	77,208	20,521	20.99%	9.47%	108,672	24,759	18.56%	6.62%	114,736	48,049	29.95%	8.52%
その他	56,542	2,761	4.66%	1.27%	76,443	3,271	4.10%	0.87%	44,727	8,163	15.43%	1.48%
無業	150,511	262,237	63.53%	69.36%	265,136	491,161	64.94%		479,619	1,008,516	67.77%	78.10%
家庭主婦		150,323	100.0%						5,379	440,609	98.79%	
学生	36,071	10,026	21.75%						237,277	121,468	33.86%	
総計	848,563	325,994	27.75%		1,120,464	576,798	33.98%		1,426,456	1,188,211	45.44%	
15歳以上人口	827,836	216,730	20.75%		901,274	374,097	29.33%		640,239	564,112	46.84%	100.00%

　1930－1940年代は中国女性の就業拡大が比較的速く進んだ時期である。重要な指標となるのが，知識人女性たちの出現と拡大である。なかでも女性教員たちは重要な存在だった。中国人の女性教員は20世紀初頭に初めて登場したが，当初の人数は少なかった。1921年の人口センサスでは，シンガポールとマラヤの中国人女性教員は227名のみであった。しかし，1931年には787人，1947年には3,011人まで増加した。教員に占める女性の割合も，1921年に12.58％であったのが1947年には34.63％まで増加した。教員以外で女性が比較的多かったのは，事務員，看護婦／助産婦であり，1947年にはそれぞれ1931年の11倍と2.69倍に増加している。

　また女性の働く場は少なかったが，画期的な変化が起きた。1921年の人口

センサスでは，工場主や写真屋，弁護士等の職業に女性はいなかったが，1931年にはこうした領域にも中国女性たちが参入したのである。1947年になると1931年にはまだいなかった女性の銀行員，保険業務員，競売取引員，会計士，ボートや木造船の製造者，運転手，清掃員，編集記者，電話交換手等が出現した[12]。

サービス業の出現により，理髪師や女給，ダンサーといった新しい職業も登場した。そうした仕事のなかには女性の性的魅力を利用したものもあったが，女性たちは確かに新たな機会を得た。しかし植民地当局はこれらの仕事はエロティックな性質が強いとみなして，しばしば禁止した。例えば，クアラルンプール潔浄局は1931年に女給の雇用を禁止する規則を発令し，後に女性が会計を担当することも禁止した。同様に，シンガポール当局は1933年から女給を厳しく取締り，後に，女給は満25歳以上で，夫と一緒に当局に面談に来なければならない等の規定を追加した[13]。

当然ながら，南洋の中国女性の労働と職業状況には地域によって大きな違いがある。海峡植民地では大開発が行われたため，中国女性は多くの就労機会を得た。タイでは，使用人や洗濯婦の他に女性が選べる仕事は少なく，栄誉ある唯一の仕事である女性教員も年間100人を超えることはなかった（楊建成 1984, 167頁）。独り立ちできる収入のある中国女性は，稀有であったと言ってよいだろう。

妓女については，公式な統計には記載がない。しかし性産業は男性苦力中心の移民社会につきものだった。前述の通り，1920年に香港経由で南洋に流入した成人女性の内，妓女と登録されていた者は全体の9.25％だった。実際の割合はこれより高かっただろう。海峡植民地の妓楼における妓女の80％は誘拐され，売られた女性たちと推定される[14]。シンガポールはかつて人身取引にあった中国女性と少女の最大の集散地であり，連れてこられた少女は「妹仔」（ムイチャイ）〔下女─訳者注，以下同〕[15]として売られるか，強制的に私娼とされるかであった。植民地政府は，売春，賭博，アヘン吸引に対し放任するか，あるいは表向きは禁止しながらも裏で見逃すという態度をとった。ある帰国華僑がインタ

ビューに答えている。「錫鉱山じゃ……妓女はおおっぴらにやっていたよ。オランダ人も公言していたもんだ。『博打と売春は，うちの地域では禁止されてない』ってね」(劉玉尊 1979，198 頁)。中長期的な男女比不均衡と婚姻の崩壊のなかで，中国人移民のあいだでは心身の問題や性犯罪が起きていた。こうして繁栄した売買春には女性の誘拐がつきものだった。いびつな社会構造の犠牲者となったのは女性だけではない。ある記録によれば，シンガポールのリキシャの車夫（98％が中国系だった）の平均寿命は 35 歳から 40 歳であったという[16]。

(3) 職業構成における性差別

1930 年代以降，就労という点には一定の前進があったが，職業上で中国女性たちは明らかに性差別を受けていた。

1931 年のマラヤの調査データによれば，中国人の職業の 1 位は男女ともに農業・漁業であったが，農漁業で働く女性の割合は男性よりも 20％多かった。男性の職業の第 2 位は鉱業で，第 3 位は輸送業，第 4 位は商業であった。これに対して，女性の職業の第 2 位は家事使用人，第 3 位は鉱業である。男女で最も格差があったのは商業であり，男性は女性の 38.5 倍であった。次が公務員で，男性は女性の 5.6 倍であった（楊建成 1984，174 頁）。商業や公務員は，女性移民が中上流階層に参入するための重要なルートだった。英領マラヤには上流

表 2　全マラヤ華人人口の産業別男女分布 (1931 年)[17]

産業	男性（人）	男性の占める比率（％）	女性（人）	女性占比（％）
農業・漁業	915,254	57.0	291,177	77.0
鉱業・工業	219,421	13.7	25,183	6.7%
商業	123,615	7.7	747	0.7
運送業	197,802	12.3	15,221	4.0
公務員	27,029	1.7	1,172	0.3
自由業	28,425	1.8	6,013	1.6
家事使用人	94,642	5.8	38,650	10.2

階級の中国人は0.8％もおらず，多くは商人，ゴム園または鉱山の所有者であった。これらは全て，男性家長を主とする家族式経営であった。女性が階層的に上昇するチャンスは稀であり，多くが臨時的・些末・周辺的な仕事についていた。女性労働力はゴム園での除草作業，建築現場での手伝い，錫洗い，鉱砂の運搬のような単純ながら危険な重労働に集中していた。

職業分布はジェンダーの序列化を反映していた。錫鉱業はかつてマラヤの基幹産業であった。女性が鉱区に入るのは「縁起が悪い」という信念のために，英領マラヤの法律は女性が機械を借りることや鉱区で働くことを禁じた。中国女性は最も単純で最も苦痛の大きい錫洗いをするほかなかった。「彼女たちは非常に大変な作業をしていた。炎天下で頭に笠をかぶり，膝までの深さの水に足を浸け，腰を曲げて『洗い盆』を使って何回も何回も砂礫を洗い，錫を探し出すのだ」，「しかも背中には幼い子どもを背負っていた」（F.M.S.Mines 1908）。

植民地の労働システムでは，女性は男性よりも廉価で従順であるため，不景気になると男性に取って替わることがある。マラヤゴム業界が活況で，ゴムの価格が最高値をつけた1937年には，男性ゴム業従事者の割合は77.4％であったが，ゴムの価格が大幅に下落した1938年には，大量の男性が人員整理に遭い，女性従事者の割合は反対に5.5％上昇した（Gamba 1962, pp. 250-251）。また在ペナン中国領事館が1934年にペナンの9箇所のゴム工場の中国人労働者を対象に行った調査によれば，女性労働者は労働力の71.6％を占めていたが，賃金は男性労働者よりもはるかに安かった[18]。国民政府の1933年のデータに基づき計算すると，セイロンのゴム業の女性労働者の給料は男性の72.5％で，児童労働者の給料は男性の55.1％しかなかった[19]。

4. 移民政策におけるジェンダー問題

各国の移民政策の変遷を分析すると，中国女性の受け入れにおいても排斥においても，その政策のなかにジェンダーと人種をめぐる意味が深く刻み込まれていることがわかる。

(1) 受け入れと排斥―ジェンダー化された移民政策

新たな植民地の開拓と海外拡張に必要な場合を除き,通常,西洋宗主国は本国で中国人移民を排斥する政策をとり,反対に植民地では中国人の自由移民を認めていた。しかし1930年代の経済危機に際し,植民地政府は例外なく中国人男性労働者に統制をかけていった。ところが女性の入国に対しては,1938年までいかなる制限も設けなかった。植民地政府は女性移民が増えることで中国人の男女比の不均衡が緩和され,「女性不足のために中国人のあいだでよく起きる恐ろしい犯罪行為を防止できる」と考えていたのだった。

1930年代初期まで,中国人移民は還流〔出身国と移民先のあいだの行き来〕を行う特徴があった。1931年のマラヤ国勢調査から華僑の年齢と性別の分布を,図3に示しておこう。

中国人移民の男女比は幼年期と老年期には比較的均衡したが,青壮年期には深刻な不均衡におちいった。男性移民は幼年期には少なく,15歳から40歳にかけて多数を占めるようになる。この年代の男性たちは新たに移民してくる層が多いということが示されよう(楊建成 1984)。1930年代初頭まで,労働力の還流が起きていたことも説明できる。

図3 マラヤ華僑の性別・年齢構造(1931年)[20]

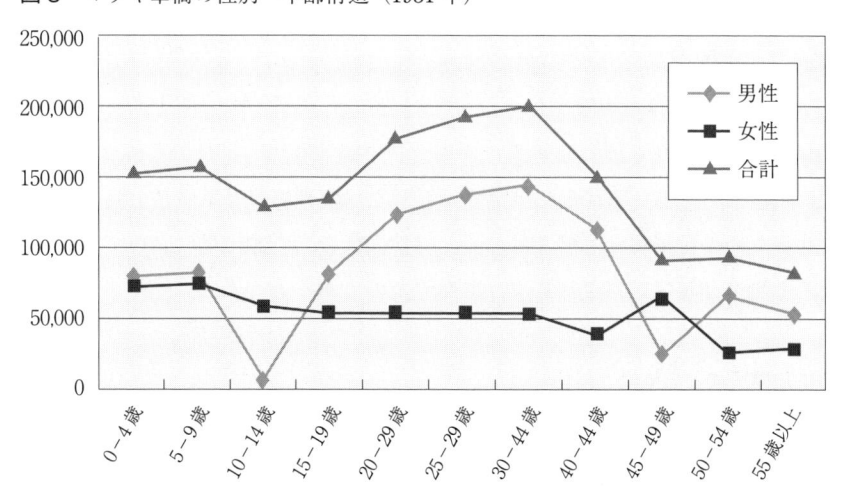

しかし，1930年代以降になると，中国国内で続く戦乱や経済不況のために，「広東の移民には次第に祖国に戻って安住することを望まないものが多く」なった。英領マラヤの統計データは，移民に占める女性の割合が継続的に上昇していたことを明らかに示している。それは「マラヤの中国人の安定性が増大していることを物語っている」(楊建成1984)。

　植民地政府は，当初は均衡作用を果たすという点で女性の流入を寛大に扱っていたが，女性移民が増加すると経済的重要性に注目するようになった。ある英国植民地の官吏は錫洗いの女性労働者をみて感嘆したという。「この国で生活している海外出自の人種のうち，こうした女性たちに並ぶ能力をもつ者はいない。彼女たちは自制心があり，道徳的であり，そして誠実である」(F.M.S.Mines 1961)。中国女性は植民地の役官吏たちから，「我々の人民の中で，最も勤勉で，最も快活で，最も法を守る人達だ」と賞賛を受けた (Chin 1984)。

　植民地政府は，不況期には男性労働者のかわりに安価な中国の女性労働者と児童労働者を用いるのが有益であると認識していた。1930年代の経済危機により中国人男性が大量に失業すると，中国人女性が大量に労働力市場に進出して生計を支えた。植民地政府はにわかに，女性の労働競争への参入が失業危機を激化させる可能性に気付いた。こうして女性に対する無制限の移民政策には変更が加えられた。マラヤ植民地政府は，1930年8月から男性中国人労働者に対して入国者数の制限をかけたが，経済がさらに深刻な不況に陥った1938年5月からは女性も制限の対象に含めた。中国人移民の毎月の入国者数を500人に制限し[21]，男女それぞれ半数ずつとした。女性移民は単に社会秩序を安定させるための付属物としてではなく，男性同様に，労働市場において調整を要する労働力として処遇されるようになったのである。

(2) 異民族との結婚と帰化

　西洋諸国は，婚姻における人種隔離を実施することで，移民の流入と帰化を制限していた。例えば1882年の米国「中国人排斥法」は，中国人と白人の結

婚を禁じた[22]。また，1907年以前，外国人女性が米国人と結婚した場合は米国籍を取得できたが，中国人女性や日本人女性は除外された。1907年から1922年には外国人と結婚した米国人女性も米国籍を失った[23]。中国人移民が米国人と結婚する可能性は完全に閉ざされたのである。

　宗主国の人種隔離とは反対に，植民地政府は中国人が白人植民者と結婚する可能性がほとんどないことから，異民族の結婚を制限しなかった。そのため，数多くの中国人が移動先で所帯を持ち定住した。領地内で生まれた移民の第2世代の割合は，1921年から1931年までの10年間で9％上昇した[24]。

　しかし，長期にわたる男女不均衡は中国人移民の結婚・出産に負の影響を与えた。英領マラヤを例にとると，1931年，華僑に占める未婚男性は未婚女性より46万4,600人多かった（楊建成 1984，164頁）。また，宗教・習慣の差異が影響し，マレー人と結婚した中国人が1万人を超えることはなかった（楊建成 1984，167頁）。そのため，仮にすべての未婚女性が同族である中国人と結婚し，一部の中国人男性が故郷に戻って結婚したとしても，相当人数の中国人男性は生涯結婚できなかったと考えられる[25]。

5. 移民女性の状況と地位の変化

　民国期における女性の南洋への移民と労働は，それぞれの時代で変化を遂げてきた。

　当初，女性は主に受動的，従属的に移動した。半数以上の中国女性は家族として渡航した。彼女たちは移住先の男女不均衡を緩和し，植民地社会に安定をもたらす存在として歓迎されたが，就労率は低かった。

　1930年代以降，女性は主体的に移動するようになり，雇用労働機会も大幅に増えた。経済危機下で女性は男性の廉価な代替労働力として扱われたが，経済活動における価値は認められていった。

　1930－1940年代，中国女性は依然として底層労働力であったが，専門技術をもつ女性も増えた。弁護士，医者，編集者等の職業につく女性も出現した。

　この時期には，西洋諸国の資本が一気に南洋に投入された。採鉱と熱帯作物

のほか，鉄道，港湾，電力，製造業および金融業にも資本が流れ込み，熟練および専門労働力の需要が生まれた。華人社会では女子教育の発展を支持する声が高まった。シンガポールでは，上流階級の女児たちだけでなく，救済された「猪花」〔ジュファ〕〔人身取引によって娼妓となった中国女性〕や「妹仔」のような女児も支援を受けて女学校に入ることができるようになった（Tan Keng Kang 1984）。国民政府が華僑教育を推進したことも積極的な役割を果たした。政府が約50項目にわたる華僑教育の政策と法規を相次いで公布すると，中国人女性の教育は大いに進展した（劉玉遵他1979，80頁）。1920年のシンガポールでは，中国女性全体の10％が学校で教育を受けていた（Libra and Paulson 1980）。また，華僑教育統計表によれば，1936年に海峡植民地の中国語学校・英語学校に在籍する10万人の中国人児童のうち，女児は中国語学校で26.25％，英語学校で30.48％を占めていた。それに対し，同年の成人中国女性の識字率はわずか9.4％に過ぎなかった（Libra and Paulson 1980）。つまり，新しい世代の女性は，母親の世代に比べより良い教育を受けられるようになったのである。女性が現地の経済活動に参加する上で，人的資源の蓄積がなされていったということは明らかである。

　もう一つ重要な要因として，20世紀に起こった脱植民地化により，植民地政府が労働者と女性の地位を改善せざるを得なかったことが挙げられる。英国は，1914年に中国人の年季契約制度を正式に廃止した。1930年には植民地当局が「妹仔」の利益を守るために「家庭女工法令」を公布した。1932年には，女児の売買を廃止する「1932年妹仔法」が制定された。この法令では奴婢の身分制度を廃止し，すでに存在している「妹仔」を登録させ，18歳以下の女子を下女とすることは違法であるとした。シンガポールには最も早い時期に保良局が設立された。シンガポール保良局は，中国人女性を保護し，強制売春と人身取引から守るための組織として1881年に設立された。しかし公娼制度が廃止されたのは1930年になってのことだった。一方で，植民地政府の中国人労働者や中国人女性に対しては「家父長制的保護」がかけられ，華人労働組合の設立は認められなかった。いわゆる移民コミュニティにおける中国女性の社

会的地位の向上も，相対的なものに過ぎなかった。

　シンガポール華人家庭についての研究者は，移民家庭が小型化したこと（妾がいたとしても，妻妾同居はしない）や夫婦関係が家族の中心になったことで，中国女性の地位は向上したととらえる（呉黎 1994）。ただし，20世紀半ばまで，南洋の中国人コミュニティは依然として宗族や郷土の伝統アイデンティティを受け継いでいた。華人宗親会と商会のリーダーはすべて男性であった。たとえ移動が宗親制度を弱体化させ，移民家族が小型化したとしても，その本質は依然として家父長制家族であった。長期にわたり維持されてきた封建的妻妾制度や「両頭家」[26]，および児童奴隷のような「妹仔制」も続いた。可児弘明が述べるように，植民者には中国人の封建宗族制度を改変しようという考えはなく，むしろこの制度を利用することで植民地統治において利益を得ようとしていた（可児 1990）。

　概括すると，植民地において，女性はそれぞれの時代に「生産」，「人間の生産と再生産」，「家庭と社会の安定化装置」，「性の対象」という四つの役割を果たした。あるときは男性の「性の対象」として，若く，働き盛りでかつ独り身の男性労働者の発散の対象になった。植民者が緊急に大量の安定した労働力の供給を必要とし，かつそれが属領の社会秩序を破壊しない場合，無償の「人口生産および再生産」のツールとなった。あるときは「家庭および社会における安定化装置」として配置された。そして女性は柔順で勤勉かつ安価な労働力として，とりわけ不況時には植民地労働市場における二級労働力になった。資本主義のグローバルシステムと家父長制システムの枠組みの下，女性は植民者によって十二分に活用されたといえよう。

注

1) 国民政府僑務委員会の報告書によれば，1934年，全世界の中国系移民労働者はおよそ780万人いた。うち東南アジア移民が600万人であり，約80％を占めた。このデータは国民政府『1932-1933年労働年鑑』における海外中国系労働者の数1,100万人とかけ離れている。ある日本の研究者は，この誤差は「華僑」の定義の曖昧さによるものかもしれないと指摘している（楊建成 1984, 3-5頁参照）。

中国系女性移民の90%が東南アジアに集中していたと算定する研究もある（範若蘭 2002）。
2) 1931年前のデータはPurcell 1951による。1947年・1957年の数値は《シンガポール植民地年度報告書》（新加坡殖民地年度報告書），1958, 261頁。
3) Blythe, W.L. Historical Sketch of Chinese Labour in Malaya, 1953, 引用は陳瀚笙1984による。
4) 華南一帯に存在していた「自梳女」たちは，「頭に髷を結う」（自梳）という儀式をおこない，結婚せず独身で過ごすことを誓った。
5) 葉漢明の調査によれば，広東順徳沙頭郷という地には1886年から1934年の間にシンガポールに赴いて生計を立てる「自梳女」たちが500人あまりいたという。30-40年代が彼女たちの海外出稼ぎのピークだった。（葉漢明1999，93-95頁）。
6) 例えばHo It Chong 1958, p.55。
7) Jarman 1998に掲載されているデータによる。
8) 「植民地における中国系労働者の状況を考慮し証明するための特設委員会報告」（為考慮並取證在殖民地的華工狀況特設委員會報告）『海峡殖民地立法議會叢刊』1877, 263頁, 256頁。
9) 計算のもとになったデータは1931年英領マラヤの国勢調査からとった。第10表（A）で示されているマラヤの中国人職業女性は9.79万人であり，無職者が49.12万人であるが，そこには25.12万人の農業・漁業従事者女性が含まれていない。女性の労働力人口33.8万人というのは，筆者が第11表の全マラヤ産業別労働力人口から計算したものである。労働力年齢の女性は第10表（B）マラヤ華僑累計的年齢人数表から計算した。表10（A）（B）と表11はいずれも楊建成の以下の研究による（楊建成1984, 174頁）。範若蘭もまた，マラヤの人口センサスには女性による家事使用人，洗濯婦，移動屋台での労働，臨時労働者（錫洗いの女性労働者を含む）の統計が女性の就業としてカウントされていないと指摘している。（範若蘭2004）
10) 1921年，1931年，1947年マラヤの人口センサスにもとづく。データは範若蘭2004, 表1による。
11) 植民地政府が中国女性に対して発行した『淘錫紙』（錫洗い許可証）から計算したもの。資料はJackson 1961, p.146。
12) こうしたデータはマラヤの1921年・1931年・1947年の3度にわたる人口センサス資料から得たものである。引用はNathan 1922, Vlieland 1932, 華人問題研究会1950。
13) 「クアラルンプール衛生局による女給雇用禁止決議」（吉隆坡衛生局決議禁止雇用女招待），『叻報』1931年8月8日。
14) 以下の資料を参照。"Memorandum on Brothel Slavery," *Proceedings of the Legislative Council, Straits Settlement*, 1899。引用はLim 1967による。

15)「妹仔」とは広東方言で，家族によって売られたか，転売されて他家で下女として働く少女のことを指す。
16) 楊建成 1984, 201 頁。車夫の寿命についてのデータは陳鴻瑜 2011, 36 頁。
17) 楊建成 1984, 174-175 頁，表 11 による。
18) データは在ペナン中国領事館『ペナンおよびペナン属商工農各業近況の調査』。甫京国民政府（外交部公告）1934, 292 -293 頁。
19) 南京国民政府《1932-1933 中国勞動年鑑》, 259 頁。
20) 楊建成 1984, 173 頁に記載された 1931 年マラヤ国勢調査のデータから作図。
21) データは Jarman 1998 による。
22) 通婚を禁止する法はまずカリフォルニア州で始まった後に全土に広がり, 米国の国家法となった。カリフォルニア州の異人種間通婚禁止法は, 白人と中国人のみでなく白人とアジア人, フィリピン人, インド人, 黒人との通婚を禁じた。
23)「美国国籍法與華人」『東方雑誌』28 巻第 20 号, 1931 を参照されたい。
24) 楊建成 1984, 161 頁。
25) 劉玉遵他 1979 の中の以下の記述を参照されたい。「中国人労働者は一般に妻子なく, ごく少数の者だけが家庭を持った。父親が中国人で母親がインドネシア人といった混血の女性と結婚するようなことは多くあった」
26)「両頭家」とは裕福な男性移民が海外で妾をとる一方で, 妻には郷里で財産管理, 両親への孝行, 祖宗への祭祀といったことにあたらせるということを意味する（陳達 1938, 151 頁）。

参考文献
中国語文献
陳達　1938『南洋華僑興閩粵社会』商務印書館
陳鴻瑜　2011『新加坡史』台灣商務印書館
陳瀚笙主編　1984『華工出國史料彙編（第五輯）』北京：中華書局
範若蘭　2002「允許與嚴禁：閩粵地方対婦女出洋的反應（1860-1949 年）」『華僑華人歴史研究』2002 (3)
範若蘭　2004「1929-1933 年經濟危機與中國女性人口國際遷移：馬來亞個案研究」『婦女研究論叢』2004 (1)
華人問題研究會　1950《馬來亞華人問題資料》聯合書店
劉玉遵他　1979『猪仔華工訪問錄』中山大学東南亞歴史研究所
劉夫　1936「華僑婦女生活」『華僑半月刊』第 92 期
呉黎　1994「新加坡華人女性社会家庭, 地位的變遷」『華僑華人歴史研究』第 1 期
楊建成主編　1984『華僑之研究』（台灣）中華學術院南洋研究所出版（本書は日本の企画院が当時の日本の最前線の華僑研究の意見にもとづいて 1939 年に編纂・出版されたものの翻訳である。中国語翻訳版は修正二版にもとづいており, 主訳

者は趙順文である。楊建成「編者引言」による。）
顔清湟　1991『新馬華人社会史』中国華僑出版公司
葉漢明　1999「華南家族文化與自梳風習」李小江等主編『主流輿邊縁』北京三聯書店
甫京国民政府（外交部公告）　1934「槟城及槟属商工農各業近況之調査」第 7 巻第 10 号

英語文献

Chin, Yoon Foong　1984　"Chinese Female Immigration to Malaya in the 19th and 20th Centuries" paper presented at International Conference of Historians of Asia

Eng, Lai Ah　1986　*Peasants, Proletarians and Prostitutes：A Preliminary Investigation into the Work of Chinese Women in Colonial Malaya*, Singapore

Gamba, Charles　1962　*The Origins of Trade Unionism in Malaya, Singapore*, Eastern University Press

Ho It Chong　1953　"The Cantonese Domestic Amahs：A Study of a Small Occupational Group of Chinese Women," The Department of Social Studies, University of Malaya, Singapore, Unpublished

Jackson, R.N.　1961　*Immigrant Labour and the Development of Malaya (1785-1920)*, Kuala Lumpur, Government Press

Jarman, Robert L. ed.　1998　*Annual Reports of the Straits Settlements (1855-1941)*, Volume 9, 10, 11 (1927-1941), Archive Editions Limited

Lebra, Joyce and Joy Paulson　1980　*Chinese women in Southeast Asia*, Time Books International

Lim Joo Hock　1967　"Chinese Female Immigration into the Straits Settlement, 1860-1901" 新加坡：『南洋學報』22 期

Nathan, J.E.　1922　*The Census of British Malaya*, London：Dunstable and Watford

Purcell, Victor　1951　*The Chinese in Southeast Asia*, London：Oxford University Press

Tan Keng Kang　1984『現代新加坡的社會與經濟史』(*Social and Economic History of Modern Singapore*) 新加坡朗曼出版社，第 1 冊

Vlieland, C.A.　1932　*British Malaya：A Report on the 1931 Census and on Certain Problems of Vital Statistics*, London: Crown Agents for the Colonies.

F.M.S. Mines, *Department Report For 1908* (引用は，Jackson, R.N *Immigrant Labour and the Development of Malaya* (1785-1920), Kuala Lumpur, Government Press, 1961, p.146 による。)

日本語文献
可児弘明『近代中国の苦力と「豬花」』岩波書店,1979

第3セッション「19～20世紀　移動と労働」の成果と課題
—— 「女性の移動」と男性・性売買 ——

坂井博美

報告からみえてきたこと／みえなかったこと

　本稿では，まず三つの報告の共通点や成果をまとめ，今後の課題を探る。そのうえで，いくつかの課題に関して詳しく論じたい。

　池川報告は，満洲農業移民事業を，特に「大陸の花嫁」に焦点をあてて検討するものであった。池川は，移民事業は「産み育てる母」・「働く農婦」である花嫁と，「娼婦」という二種類の女性を必要としたと指摘した。奇報告では，嘆願書やインタビューを素材にして，沿海州から中央アジアに強制的に移住させられた高麗人女性たちの「複合的かつ多面的アイデンティティ」[1]の有り様について論じた。また，金・楊報告では，中華民国期を中心に，「南洋」の中国人女性移住労働者をめぐる植民地政府の移民政策や，女性移民の職業構成の変遷などを検討した。

　「女性の移動」には多様な形態が存在するが，三報告の共通点として，第一に，出身地と移動先の地域間の権力関係からいえば，いずれも上位地域から下位地域への移動，もしくは水平に近い移動であること，第二に，各報告で主要な検討対象として設定された移民の多くは，出身地域における階級的民族的序列からみれば，優位な層ではなかったことが挙げられる。なお，この点に関連して，コーディネーターの江上幸子による趣旨説明では，セッションの視点のひとつとして，女性の移動において，前住地・移動先の性差別と民族・階級差別がいかなる関係性をもつのかという問いが掲げられた。しかし，とくに出身地と移動先双方における民族間の権力関係と，それが女性の移動がもたらす意味については，報告内での言及は多いとはいえなかった。しかし，たとえば奇報告では，強制移住後の生活について，比較的積極的な姿勢で回想する女性が

227

多く登場するが，その背景には，対象者個々が聞き取りの時点において現在の自分の生活をどのように把握し得る状況にあるか，移住先の高麗人コミュニティが過去および現在においていかなる社会的位置にあるのか，といった問題も大きく関わるのではないだろうか。

　一方，三報告からは，国家や社会，家族などが移民女性に期待した役割や，移動によって女性たち自身が自己実現しようとした理想像が浮かび上がってきた。まず，いずれのケースも，女性たちには，再生産労働を担うとともに，しばしば農業やその他雇用労働に従事することが期待された。また，池川報告が「大陸の花嫁」の目的について，パルチザンや現地農民の激しい抵抗によって，「団員達にはストレス性の病状が現れ，犯罪も多発した。関東軍は，男たちを慰撫するために女性の招致を決め」[2]たと述べ，金・楊報告が，植民地政府は中国人男性の逸脱行動の抑止の方策として，妻としての女性移民の移住を肯定的に捉えていたと指摘しているように，社会秩序の安定化のために「妻」の存在が要請されたことが明らかとなった。

　先進的であったり，社会に寄与することが，移民女性の理想像として強調されることもあった。池川報告では，「民族協和は医師と女子の手で」と記す史料が紹介され[3]，また多産を支えるために開拓地保健婦の養成が図られたことが論じられた。日本の権力拡張を図るためにそうした役割が強調されたわけだが，一方で，女性たち自身も，農村のジェンダー秩序からの離脱の希求，国家・社会への貢献による自己実現などの欲求を抱き，移住によって，新たな自己像を手に入れようとしていた。奇報告では，嘆願書を提出した女性たちが，自身の要求を叶えるために，自分は社会主義体制を支えるのにふさわしい無産階級の労働者であると強調していたことが指摘された。また，カザフスタンのハングル新聞が，社会主義の理念に即して男性に引けを取らない量の肉体労働に従事し，ソビエトの建設に貢献しているとして，高麗人女性を取り上げ賞揚している事例が紹介された。こうした「先進」性の強調は，女性たち自身の選択や戦略との関係のみでなく，高麗人コミュニティ全体が，自分たちが体制に順応していることをアピールするために，先進的女性の表象を利用した側面が

あるのではないかとも思われた。

　最後にシンポジウムでは，女性の移動と性産業の関係性の結びつきの強さも浮かび上がってきた。池川報告では，先遣隊として入植した男性たちが娼家に通う姿が回想録を通して示された（「娼婦」たちの民族などの属性は不明）[4]。また，金・楊報告では，1920年において，「香港経由で南洋に流入した成人女性の内，職業に妓女と登記されていた者は全体の9.25％」であり，実際にはさらに高い比重を占めていたことが推測できると論じられた[5]。

　以上のように，女性の移動は，前住地と移住先の国家・社会，女性自身や家族，コミュニティといった様々なアクターの利害関係が重なりあった結果であることが見てとれるが，特に女性の移動が推奨されている場合，その背景に，夫ないしは夫候補の生活や，男性の買春など，男性移民の有り様と強い連関性があることがわかる。この問題はさらに検討すべき課題を含むと考えられるため，後述したい。

「移動」するということ

　趣旨説明では，女性の移動の受動性や被害者性のみでなく，主体性の有り様についても検討を行う必要性が述べられた。報告においては，池川報告では，「満洲」をめぐる女性たちの行動が構造的に「帝国のフェミニズム」の意味をもったこと，奇報告では，強制移住という圧倒的暴力のなかで高麗人女性が様々な生存戦略を行ったこと，金・楊報告では，「南洋」への女性の移住の傾向が「受動的」「従属的」な移動から「能動的」な移動へと変化したことが指摘された。

　三報告を聞いて，移動という現象において，その強制性と自発性，ないし主体性は二分法的に把握できるものではなく，東アジア，ひいては世界的な帝国・植民地主義の展開と，それと連動しながら変動する各社会のジェンダー秩序といったマクロな構造，そして個人の行動を，それぞれ結び付けながら検討する必要をあらためて感じた。加えて，当事者にとっての移動の意味は，対象地域以外の地への移動との関係性のなかで考察する視点も必要ではないかとも

考えた。移動を論じる場合，国外への移動，および本国と植民地・勢力圏の間の移動と，国内間の移動は別個に考察される傾向がある。しかし，たとえば，和歌山県の三尾村からカナダへの移住を検討した山田千香子「カナダの日系移民—ジェンダー視点からの考察」[6]によれば，移住の理由を問われた男女の多くが，「移民をしてきて一人前」だったからなどと答えたという。共同体のなかで移民経験が通過儀礼の意味合いをもったということだが，この点に関連して山田は，カナダへの移民の開始以前から，同村の女子は「行儀見習いとして，大阪方面に奉公に出る習慣があった」，と述べている。考えてみれば，遠近の差はあるとしても，近代において女性が，結婚によって実家から他出したり，就学や奉公，就労などを契機に転居したりすることはむしろ日常的なことであった。移住の意味は，それまでの移動の慣習との連続性と差異，当事者たちが各地域への移動をいかなる空間把握で解釈していたのかなどといった観点を含めて検討する必要があるのではないだろうか。

　さらにいえば，国内間で移動をして「女中」や「女工」，「娼婦」となった人々についても，彼女たちがどのような背景，ネットワークによってその職に就き，あるいは転職したのか，職を立ち退いた後，どこでいかなる生活を生きたのかといった基礎的情報さえも実のところ，それほど詳細にはわかっていない。彼女たちの動向を掴むための史料の不足が大きな要因としてあり，今後，この問題を補うための方法論の模索が必要となろう。一般的に女性の動向は史料に残りにくく，本セッションの各報告でもその制約を補うために様々な工夫がみられた。強制移住について，高麗人女性のあり方を示す史料は非常に少なく，奇報告では，オーラルヒストリーや嘆願書が使用された。金・楊報告では各種統計を駆使し，池川報告では特にメディアの女性表象に着目している。国内間の移動も含め，方法論を鍛えながら研究を蓄積し，たとえば，国内の女性たちを取り巻く職業斡旋・経営等のネットワークは，国外，植民地・勢力圏への移動のネットワークといかなる繋がりがあるのか，あるいは断絶しているのかなど，広義の移動研究が連携して検討を進めることも重要であろう。

第3セッション「19～20世紀　移動と労働」の成果と課題——「女性の移動」と男性・性売買——

性売買と移動

　先述の通り，女性の移動と性売買には強い因果関係が存在した。日本人「売春婦」の渡航先は，「ロシア極東，朝鮮，満州，中国本土，東南アジア，オセアニア」，「ハワイや南北アメリカに日本人社会が形成されると，そこにも進出する」など広範囲に及んでいる[7]。すなわち，三報告で取り上げられた沿海州と満洲，東南アジアは，いずれも日本人「娼婦」が渡った土地でもあった。

　極東ロシアへは，建設労働力となっていた中国人や，ロシア人兵士などを客層とする性産業に就労する女性が多く渡航し，同地の日本人女性の職業のなかで貸座敷業が占める比率は非常に高かった[8]。満洲にも，「満洲国」の成立以前から，「娼婦」として日本人女性が流入した。1898年にロシアが東清鉄道の建設を開始して以来，満洲北部に日本人が建設労働者や雑貨商として渡航，また，ロシアにいた日本人「娼婦」の一部も移動してきたという。ロシアが旅順，大連の建設工事に着手した後，同地にも日本人が流入するようになったが，日本人女性に占める「娼婦」の比率は高く，旅順では1903年時点で女性全体の35％を占めた。そして日露戦争の開戦後には，兵士相手の料理屋や遊戯場，雑貨商が繁栄したのであった[9]。また，東南アジアに「娼婦」として渡航する日本人女性は，「19世紀後半から急増したアジア系移民に伴って発生した中国人娼婦「阿姑」を補うかたちで増加」したという[10]。各報告が取り上げた三地域における日本人女性のケースをみると，性産業との結びつきが強かったこと，そして彼女たちの移動が世界的な帝国主義の進行に影響を受けて行われていたこと，また彼女たちが他民族の男女と，時に「娼婦」とその客や，性産業の競合相手となったり，あるいはすれ違いながら，移動していたことがわかる。

　「娼婦」としての女性の渡航の多さは，渡航先での男性の買春行動の多さの裏返しであるが，池川報告，金・楊報告では，移住男性—特に，報告のなかでは単身で移住した男性—と性産業の間に，密接な関係があったことが記されている[11]。独身者あるいは妻を残して単独で渡った男性が性産業の主な利用者層のひとつになっていた，あるいは単身者であるゆえに性産業が整備される必要があるとみなされていたということになろうが，では彼らの頻繁な買春行動は

何に起因するのであろうか。現在の移動研究においては，男性移民と性売買のつながりの強さの要因を，移民男性の周囲に性売買従事者を除く女性が少ないことに求める傾向があるが，性行為の相手となる女性の不在と買春行為は，その相関性を自然化せずに考えることが必要であろう。

男性にとっての「女性の移動」

　男性移住者の買春行動を考えるうえで，多様な形態を含む移動・移住のそれぞれにおける性産業の利用行動を比較検討することも有効ではないか。軍隊と性売買の関係に関しては，近年，男性史・ジェンダー史を中心に研究が進められつつある。一方で，出身地域の性売買のあり方との関連にも注意を払う必要がある。出身地域においても，性産業の利用のあり方は不変ではない[12]。出身地・移動先双方の性売買の歴史的変化をふまえて考察することが重要であろう。

　横田冬彦（注12）も指摘するように，少なくとも日本近現代史においては，性産業をめぐる研究は，公娼制度とそれに対する反対運動，あるいは性産業に従事する女性に焦点を当てた研究が大半であり，男性の買春・性風俗利用が分析の対象とされることは少なかった。しかし，男性に特化された性産業の隆盛は，男性優位社会を維持するうえで，大きな役割を果たしている。買売春の存在は，男性の性欲（のみ）は抑制しがたいことの証左として，両性関係をめぐる言説の上で利用されてきた[13]。そして，性欲の強さゆえに，男性はレイプなどという形で性衝動を暴発させる危険性がある存在とみなされ，買売春制度が必要悪として容認されてきた。

　これをさらに敷衍して考えれば，男性性は暴発的な性行動を起こす可能性を潜在的に有するという通念によって性暴力事件を自然化することは，ひるがえって，女性を常に潜在的に男性によって組み伏せられる危険性にさらされている存在であると位置づけることに繋がる。そして，男性は性暴力を起こし得るほどに女性よりも強い存在であること，そして，それゆえ男性は，そのような逸脱行為を実際に起こす一部の非道徳的な男性から女性を守るべき存在であるとされる。このような男女の二分化によって，男性全体の優位性が保障され

る効果をもっているのではないだろうか。一見すれば，性暴力を行使していないと解釈されている多数派の男性は，性犯罪の行為者の行動が男性全体に一般化して解釈されることで不当に貶められているといえるが，しかし，性暴力の存在が男性優位の社会を維持し再生産させる効果をもつという両義性は，歴史的視座からもさらに詳細に検討すべき問題といえる。

　以上のように性売買と性暴力，社会全体における男性の優位性の三つの輪は，相互に連関，依存しながら維持されている。したがって性売買を考えることは家父長制社会の有り様を検討するうえで重要な意味をもつが，近年，性売買の制度や，性売買の是非をめぐる言説は，軍隊や植民地支配における性売買利用と密接に絡み合いながら形成されてきたことが明らかにされつつある[14]。性売買は，移動と国内外のジェンダー秩序の双方の問題を繋ぐうえで，非常に重要なテーマであるといえ，今後さらなる検討が必要とされよう。

　同時に，「女性の移動」を男性の有り様との関係からみるという課題は，当然ながら性売買に限定されるものではない。先述の通り，池川報告，金・楊報告では，男性の逸脱的行動の抑止のうえで，妻としての女性の投入が要請されたことが指摘されている。移民男性にとって，男性だけの移民生活はいかなるものとしてあり，また，妻や家族の存在はいかなるものとして機能したのか（または機能することが期待されたのか）といった問題をあらためて詳細に検討する必要があろう。たとえば，古久保さくらは，農村女性の「満洲国」への移住の動機について，メディア上で「満洲国」では近代家族的理想像を実現し得るとのイメージが提示されたことを指摘，「女性達を満州へあこがれさせたもの，それは幸せな家族を創りたいという願望であったのではない」かと述べている[15]。では，移民男性にとっての理想的家族像は，女性のそれと，いかなる共通性や異質性がみられるのだろうか[16]。今後，「女性の移動」を追究していくためには，女性に即した考察のみならず，男性の移動もまた，男性史的，ジェンダー史的視点から検討することが重要となろう。

注

1) 奇桂亭報告『日中韓女性史国際シンポジウム　女性史・ジェンダー史からみる東アジアの歴史像　報告原稿集』（以下，『報告原稿集』と略記）2013，192頁。
2) 池川玲子報告『報告原稿集』164頁。
3) 前掲池川，167頁。
4) 前掲池川，165頁。
5) 金一虹・楊笛報告『報告原稿集』222頁。
6) 粟屋利江・松本悠子編著『人の移動と文化の交差』明石書店，2011，114-115頁。
7) 岡部牧夫『海を渡った日本人』山川出版社，2002，57-58頁。
8) 土岐康子「極東ロシアと日本人娼婦」『ロシア史研究』57号，1995年8月。
9) 以上，塚瀬進『満洲の日本人』吉川弘文館，2004，7-9，14頁。
10) 早瀬晋三「東南アジアへの日本人の移動」吉原和男他編『人の移動事典　日本からアジアへ・アジアから日本へ』丸善出版，2013，30頁。
11) 前掲池川，165頁，および，前掲金・楊，222頁。
12) 横田冬彦「「遊客名簿」と統計—大衆買春社会の成立」歴史学研究会・日本史研究会編『「慰安婦」問題を／から考える—軍事性暴力と日常世界』岩波書店，2014を参照。また，岩田重則「日本人男性の性行動と性意識—一九一〇～三〇年代を中心に」『歴史評論』576号，1998。
13) 藤野裕子「「性欲」の歴史学を構想する」『女性とジェンダーの歴史』2号，2014を参照。なお，兵士の性については，早川紀代「軍隊と性」『歴史評論』576号，1998。
14) たとえば，永原陽子「「慰安婦」の比較史に向けて」前掲『「慰安婦」問題を／から考える』，藤目ゆき『性の歴史学—公娼制度・堕胎罪体制から売春防止法・優生保護法体制へ』不二出版，1997を参照。
15) 古久保さくら「「近代家族」としての満州農業移民家族像—「大陸の花嫁」をめぐる言説から」大日方純夫編『日本家族史論集』13 吉川弘文館，2003。
16) 伊藤るり「国際移住とジェンダー—研究領域としてのひとつの素描—」（『ジェンダー史学』第8号，2012）は，「ジェンダー視点に立った移住送りだしの研究はなお少ない」と指摘する。

東アジア近代における女性移民と労働
―― 第3セッション・コメント ――

蘭 信三

はじめに

19世紀半ばの東アジアは国際移民の幕開けにあった。アヘン戦争後の南京条約（1842年）によって中国人苦力が東南アジアの英領海峡植民地に非公式に登場し，アロー戦争後の北京条約（1860年）によって中国人の海外移民が公式に解禁された。日本は日米和親条約（1854年）で開国するが，海外移民に関しては1868年には徳川幕府とハワイ政府との間で交わされたいわゆる官約移民が日本からの海外移民の先駆けをなし，1885年以降のハワイ移民が公式な海外移民の嚆矢となった。朝鮮の開国は遅れたが，19世紀末から満洲やウラジオストックへの出稼ぎが始まりその大規模な人の移動の前兆となった。

このように，19世紀前半からの西欧列強の中国，東アジアへの進出，同半ばでの西欧列強の圧力による中国や日本の開国によって，東アジアは西欧近代によるグローバル化の波，グローバルな労働力市場に飲み込まれて海外へと移民を送出し始めた。また西欧やロシア帝国といった植民地帝国による植民地化や，少し遅れて帝国化する日本のアジア侵出によって，国境を越えた移動は刺激され「国際移民の時代」の幕開けとなっていった。

初期の国際移民は，道路・鉄道等のインフラ整備工事や砂糖黍や珈琲プランテーション内の農業労働などの肉体労働が主な仕事のため男性が中心で，女性は男性の従属的な存在として位置づけられてきた。その結果，従来は近代の移民女性の経験は家父長制や男性に従属するものとして，その抑圧された姿がクローズアップされてきた。もちろんその点は重要であるが，そのことで移民が近代教育を経て近代社会生活に必要な資格（教師や看護婦資格など）を取得し，自身のキャリアに生かしたという側面を見落とし，あるいは過小評価してきた

面も否めない。本シンポジウムの各報告にあるように，移民を決心するにあたっての女性の主体性，移住地での女性移民の主体的生活戦略は見逃せない。女性移民を独立的な存在として捉え直す視点は移民研究にとってきわめて重要である。

　本小論では，当日の私のコメントと会場での質疑を踏まえて，東アジア近代の激変と人の移動と，本シンポジウムの東アジア近代における女性の国際移民研究へのインパクト，そして当日争点となった方法としてのオーラルヒストリー[1]について簡潔に述べていこう。

1. 東アジア近代の社会変動と人の移動

　19世紀後期の東アジアは，清朝を中心とする華夷秩序から西欧近代を中心とする近代世界システムへと編入されていく時期だった。周知のように近世の東アジアは，中国を中心とする華夷秩序のもと，海外移民を禁じる海禁政策（いわゆる「鎖国」体制）をしいていた。もちろん中国での社会変動により東南アジアへの非公式な華僑の進出の波は数次においてみられていたが，長らく東アジアからの国際的な労働移動は公式には禁止されていた。

　しかしグローバルに見れば，19世紀の世界労働力市場における東アジアの人びとの存在は次第にクローズアップされていった。米大陸やいわゆる「南洋」での欧米帝国の植民地支配や「開発」が強化されるにつれて労働力需要は高まっていくが，それに反して大西洋両岸における奴隷貿易・奴隷制の廃止（英国1807年，米国1865年，ブラジル1888年）という従来の労働力の供給システムが崩壊しつつあった。世界的な労働市場において労働力不足が逼迫し，新規労働力あるいは代替労働力への需要が生じてきた。そのなかで，西欧諸国や北米南米大陸の諸政府が労働力として質の高い中国人やインド人（後に日本人）労働者に注目し，英領海峡植民地や北米への移民となり，その後東アジアからの移民は世界労働市場の需要に応じトランスナショナル[2]な移動をとげていったわけである。

　東アジアにおけるトランスナショナルな人の移動は多様であった。それを要

因別に類型化してみると以下のようなタイポロジーが考えられよう。まず，(1) 欧米の植民地経営の強化に伴う労働力としての移動があげられる。英領海峡植民地，米領フィリピン，蘭領東インド等での植民地「開発」に伴う労働力の需要があり，これらは主として中国からのいわゆる「南洋移民」，インドや日本からの英領海峡植民地への移動（移民），米領フィリピンへの移動（移民）をもたらした。また，ロシアのシベリア鉄道 (1850年) の開設，沿海州開発 (1860年)，ハルビンを中心とする東清鉄道経営 (1898年) 開始に伴う労働力の需要は，主として中国，朝鮮，日本から沿海州やハルビン等への労働移民等々をもたらした。ついで，(2) 日本の植民地帝国化による台湾，関東州，樺太，朝鮮，南洋の植民地経営や「満洲国」[3] や中国における勢力圏の膨張・形成に伴い，様々な階層の人びとの移動（移民）が見られた。日本の植民地帝国化は日本人の外地への移動（移民）とともに，朝鮮人の内地や満洲や樺太や沿海州への移動（移民）を促進し，台湾の人びとの内地や南洋や満洲等への移動（移民）を促進した。

そして，(3) 戦争に伴う強制的移動がある。たとえば朝鮮人・中国人の内地への強制連行（杉原，2002　外村，2012），日本軍「慰安婦」の戦地や軍事拠点への移動，沿海州の朝鮮人（高麗人）の中央アジアへの強制移動等々があげられる。最後に，(4) 経済格差に伴う人の移動，未墾地開拓に伴う人の移動があげられよう。これは，植民地支配や産業開発に伴う労働力需要による人の移動であり，東アジアとりわけ中国や日本や朝鮮から北米や南米への移動（移民）である。また中国人の満洲への移住，日本人の北海道への移住（約189万人），満洲への朝鮮人の初期の移動（移民）などがあげられよう。

とりわけ，中国人の満洲への移動（移民）は19世紀末から20世紀半ばまでに約4千万人が推計されており，なんと19世紀前半のヨーロッパからアメリカ合衆国への約5千万人の人の移動に匹敵する規模であった。しかもこの場合は，単なる未開地への入植という文脈だけでなく，ロシアの北満植民地経営，日本の南満植民地経営や「満洲国」の建設という植民地「開発」の文脈での労働力需要との相乗効果によるものであったことは言うまでもない。加えて，満

洲への朝鮮人の初期の移住は未墾地を求めての移動であったが，韓国併合以降は植民地支配を逃れての移動であったし，さらに「満洲国の建国」以降は新植民地へのチャンスを求めての移動でもあり，かつ半強制的な農業移民もあり，時代や移動経路によってそれは多様であった。

　もっとも，この時期の人の移動は，国際移動よりも農村部から都市への移動（都市移住）が主な流れであることは言うまでもない。日本では増加人口の大半は都市へと移動し，それにともなって大都市における一部の都市新中間層と大規模な「下層社会」が誕生した。それに中国の関内から満洲への人の移動も，北海道移民等の先にあげた国内未墾地への入植も，朝鮮半島での都市への人の移動の割合も無視できない現象であった。

2. 東アジア近代における女性移民研究の可能性

　繰り返すが，近代の移民労働力の中心は男性であり，女性は家族移民か男性労働者の補助的・補完的なものとしての従属的な移動が一般的と認識されていた。第3報告の金報告が示すように，女性移民は家族親族制度の伝統的規範の強弱と，女性労働への価値観の違いによって，その輩出率に違いが生み出されていた。一般的には，伝統的規範が強いと女性は地域から自由に移動（移民）できないし，移動（移民）できたとしても家族移民として父か夫に付随し，従属していた。しかしそのような伝統的規範も大きな社会変動に見舞われるとその規律も緩み女性移民の輩出を許した。そのようななか30年代に家族を支えるために移民した中国の「南洋移民」においては，女性移民の主体的な移動が報告された。また第2報告の奇報告では，沿海州から中央アジアへの強制移動後に家族を支える朝鮮人の女性移民の姿が描かれている。移民地での女子教育の進展は，教員・秘書・看護師・タイピスト等の近代的な職業や，さらには医者や弁護士といった高度な専門職へと女性移民を導いていった。

　教育制度などが整備されている先進国への移民は祖国よりも教育機会に恵まれることが多く，日本から台湾や朝鮮や「満洲国」のように植民地への移民には優先的に中等教育，高等教育を受ける機会が与えられた。移民は棄民として

描かれることが多いが，出身地から離れる移民は家族親族規範が弱まり，教育は女性の地位の向上をもたらし，その結果家父長制は残っても移民家族は夫婦を中心とする近代家族になりがちであった。移民女性の労働は家事労働，農漁業など低賃金の補完的な労働力としてはじまるが，先述したように学校や職業訓練所を経ることで専門職へと進む道もあった。低賃金であっても現金を手にする賃労働に従事した経験も，学校や訓練所を経て教師・看護婦・タイピスト等の専門的職業の経験も，女性たちの「近代経験」と表現することができよう。

　ついで，ここで移民と移民先との関係性に着目してみよう。まず，(1) 欧米植民地への中国人や日本人の移民のように宗主国出身者でも植民地出身者でもない場合がある。北米では中国人移民も日本人移民も鉄道工事や農業労働者のような底辺労働者となる場合があり，他方で海峡植民地のように宗主国のイギリス人と現地の人びとを媒介する中間的な階層を構成する場合もある。そこでの近代的な教育経験によって，ガラスの天井はあったとしても，男性移民が専門的職業につくだけでなく専門職キャリア女性の誕生という階層の上昇が見られ，家族は近代家族となり女性はその奥様として，主婦の誕生もまた見られよう。英領海峡植民地等でのモデルマイノリティとしての中国人移民がこの典型的な例であろう。

　(2) 植民地から宗主国への移民であるが，これはたとえば朝鮮人の内地への移動が考えられよう。女性の内地への渡航や紡績女工としての就職，炭鉱・工事現場での飯場などでの低賃金労働のように重労働の移民男性の補完労働力としての役割であったり，家族呼寄せでの移動（移民）であったりであった。また，(3) 植民地宗主国の人びとの植民地への移動（移民）があげられる。たとえば，日本から台湾や朝鮮や満洲への移動（移民）によって，内地の伝統社会から離れたことで，夫婦を中心とする近代家族的な家族生活を経験する。そして居住地が大都市の場合は，近代的な教育をうける機会が多く，近代的な生活様式を享受する。これらはいわば植民地経験と同時に近代経験が絡み合った経験といえよう。

3. 女性移民研究とオーラルヒストリー

さて，オーラルヒストリーは古くて新しい方法である。だが今日のオーラルヒストリー人気は，70年代の英米で「民衆の歴史」や「下からの歴史」という視点の転換から積極的な意味が付与され，方法として「復権」した以降である。従来の歴史学は，エリートの男性を対象とし文書資料を基本とする政治史，経済史を中心とする研究であった。それに対して，このような新しい歴史学は，民衆，女性，移民をも対象とし，それに文書資料だけでなくオーラルヒストリーに基づく社会史・文化史（社会文化史）も含めた研究へと70年代に転換されていった。オーラルヒストリーは，(1) 歴史の対象を庶民や女性や移民等へと拡げ，(2) 資料も文書主義だけでなくオーラル（口述）による資料の利用を促進し，(3) 歴史学を専門家による独占物から開放し一般市民にもその道を開き，英米で大きな革新をもたらした。

一方，日本の地域女性史は戦後の民主化のなか1950年代という非常に早い段階から始まった活動のひとつであり，オーラルヒストリーを主要な方法として取り入れ，実践していった。1975年の「国際婦人年」に行われた全国各地での女性への聞き書き活動は，結果としてその方法を全国にひろめた。折井によれば，それ以降に1万人以上の聞き書きが数えられるにいたっているという（折井，2011）。ポール・トンプソンも認めたように，日本の地域女性史の活動はオーラルヒストリー実践として注目すべき活動と言えよう（トンプソン，2004）。

70年代のオーラルヒストリーの復権は民衆や女性の歴史を掘り起こす，事実探求型のそれであり，それは大きな成果をもたらした（宝月，2013）。だが，オーラルヒストリーはその後の多様な領域での理論的な展開のなかで，しかも言語論的転回や構築主義という認識論の大きなシフトや，それに冷戦の終結という大きな時代のうねりに影響を受け，90年代にはそれは事実探求型から理論型へとその関心が変化していったという[4]。

そしてこの推移の過程で，オーラルヒストリーは何が起こったかよりも，起こったと人びとが考えていることは何か，つまり人びとがその出来事をどのよ

うに内面化し，解釈し，語るのかが重要となってきた。このようなオーラルヒストリーの変化あるいは深化は，歴史学におけるオーラルヒストリーの展開に困難をもたらした。なぜなら，実証主義，科学主義を標榜する歴史学にとって，起こったこと（what）を問う事実探求型ならそのスタンスと整合性があり，まだそれは歴史学の方法として認められていた。だが，何が起こったかよりもそれがどのように語られるか（how）を問う理論型は日本の歴史学にとって方法論的な困難をもたらしたのである。

　さて，〈あのとき・あそこ〉で体験されたことがら（what）を，〈いま・ここ〉で語られるのがオーラルヒストリーであるが，〈あのとき・あそこ〉でという過去の体験が〈いま・ここ〉で語られるまでには様々な要素が介在する。まず，ある事件に遭遇した人びとの微妙な立場の違いによってもそれは微妙に異なって記憶される（「羅生門的現実」）。ついで，その記憶に関する語りのモデルストーリー[5]が形成されている場合には，それが個人の記憶を規定しがちだ。しかもドミナントなストーリー[6]を抜きには個々の体験者は自らの体験を語れない。なぜなら，集団の記憶，社会の記憶との相互作用のなかで個人の記憶は再構成されるからだ。それに，その出来事が大きな出来事であればそれをめぐるメディアもまた文化的記憶として個人の記憶に強く影響を与える。このように，個人の記憶のされ方は〈あのとき・あそこ〉で体験されたことがら（what）が単純に記憶されるのではない。時間の経過と共に出来事を振り返る〈そのとき・そこで〉の集団の価値観，社会的文脈，時代状況などによって記憶され，それらの状況の変化のなかで更新されていく。これがいわゆる「記憶の政治学」と呼ばれるものである。

　それに，「アクティヴ・インタビュー」が喝破したように（ホルスタイン，グブリム，2004）語り手はある種の記憶の貯蔵庫から関連する記憶を探し出して，体験され記憶されたことがらをそのままに語るのではない。聞き手から問われて過去の体験をめぐるディテールやそのことへの想いが想起され，〈いま・ここで〉の聞き手とのやりとりのなかで〈あのとき・あそこ〉の体験（厳密には〈そのとき・そこで〉の記憶の刷新というフィルターを通して）は語ら

れる。聞き手のジェンダー・年齢・職業，その出来事への予め持つ「構え」やその問い方などは，語り手の語りに微妙な影響を与える。語られる〈いま・ここ〉でのミクロな状況，その背後にあるマクロな社会的文脈や時代状況などももちろん欠かせない変数である。これはいわば「語りの政治学」とも言えるものであろうか。

したがって，オーラルヒストリーで語られた内容は，それがそのまま〈あのとき・あそこ〉で体験されたことがらだけではない。それは，記憶の政治学や語りの政治学によって影響を受けていることを踏まえて，丁寧に読み解かれることが必要であろう。たとえば，第一報告の満洲への大陸の花嫁の経験は，受難としての語りもあるし，生存（解放）としての語りもありえる，これは単に語り手がどのような経験を経たのかという点でもあるが，それがどのように記憶され，語られるかということであろう。史資料の文献の読み込みが，その文書の書かれた時代背景や書き手の社会的政治的立場などを踏まえて丁寧に読み込まれ解釈されるように，オーラルヒストリーも同様に丁寧に解釈されることが必要であろう。それに加えて，オーラルヒストリーの場合，口述で語られた内容は〈いま・ここ〉でのミクロな状況，その背後にあるマクロな社会的文脈や時代状況などが加味されて読み込まれなければならない。何（what）を，どのように（how）語るか，そして何故（why）語るのか。それらの語りを個人のライフヒストリー，その個人の属する集団あるいは階層やジェンダーの文脈，時代の文脈に基づいて読み込み，解釈し，叙述された作品が望まれよう。

注
1) 当日の質疑のなかで会場のオーラルヒストリーへの関心が大きいことに驚いた。もっとも，総合女性史学会の会員が多く関わっている地域女性史においてオーラルヒストリーは重要な方法であったことを思い返せば当然であろうか。ポストモダーンの論壇のなかで素朴実証主義的なオーラルヒストリーが批判されるいま，本学会におけるオーラルヒストリーへの方法論的な関心が大きいことを痛感した。
　　また，当日質問されたなかで「従軍慰安婦」の証言をどう見るかという私の立場性を問うような難問があった。当日も現在も私は納得出来る回答が出来ないでいる，後日を期したい。

2)「国境」を越えるといっても,20世紀前期は帝国化によって日本内地と台湾や朝鮮のように国境線がなくなっている場合もあるが,帝国化前や戦後の国境を想定して,国境を越えたトランスナショナルな移動と設定して考察していることをあらかじめお断りしたい。
3)「満洲」,「朝鮮」,「台湾」,「朝鮮人」,「台湾人」,「南洋移民」等々は歴史的用語として括弧なしで使用する。
4) この視点は宝月恵里 2013 によっている。
5) 当該集団で語られる際にたえず参照される語りのひな型のようなもの。
6) 当該社会で主流となっているその出来事に関する語りのひな方のようなもの。

参考文献

伊藤康子「地域女性史と聞き書き」『日本オーラル・ヒストリー研究』第9号,2013

折井美耶子「地域女性史とオーラル・ヒストリー」『日本オーラル・ヒストリー研究』第7号,2011

倉敷伸子「女性史研究とオーラル・ヒストリー」『大原社会問題研究所雑誌』No.588,2007

桜井厚『インタヴューの社会学 ライフストーリーの聞き方』せりか書房,2002

桜井厚『ライフストーリー論』弘文堂,2012

杉原達『中国人強制連行』岩波書店,2002

外村大『朝鮮人強制連行』岩波書店,2012

トンプソン,ポール(酒井順子訳)『記憶から歴史に オーラル・ヒストリーの世界』青木書店,2002(2000年の第三版にもとづく酒井の翻訳書)

トンプソン,ポール(酒井順子訳)「オーラル・ヒストリーの可能性を開くために」『歴史評論』648号,2004

宝月理恵「戦前・戦後期日本の「衛生経験」を読み解く―オーラル・ヒストリーによる近代衛生史の可能性―」『歴史学研究』912号,2013

ホルスタイン,ジェイムス グブリム,ジェイバー(山田富秋・兼子一・倉石一郎・矢原隆行訳)『アクティヴ・インタビュー 相互行為としての社会調査』せりか書房,2004

山村淑子「地域女性史とオーラル・ヒストリー」『歴史評論』648号,2004

あとがきにかえて

　日中韓女性史国際シンポジウムならびに総合女性史学会大会によって，女性史・ジェンダー史研究は，東アジア地域の歴史像にどのような新しい内実を提供することができただろうか。あるいは従来の東アジア像を変えることができたのだろうか。

　第1セッションについて：集中して女性統治者が存在した5世紀から9世紀の東アジア地域，中国北魏，朝鮮半島新羅，日本の社会構造はどのようなものであったか。従来これらの地域は父系社会であり，女主，女王，女帝と称される女性統治者は一時的な存在であるとみなされてきた。しかし，シンポジウムや女性史学会における諸報告が明らかにした女性統治者の背景にある社会構造や社会組織，あるいは社会における女性の活動の姿は，従来の歴史像と大きく異なるものであった。『花郎世紀』や石碑碑文が記す新羅社会は母系あるいは女系の親族構造をなしていた。新羅の2人の女王は母系（女系）の親族構造（7世紀に骨品制度に移行）から誕生したのであった。日本の8代6人の女帝統治の背景には，父方・母方による政治的地位，財産などが男子・女子双方に相続される双系制の親族構造と村落から朝廷のレベルにいたるまで女性のリーダーと女性官僚が存在していたことがある。新羅と日本は類似した親族構造および性差の少ない社会構造をもっていた。中国の北魏社会では，父系社会であるゆえに女子ではなく母である二人の皇太后による統治が行われる一方，夫尊妻卑のような儒教の家族規範と異なる社会慣習が行われ，女性が活発に社会活動をしていた。

　李成市は東アジア地域の政治変動期に現れた女性統治者には，倭国と新羅，新羅と唐の間に情報伝達があったのではないかと推測する。1国ではなく東アジア地域を対象に，女性統治者にフォーカスした古代東アジア世界は従来の父系社会の歴史像と異なる世界が現れたのであった。さらに，中国隣接地域のベトナムの女性統治者などの知見が加われば，東アジア世界像はさらに豊かにな

るだろう。

　第2セッションについて：10世紀から18世紀における家と家のあり方にかかわる婚姻と相続は，3国ではどんな姿をみせただろうか。一般に3国の社会，とくに中国と朝鮮の社会は父系の強力な家父長制家族が存続したと考えられてきた。中国に関しては，儒教の家族規範が家族原理として清代まで一貫していたとされる。シンポジウムと大会の諸報告は，10世紀から900年にわたる期間に中国と日本に小家族が成立したこと（それぞれ10－13世紀，15－17世紀），新しい社会組織，父系の血縁組織である宗族が中国（10－13世紀），朝鮮（17世紀中葉）に成立したこと，朝鮮における宗族の成立は婚姻，相続の変化と並行して生じ，家族・親族構造の激変をもたらしたこと，さらに朱子学の成立とその受容は3国では相違があること，それゆえに原理と異なる家族の実生活が示され，3国の家族の通念は否定された。

　韓国高麗期の婚姻形態が男帰女家婚（妻方居住婚）であり，したがって家族と親族関係は父系と非父系，あるいは双系であり，それゆえに男女子による祭祀権，均分相続が存続したこと，中国由来の朱子家礼の浸透は容易ではなく，嫁入り婚である親迎制への移行は17世紀半ばであった。相続の女子分が残存した背景には，古代朝鮮の母系（女系）の親族構造があると思われる。植民地期まで僅かに残存した女子の相続権は，日本の民法導入によって終了した。日本の支配層では政治権力の獲得と結びついて，父系の家の永続性が図られたけれども，親族関係は双系的であった背景に，野村育世は古代の双系制から父系への移行における葛藤が残存したのではないかとみている。

　家のあり方，それと不可分の婚姻，相続の変化は，親族構造の変化，官僚制のあり方（科挙制ならびに世襲制）などとも深い関係をもつこと，しかし，これらのあり方は地域や民族，あるいはジェンダーによって異なること，イデオロギーは実態から編みだされるが，普遍的原理は実態とのずれが生じることなどが，明示された。

　中国と韓国の報告がふれたテーマに1夫1妻多妾制がある。妾の存在は家父長による女性の性支配にかかわり，欧米と異なる東アジア地域の性関係の背景

にある社会制度，家父長制の具体的様相を示している。家の永続性の維持と絡む家父長制の展開過程とともに女性の生活への視点が必要になる。

第3セッションについて：3国における労働に焦点をあてた女性移民の分析は，ソビエトの民族政策の変化にともなう韓国（高麗）人の強制移住，世界恐慌からの回復を背景に増加する中国華南地方の東南アジアへの出稼ぎ移民，日本の本格的な満州農業移民国策の開始というグローバルな移動・移民が重なる時期が対象になった。3国間の移動をこえた，立体的な東アジアの女性の移動が提示された。3国間の移動を想定していた主催者にとって奇報告，金報告は予想外であったが，移民史における初めての試みであろうと思われる。

取り上げた女性の移動・移民の性格は，強制移住（韓国），主体的な移住（中国），主体と強制の混合（日本）と異なるが，いずれのタイプの移住においても女性の主体的な活動が重視された。もっとも厳しい状況におかれた寡婦や少女をとりあげ，生き残るために彼女たちがとった積極的戦術を分析した奇報告は，さらに自己実現した第2世代の女性たちを取り上げた。これにより，国際結婚した高麗人，ロシア人の女性が直面した民族問題，階級や性の抑圧などが明らかになり，従来の受難史が包含できなかった強制移住のさまざまな実像が可視化された。

女性移民の生活はジェンダーが刻印された社会制度や文化が大きく影響する。さらに前住地と移住先の階級，民族，人種をふくむ移民政策が影響する。中国華南地域からの英国などの植民地である海峡諸国への女性移民の労働体験は，これらの要素をすべて含んでいた。女性移民には生産労働，出産・育児などの再生産労働，家族や社会の安定化，男性の性の対象という4種類の役割が要請された。後3者は女性のみが対象であり，女性の低位の労働や賃金格差とあわせて，女性移民に対するジェンダー機能をみることができる。日本の満州農業移民の女性にこの機能は顕著に現れた。今後，男性移民との擦り合わせによって，労働移民の実態が一層顕著になるであろう。

以上，5－9世紀，10－18世紀，19－20世紀の東アジア世界を，女性史・ジェンダー史の視野からみたならば，どのような歴史像が描けるか，概観した。

いずれの時期においても，今日までの女性史・家族史研究の蓄積を土台に従来の歴史像と異なる歴史が立ち現れた。残された課題を深めることによって，さらに豊かで具体的な東アジア世界が姿をみせるだろう。

　今日，3国の市民，人びとの間では，このシンポジウムにみられるように，学術分野においても，市民運動においても，さまざまなテーマを掲げた交流が盛んである。国や民族ではなく，個人としての交流が，東アジアの人びとがつながる共同体，ジェンダーや民族や人種や貧富の区別をこえた平和の共同体を創造する原動力になるであろう。

　末筆になったが，シンポジウムや総合女性史学会大会でのご報告にくわえ，本書のために執筆して下さった執筆者の皆様，翻訳者の皆様，シンポジウムを準備下さった皆様のご協力に心から感謝申し上げます。また多数の論稿を所収した本書の出版をお引き受け下さった御茶の水書房と編集者の橋本さんにお礼を申し上げます。

　　2015年4月

編集委員代表　早川紀代

Broadening the Horizons of History: The East Asian World from the Perspective of Women's and Gender History

Table of Contents

Foreword ·· Editorial Committee

Opening Remarks: The Aims and Structure of the Symposium···· Hayakawa Noriyo
Commemorative Address:On the Opening of the International Symposium on Women's and Gender History in East Asia ── With a View to a Critique of Colonialism
··Song Youn-ok

Session 1: The State and Women Rulers, Queens and Female Emperors (5th ～ 9th century)
1. Introductory Remarks··· Ijuin Yoko
2. The Background of Queen Seondeok's Enthronement and the Character of Her Governance in Silla ··· Kang Young-koung
       (Translated by Inoue Kazue)
3. The World of Women Rulers in Early Medieval China: Sketches via a Sixth-Century Nun ·· Jen-der Lee
       (Translated by Sudo Mizuyo)
4. Female Emperors and Society in Ancient Japan ······························· Yoshie Akiko
5. Session 1 Outcomes and Future Directions ······································· Kojima Kyoko
6. Comment on Session 1: Concerning Queens and Female Emperors in Ancient East Asia·· Lee Sung-si

Session 2: *Ie*, Marriage, and Inheritance (10th ～ 18th century)
1. Introductory Remarks ·· Inoue Kazue
2. Women and Family in Early Modern China ···································· Gomi Tomoko
3. Marriage and Inheritance during the Koryo and Choson Periods: Focusing on Changes during the Late Choson Period ··· Toyoshima Yuka
4. Marriage and *Ie* in Late Medieval Japan ·· Kurushima Noriko
5. Session 2 Outcomes and Future Directions ····································· Nomura Ikuyo
6. Comment on Session 2: Women and *Ie* in Traditional East Asian Societies

249

·· Yoshida Yuriko

Session 3: Migration and Labor (19th ~ 20th century)
1. Introductory Remarks ·· Egami Sachiko
2. Gender in the Case of Emigration of Japanese Farmers to Manchuria: Policy, Realities and Media ·· Ikegawa Reiko
3. Women and Forced Migration: Lives and Memories of Korean Women in Central Asia, 1937-1953 ·· Kye-heyong Ki
(Translated by Lee Sun-jung)
4. Migrating to Nan Yang: Chinese Women's Migration to Southeast Asia during the Republican Period ·· Jin Yi-hong and Yang Di
(Translated by Ohashi Fumie)
5. Session 3 Outcomes and Future Directions ·· Sakai Hiromi
6. Comment on Session 3: Women's Migration and Labor in Modern East Asia ······ Araragi Shinzo

Afterword ·· Hayakawa Noriyo, Head Editor

Translated by Kamei-Dyche Rieko, based partly on the Symposium Proceedings from Nov., 2013

編集委員紹介
早川紀代（はやかわ　のりよ）　総合女性史学会前代表
秋山洋子（あきやま　ようこ）　駿河台大学経済学部元教授
伊集院葉子（いじゅういん　ようこ）　川村学園女子大学文学部・専修大学文学部等
　　　　　　　　　　　　　　　　　　非常勤講師
井上和枝（いのうえ　かずえ）　鹿児島国際大学国際文化学部教授
金子幸子（かねこ　さちこ）　名古屋短期大学元教授
宋連玉（ソン ヨノク）　青山学院大学経営学部教授

執筆者・翻訳者紹介
早川紀代（編集委員）
宋連玉（編集委員）

第Ⅰ部
伊集院葉子（編集委員）
姜英卿（カン ヨンギョン）　韓国女性史学会前会長
井上和枝（編集委員）
李貞徳（リー　ジェンドー）　中央研究院歴史語言研究所研究員
須藤瑞代（すどう　みずよ）　立命館大学客員研究員
義江明子（よしえ　あきこ）　帝京大学文学部名誉教授
児島恭子（こじま　きょうこ）　札幌学院大学人文学部教授
李成市（リ　ソンシ）　早稲田大学文学学術院教授

第Ⅱ部
井上和枝（編集委員）
五味知子（ごみ　ともこ）　日本学術振興会特別研究員（PD）
豊島悠果（とよしま　ゆか）　神田外語大学外国語学部准教授
久留島典子（くるしま　のりこ）　東京大学史料編纂所教授
野村育世（のむら　いくよ）　総合女性史学会，日本中世史・女性史研究者
吉田ゆり子（よしだ　ゆりこ）東京外国語大学大学院総合国際学研究院教授

第Ⅲ部
江上幸子（えがみ　さちこ）　フェリス女学院大学国際交流学部教授
池川玲子（いけがわ　れいこ）　東京女子大学等非常勤講師，大阪経済法科大学アジ

ア太平洋研究センター客員研究員
奇桂亨（キ　ゲヒョン）　漢陽大学アジア太平洋地域研究センターHK研究教授
李宣定（イ　ソンジョン）　一橋大学大学院社会学研究科博士後期課程
金一虹（ジン　イーホン）　南京師範大学金陵女子学院教授
楊笛（ヤン　ディー）　南京師範大学金陵女子学院講師
大橋史恵（おおはし　ふみえ）　武蔵大学社会学部准教授
坂井博美（さかい　ひろみ）　南山大学人文学部准教授
蘭信三（あららぎ　しんぞう）　上智大学総合グローバル学部教授

協力者紹介
西澤直子（にしざわ　なおこ）　慶應義塾，福澤研究センター教授
斉藤治子（さいとう　はるこ）　帝京大学文学部元教授

編者紹介

早川紀代（はやかわ　のりよ）　総合女性史学会前代表

秋山洋子（あきやま　ようこ）　駿河台大学経済学部元教授

伊集院葉子（いじゅういん　ようこ）　川村学園女子大学文学部・専修大学文学部等非常勤講師

井上和枝（いのうえ　かずえ）　鹿児島国際大学国際文化学部教授

金子幸子（かねこ　さちこ）　名古屋短期大学元教授

宋連玉（ソン ヨンオク）　青山学院大学経営学部教授

歴史をひらく──女性史・ジェンダー史からみる東アジア世界──

2015年6月30日　第1版第1刷発行

編　者　早川紀代・秋山洋子・伊集院葉子
　　　　井上和枝・金子幸子・宋連玉

発行者　橋本盛作

発行所　株式会社御茶の水書房
〒113-0033　東京都文京区本郷5-30-20
電話 03-5684-0751

Printed in Japan

組版・印刷／製本：東港出版印刷株式会社

ISBN978-4-275-02016-1 C3020

歴史として、記憶として
——「社会運動史」一九七〇〜一九八五——
喜安朗・北原敦 編
A5判・三五〇頁 価格・四八〇〇円

開かれた歴史へ
——脱構築のかなたにあるもの
岡本充弘・谷川稔 編
四六判・二六〇頁 価格・二八〇〇円

記憶の地層を掘る
——アジアの植民地支配と戦争の語り方
岡本充弘 著
A5判・二七二頁 価格・二六〇〇円

ラディカル・オーラル・ヒストリー
——オーストラリア先住民アボリジニの歴史実践
今井昭夫 編著
A5判・三三〇頁 価格・三三〇〇円

新しいアフリカ史像を求めて
——女性・ジェンダー・フェミニズム
岩崎稔 編著
A5変・三二〇頁 価格・三三〇〇円

現代中国の移住家事労働者
——農民・都市関係と再生産労働のジェンダー・ポリティクス
富永智津子 編
菊判・五五〇頁 価格・四七〇〇円

生活世界の創造と実践
——韓国・済州島の生活誌から
保苅実 著
A5判・三一八頁 価格・五六〇〇円

在日朝鮮人女性による「下位の対抗的な公共圏」の形成
——大阪の夜間中学を核とした運動
大橋史恵 著
A5判・二七八頁 価格・七八〇〇円

Q&A「慰安婦」・強制・性奴隷
——あなたの疑問に答えます
伊地知紀子 著
A5判・二九四頁 価格・五四〇〇円

性奴隷とは何か シンポジウム全記録
徐阿貴 著
A5判・二九二頁 価格・二一〇〇円

日本軍「慰安婦」問題webサイト制作委員会 編
A5判・一五二頁 価格・一二〇〇円

日本軍「慰安婦」問題webサイト制作委員会 編
A5判・一三六頁 価格・一二〇〇円

御茶の水書房
（価格は消費税抜き）